Die Autorin:

Susanne Fülscher wurde 1961 in Stelle bei Hamburg geboren. Während ihres Germanistik-, Romanistik- und Pädagogikstudiums in Hamburg schrieb sie Ballett- und Theaterrezensionen. Nach dem Studienabschluß besuchte sie die Axel-Springer-Journalistenschule und war anschließend als Kulturjournalistin tätig.
Heute arbeitet sie als Drehbuchautorin (1992/93 Stipendium der »Drehbuchwerkstatt München«) und verfaßt neben Kinderbüchern in erster Linie emanzipatorische Mädchenliteratur.

Bei Ensslin sind erschienen:
»So long, Deine Yeliz« und »Muß Liebe schön sein!«.

Susanne Fülscher

Sommertanz

1. Teil

Berufswunsch Tänzerin

ENSSLIN & LAIBLIN VERLAG REUTLINGEN

Die Deutsche Bibliothek – CIP-Einheitsaufnahme

Fülscher, Susanne: Sommertanz / Susanne Fülscher. -
Reutlingen : Ensslin und Laiblin, 1996
(Ensslin-Leseinsel : Sonderband)
ISBN 3-7709-0885-6

Umschlagillustration und Titeleivignetten:
Birgit Schössow

 Satz: ensslin-typodienst. Coverreproduktion: Schwetzinger Reproduktionstechnik GmbH, Schwetzingen. Gesamtherstellung: Graphischer Großbetrieb, Pößneck. Printed in Germany.
ISBN 3-7709-0885-6

Arrivederci, Hans …

Herzklopfen. Der Vorhang öffnet sich, Logenränge, Lichterglanz, der Klang des Orchesters aus der Tiefe. Faune und Gnome, Könige und Königinnen, Bauernmädchen und -burschen, Feen, Harlekine, Hofdamen – und dazwischen sie, die Prinzessin, in den kräftigen Armen des Prinzen. Schwerelosigkeit, Glückseligkeit. Dann der donnernde Applaus …

Lisa machte die Augen auf. Im Zimmer war es noch stockfinster, nur die Zahlen ihres Radioweckers leuchteten grell. Sechs Uhr fünfunddreißig. Gnadenlos plärrte der Wecker einen Schlager in den grauen Morgen.

»Arrivederci, Hans, das war der letzte Tanz …«

Lisa hielt sich die Ohren zu und schloß für einen kurzen Moment erneut die Augen. Sie sah ein Flimmern von Lichtern, dann den Zuschauerraum als schwarzes, gähnendes Loch, aus dem Hunderte von Augenpaaren zu ihr heraufblickten. Da unten, in der ersten Reihe, das war doch Nurejew, ja, ganz sicher, der mit dem riesigen Rosenbukett. Rote, langstielige Rosen.

Jetzt stand er auf und warf …

»… das Licht geht aus im Lokal, drum küß mich noch mal …«, krähte die Frauenstimme im Radio.

Alles Blödsinn! Lisa strampelte wütend die Decke weg und stellte das quakende Ding ab. Benommen schlich sie ins Badezimmer. Vom gestrigen Training taten ihr noch

alle Knochen weh. Der Dabelstein hatte ihr wieder Unmögliches abverlangt. Sissonnes simples, Renversée en dehors, Tour en attitude … Bestimmt zehnmal hatte sie diese komplizierte Spitzenfolge wiederholen müssen.
Im Spiegel blickte ihr ein bleiches, mürrisches Gesicht entgegen. Als sie unter der Dusche stand, fiel ihr der Grund ihrer schlechten Laune ein. Klar, die Mathearbeit! Nicht eine einzige Minute hatte sie dafür gelernt, und was Dr. Ludwig ihnen in den letzten Tagen so alles an den Kopf geknallt hatte, na ja … Hoffentlich würde sie bei Benni oder bei Klara abschreiben können. Sonst wäre ihre Drei ein für allemal flöten.
Eilig zog sie sich an, packte ihre Ballettasche für den Nachmittag und setzte sich mit ihrem Mathebuch in die Küche. Vielleicht brachte es etwas, die positive Mathebuchenergie in sich einströmen zu lassen. Sie hatte so etwas gelesen.
»Na, Fräulein«, begrüßte sie ihr Vater, »ist es nicht ein bißchen spät?«
»Ist es nicht!«
»Kaffee?« fragte ihre Mutter.
Lisa nickte.
»… what a wonderful world it would be«, kam es aus dem Radio. Lisa stand auf und stellte es ab. Dann schlug sie demonstrativ ihr Mathebuch auf und las, ohne eigentlich zu lesen.
»Aha!« sagte Frau Breuer. »Unsere Primaballerina will nur noch Chopin und Tschaikowsky zum Frühstück.«
»Nee, aber dieses ewige Gedudel ist ja nicht zum Aushalten!« Lisa biß wütend in ihren Toast. »Und das vor ’ner Mathearbeit.«
»Ach, ja?« Herr Breuer schaute jetzt sehr ernst über den

Rand seiner Zeitung hinweg. »Lisa, wir müssen dir übrigens noch was sagen.«
Lisa sackte in sich zusammen. Sie hatte schon eine leise Vorahnung.
»Ich habe gestern mit meinem Chef gesprochen. Er hat alles soweit in die Wege geleitet, zum nächsten Ersten ...«
»Nein!« Lisa sprang auf, griff nach Jacke und Tasche und ließ die Haustür hinter sich ins Schloß fallen.

Christinas Tag

Judith hatte ihren Balletttrikots Namen gegeben. Das hellblaue langärmelige hieß »Einstein«, das rosafarbene mit angenähtem Rock »Wölkchen«, der schwarze Einteiler »Fee der Nacht«. Selbstverständlich besaß Judith noch mehr Trikots; das untere Fach ihres Kleiderschranks quoll über vor Beintrikots, Ballettanzügen, Legwarmers und Sweatshirts, aber Einstein, Wölkchen und Fee der Nacht waren ihre Lieblingstrikots. Nach dem Training wusch sie sie oft im Waschbecken aus und legte sie auf die Heizung. Vor der nächsten Ballettstunde konnte sie sich dann je nach Lust und Laune eins aussuchen. Heute war Judith in Wölkchenstimmung. Sie stopfte das rosafarbene Trikot in ihre Tasche, warf Strumpfhose und Beinwärmer hinterher und zwirbelte ihre langen blonden Haare in Windeseile zu einem straffen Knoten, den sie nur mit ein paar Haarnadeln feststeckte. Eine einzelne Haarsträhne fiel auf ihre Schulter. Sie schimpfte laut und begann die Prozedur von neuem. Diesmal saß der Knoten perfekt am Hinterkopf.
Christina stand regungslos im Türrahmen.

»Willst du mit?« fragte Judith.
Christina rührte sich immer noch nicht von der Stelle. Judith warf Duschgel und Körperlotion in ihre Ballettasche, nahm ihre Jacke und sagte: »Also?«
»Na gut«, kam es gedehnt aus Christinas Mund. Sie tat so desinteressiert wie möglich.
»Dann nimm aber Trainingszeug mit«, meinte Judith.
»Vielleicht will dich die Wandruszka gleich begutachten. Mach schnell, ich bin spät dran!«
Wie auf Kommando flitzte Christina an ihren Schrank und zog eine fertig gepackte Tasche hervor.
»Dir ist aber klar«, sagte Judith auf dem Weg zum Bus, »daß du wohl in die Anfängerklasse mußt – wenn du überhaupt genommen wirst.«
»Meinst du wirklich?« fragte Christina und tanzte ihrer Schwester ein paar unbeholfene Chassés vor.
Judith packte ihre Schwester am Arm. »Hampel hier nicht so rum! Eine Ballettschülerin tanzt nicht auf der Straße. Merk dir das gefälligst.«
Christina sah ihre Schwester von der Seite an. Die hatte ihre »Nerv-mich-bloß-nicht«-Stirnfalte aufgelegt.
»Jeder muß das klassische Training von der Pike auf lernen«, fuhr sie in barschem Ton fort. »Oder glaubst du etwa, du bist die große Ausnahme?«
»Aber du hast mir doch schon so viel gezeigt«, warf Christina kleinlaut ein.
»Trotzdem«, sagte Judith. Sie ging plötzlich so schnell, daß Christina die Diskussion für beendet hielt.

Im Ballettsaal plapperten neunzehn Mädchen durcheinander. Sie streckten und reckten sich, versuchten, ihre kalten Körper wieder auf Trab zu bringen. Judith stellte

sich ganz vorne an die Stange und dehnte ihren Oberkörper. Nach vorne, nach hinten, zu beiden Seiten. Christina setzte sich in eine Ecke auf einen Stuhl und sah sich um. Das imposante Tonbandgerät, die Spiegelwand, Schleifspuren auf dem Parkett – wie gerne wäre sie bei den anderen an der Stange gewesen, hätte aufgeregt mitgetuschelt und sich warmgemacht.
Dann waren Schritte zu hören; die Mädchen verstummten auf der Stelle. Wie versteinert standen sie abwartend da. Einige sahen zu Boden, andere blickten ins Leere. Klick, klack, klick, klack! machten Frau Wandruszkas Schuhe auf dem Parkett.
Als sie in der Mitte des Saals angekommen war, klatschte sie einmal in die Hände, und die Gruppe stand akkurat in der ersten Position an der Stange.
Es war jede Stunde das gleiche, fast schon eine Art Ritual. Mit diesem Verhalten zeigten die Schülerinnen, daß sie vor ihrer Lehrerin Respekt hatten. Judith fand es zwar lächerlich, aus Ehrfurcht vor der großen Diva zu verstummen, aber sie mußte dieses Spiel mitspielen, um nicht Gefahr zu laufen, ihre Gunst zu verlieren.
Da entdeckte die Ballettmeisterin Christina.
»Und wer bist du?« tönte ihre schrille Stimme durch den Saal. Zu den anderen Mädchen gewandt, sagte sie: »Hat sich diese junge Dame mir vielleicht schon vorgestellt?«
Judith bekam einen roten Kopf. Christina auch.
»Das ist meine Schwester«, stammelte Judith. »Ich habe Ihnen doch …«
»Dann sag das gleich«, unterbrach Frau Wandruszka sie barsch. »Ich werde mir das Mädchen nach der Stunde ansehen.«
Christina sank ein wenig in sich zusammen, beobachtete

dann aber mit großen Augen das Geschehen im Ballettsaal. Judith stand ganz vorne und sah, obwohl sie schon nach wenigen Minuten schweißüberströmt war, unendlich grazil aus.
Doch dann war die Wandruszka bei Judith und fauchte: »Tiefer das Plié! Los, tiefer, dein Hintern hängt wie ein Sandsack, gib dir doch mal Mühe!«
Christina verstand die Welt nicht mehr. So perfekt, wie ihre Schwester war – was gab es daran zu kritisieren?
»Und lächeln!« Unerbittlich gab die Lehrerin ihre Anweisungen.
Judith strahlte, aber Christina merkte, daß ihre Schwester einfach nur die Zähne bleckte. Nach einer Dreiviertelstunde war die Schinderei an der Stange zu Ende.
»Au milieu«, kommandierte Frau Wandruszka, ohne ihren Schülerinnen auch nur einen Moment der Ruhe zu gewähren.
Alle neunzehn Mädchen hüpften leichtfüßig in die Mitte des Raumes und stellten sich vor dem Spiegel auf. Jetzt folgten Übungen ohne den Halt der Stange. Wieder Tendus, Jetés und Ronds de jambe. Dann kam ein Adagio, kleine Sprünge folgten und zum Abschluß Grands jetés über die Diagonale.
Am Ende der Stunde ließ sich Judith erschöpft neben Christina auf den Fußboden sinken.Obwohl sie mit den Kräften am Ende war, sah sie sehr zufrieden aus.
»Und jetzt zu dir, kleines Fräulein«, sagte Frau Wandruszka, während die Ballettschülerinnen den Saal verließen. »Schnell hinterher, und zieh dich um!«
Christina rannte mit ihrer Tasche hinaus, kehrte ein paar Minuten später in Trainingszeug zurück und stellte sich an die Stange. Fünfte Position, Bauch rein, Brust raus,

Spannung. Ihr Herz klopfte so laut, daß sie glaubte, es müßte im ganzen Ballettsaal zu hören sein. Dann hob sie das rechte Bein im Winkel von 90 Grad, konnte das Gleichgewicht aber nicht halten und fing an, mit den Armen zu rudern.
»Aber Mädchen!« brauste die Ballettmeisterin auf. »Eine Tänzerin ist doch kein Staubwedel!«
Judith konnte sich ein Lachen nicht verkneifen. Christina sah aus, als würde sie gleich in Tränen ausbrechen.
»Fangen immer gleich mit den schwierigsten Übungen an, diese übermütigen Dinger. Zeig mir erst mal ein vernünftiges Plié, kleines Fräulein!«
Christina stellte sich wieder in die fünfte Position, spannte den Po an und beugte leicht die Knie.
»Ja, sehr schön. Und weiter so.«
Frau Wandruszka tänzelte um Christina herum, beäugte sie von vorne, von der Seite, von hinten und drehte ihre Arme und Beine in alle Richtungen. Mucksmäuschenstill ließ Christina alles über sich ergehen.
»Warum kommst du nur so spät?« fragte Frau Wandruszka plötzlich in scharfem Ton. Christina zuckte mit den Schultern und blickte verunsichert zu ihrer Schwester, die scheinbar unbeteiligt ihre Zehen massierte.
»Na ja«, sagte die Lehrerin schließlich. »Versuchen wir's mal mit dir. Ich muß dich allerdings in die erste Klasse stecken.«
Christina strahlte.
»Freu dich nicht zu früh«, fuhr sie fort. »Du hast viel nachzuholen und bist gute zwei Jahre älter als die anderen Mädchen in deiner Klasse.«
»Egal«, sagte Christina und machte – ohne zu wissen, warum – einen Knicks.

Alles Mist!

Gegen sechs schleppte Lisa ihr Fahrrad aus dem Keller und fuhr los. Jetzt, im frühen Frühjahr, dämmerte es um diese Tageszeit bereits, und die Straßen waren wie leergefegt. Nur ab und zu flitzte ein Auto vorbei und spritzte das schmutziggraue Regenwasser in alle Richtungen.
Lisa fluchte – sicherlich war ihre Hose wieder ein einziger Drecklappen. Vor dem »Café Kaputt« machte sie halt und kettete ihr Fahrrad an einen Laternenpfahl. Zögernd öffnete sie die schwere Holztür.
Drinnen war es so schummrig, daß sie Benni, Klara, Ruth und die anderen kaum erkennen konnte.
»He, Lisa, hierher!« brüllte Benni. »Du solltest dir mal ’ne Brille anschaffen!«
Lisa drängte sich durch die eng zusammenstehenden Stühle nach hinten und ließ sich neben Benni auf die Bank plumpsen.
»Was ziehst du denn für ein Gesicht?« fragte Klara.
»Hat dir der Dabelstein wieder die Zehen verbogen?«
Alles lachte. Lisa war nicht zum Spaßen zumute. Sie ließ ihren Oberkörper kraftlos vornüberkippen.
»Wir ziehen um«, sagte sie mitten ins Gelächter hinein.
Die Freunde hörten auf zu lachen, und Lisa kam es vor, als ob auch die anderen Gäste im Café verstummten.
»Lisa«, fing Klara an, »das ...«
»Doch«, sagte Lisa. Sie war den Tränen nahe.
Benni legte den Arm um sie.
Lisa weinte jetzt leise in ihr Taschentuch.
»Wohin zieht ihr?« fragte er vorsichtig.
»Nach Lübeck«, jammerte Lisa.
»Ach, das ist doch nicht aus der Welt.« Klara hatte sich

neben Lisa gesetzt und legte ihr von der anderen Seite den Arm um die Schulter. »Und wann?«
»In zwei Wochen, zu Beginn der Osterferien.« Lisa versuchte aufzustehen, aber Benni drückte sie wieder auf die Bank.
»Komm, trink erst mal was«, sagte er. – »He, bring mal 'ne Cola!«
Lisa beruhigte sich nur langsam und ließ die Cola unberührt vor sich stehen.
»Und was wird jetzt aus deinem Ballett?« fragte Ruth.
Auf der Stelle hatte Lisa wieder Tränen in den Augen. »Weiß nicht«, brachte sie schließlich hervor. »Vielleicht hör' ich ganz damit auf.«
»Du bist wohl verrückt geworden!« raunzte Benni sie an. »Jetzt, wo du so weit gekommen bist! Ich denk', du willst mal zur Bühne?«
Lisa trank ihre Cola leer und stellte das Glas zurück auf den Tisch. »Gar nichts will ich, basta!«
»Mannomann, die ist echt fertig«, murmelte Benni.
Keiner sagte mehr ein Wort. Lisa zerbrach einen Bierdeckel in kleine Stücke.
»Noch 'ne Runde Cola?« fragte Benni nach einer Weile.
»Also, ich hab' genug.« Klara nahm ihren Mantel und stand einfach auf. »Lisa, wir sehen uns ja noch in der Schule. Okay?«
Lisa blickte kurz auf, nickte und widmete sich dann hingebungsvoll einem neuen Bierdeckel.
Nach und nach verabschiedeten sich die Freunde. Nur Benni und Lisa saßen noch auf der Bank, vor ihnen eine Reihe leerer Gläser. »Nun mach doch nicht so'n Gesicht, Lis.« Benni legte ihr wieder den Arm um die Schulter. »Ein Umzug ist keine Tragödie. Und außerdem können

wir dich am Wochenende besuchen – von Hamburg nach Lübeck, das ist mit der Bahn gerade mal eine Stunde.«
Er beugte sich so weit zu Lisa hinunter, daß sich ihre Nasenspitzen beinahe berührten. »Und in zwei, drei Jahren, wenn ich erst mal meinen Führerschein ...«
»Blödsinn«, unterbrach ihn Lisa, »in zwei Jahren habt ihr mich doch längst vergessen, da gibt's doch mindestens zehn neue Lisas, die ebenso nett sind wie ich – wenn nicht noch netter –, und dann erzähl du mir mal, daß du die kleine Lisa Breuer aus Lübeck einmal in der Woche in deiner funkelnagelneuen Kiste besuchst!«
»Wenn du das meinst ...«, sagte Benni resigniert.
»Ja, das meine ich!«
Lisa stand abrupt auf und rannte aus dem Lokal. Ihre Jacke ließ sie liegen.

Der Umzug fand an einem Samstag statt. Nachdem der Möbelwagen um die Ecke verschwunden war, machte Lisa einen letzten langen Spaziergang die Oberstraße rauf und runter, sagte dem Kiosk hinter dem Sportplatz adieu, sprang wie früher als kleines Mädchen über die Gullis in ihrer Straße. Irgendwann am Nachmittag stieg sie zu ihren Eltern in den Wagen. Als sie über den Horner Kreisel auf die Autobahn fuhren, krampfte sich alles in ihr zusammen. Die Wut und die Trauer und die Tränen.
Hamburg – das war doch ihre Stadt! Hier hatte sie auf dem Klettergerüst gehangen, in der kleinen Ballettschule in Harvestehude ihre ersten Pliés gemacht und als Siebenjährige im Weihnachtsmärchen die Schneeflocke getanzt. Hier hatte man ihr Talent entdeckt und so weit gefördert, daß sie in Hamburgs renommiertester Ballettschule angenommen worden war. Und jetzt mußte sie in

die Provinz, ihre Vergangenheit, ihre Zukunft wie einen abgeschabten Kindermantel zurücklassen.
Lisa hatte keine Lust. Einfach keine Lust auf dieses Leben, in irgendeiner hundsmiserablen Ballettschule, unter irgendwelchen hundsmiserablen Lehrern. Sie vergrub sich auf der Rückbank zwischen Reisetaschen und Plastiktüten und maulte. Als ihr Vater nach einer knappen Stunde von der Autobahn abfuhr, machte sie sich nicht mal die Mühe, aus dem Fenster zu schauen.
Die Stadt konnte nur häßlich sein. Eine Ansammlung keimfreier Retortenklötze. Nein, sie würde es ihren Eltern überlassen, jedes auch noch so häßliche Gebäude mit »ah!« und »oh!« zu kommentieren.
Breuers neue Wohnung lag in einer freundlichen Neubausiedlung am Rande der Stadt. Frischgepflanzte Birken säumten den Straßenrand, kleine Vorgärten zierten die monotonen Wohnblocks. Lisa riskierte einen Blick nach draußen und fand alles viel zu sauber und geleckt. Geradezu abstoßend. Hier mußte man ja Angst haben, sich mit ungeputzten Schuhen auf der Straße blicken zu lassen. Wie um ihre Feindschaft anzukündigen, warf sie ihren angekauten Kaugummi aus dem Fenster.
»Lisa!« tönte es prompt von vorne. Frau Breuer drehte sich um und warf ihrer Tochter einen mißbilligenden Blick zu. Dann folgte eine mustergültige Strafpredigt. Daß sich so etwas nicht gehöre, schon gar nicht in einer so schönen Gegend, und wo sie das denn gelernt habe. Lisa starrte nach draußen und hörte gar nicht hin.
»Du könntest ruhig ein bißchen freundlicher sein«, fuhr ihre Mutter unbeirrt fort. »Ich kann ja verstehen, daß dir dieser Umzug nicht paßt. Uns auch nicht, aber Vatis Arbeit hat eben Vorrang.«

»Ja«, sagte Lisa tonlos.
Herr Breuer parkte am Straßenrand direkt vor ihrer Wohnung. Als Lisa aus dem Auto kroch, stieg ihr der scharfe Geruch von frischer Farbe in die Nase, und ihr wurde so übel, daß sie sich schnell auf den Rücksitz fallen ließ.
»Kind, du bist ja weiß wie die Wand.« Frau Breuer tätschelte Lisas Wange. »Was ist los mit dir?«
»Nichts, gar nichts«, sagte Lisa. »Geht gleich vorbei.«
Sie stieg aus, klemmte sich eine übervolle Reisetasche unter den Arm und stiefelte hinter ihren Eltern ins Haus. Die Packer waren gerade dabei, die letzten großen Möbelstücke hineinzutragen.
Breuers Wohnung lag im zweiten Stock links. Dreieinhalb Zimmer, Küche, Bad und ein winziger Flur.
»Mistkammer«, zischte Lisa und zog schnell die Tür zu ihrem Zimmer hinter sich zu.
Drinnen standen schon ihr Bett, der türkisfarbene Schrank, dazu eine Unmenge Kartons. Lisa knallte ihre Tasche auf den Boden und ließ sich auf ihr Bett fallen. Sie dachte an ihren Ballettmeister, Herrn Dabelstein. Wie der gerade in diesem Moment seinen Elevinnen über »natürliche Eleganz« und »hohe Beine« einen Vortrag hielt, wie er vielleicht Tina oder irgendein anderes Mädchen als leuchtendes Beispiel hinstellte. Wahrscheinlich war sie, die ehemalige Musterschülerin, längst vergessen, längst abgemeldet oder einfach »out«, wie Benni sagen würde.
Im Nebenraum hörte Lisa ihre Eltern Möbel hin und her rücken. Sie hielt sich die Ohren zu, versuchte abzuschalten, aber immer wieder sah sie den dozierenden Dabelstein vor sich. Die Geräusche von nebenan schwollen in ihrem Kopf zu einem lauten Dröhnen an.

»Verdammt noch mal!« Lisa sprang auf und öffnete die Reisetasche. Obenauf lag eine Tafel Vollmilchschokolade. Sie riß das Papier auf und stopfte sich schnell zwei Riegel in den Mund. Sofort ging es ihr besser.
Dann holte sie ihre Spitzenschuhe aus der Tasche und befühlte erst eine Weile den glatten, kühlen Satinstoff, bevor sie die sperrigen Schuhe über die dicken Tennissocken zog und ungeduldig die Bänder um ihre Knöchel wickelte. Sie streckte den linken Fuß und fand, daß sich ihr Spann wunderschön wölbte. Wie bei einer richtigen Ballerina. Ein paar Pliés, ein paar Echappés, dann wurde sie waghalsiger und drehte eine schnelle Tour piqué durchs Zimmer. Außer Atem landete sie auf ihrem Bett und zog die Schuhe wieder aus. Sie hielt sie einen Moment lang an den Bändern fest, ließ sie in der Luft hin und her baumeln. »Alles Mist!« schimpfte sie mit sich selbst und pfefferte die Ballettschuhe in die Ecke.

Nichts als die Wahrheit

Judith wollte Tänzerin werden. Soweit sie zurückdenken konnte, schwirrte ihr der Traum vom Tanzen im Kopf herum. Angefangen hatte alles, als sie vor Jahren mit ihrer Tante eine Ballettaufführung besucht hatte. Fünf oder sechs mußte sie gewesen sein. In ihrer Erinnerung blieb alles verschwommen, die Jahreszeit, der Ort, das Ballett; aber die Aufführung hatte sie dennoch so nachhaltig beeindruckt, daß ihre Eltern gar keine andere Wahl gehabt hatten, als sie im Ballett anzumelden.
Mittlerweile war Judith in der zweiten Ausbildungsklasse bei Frau Wandruszka und auf dem besten Weg, Pro-

fitänzerin zu werden. Obwohl ihr Vater es gerne gesehen hätte, wenn sie das Abitur gemacht hätte, wollte Judith unbedingt im Sommer von der Schule gehen, um sich auf ihre Tanzausbildung konzentrieren zu können.
Anders Judiths jüngere Schwester Christina. Sie hatte mit ihren zwölf Jahren noch nie eine Ballettschule von innen gesehen, war seit einiger Zeit begeisterte Reiterin und hielt sich mit ihrer Freundin mehr im Reitstall auf als sonstwo. Um so verwunderlicher, daß sie plötzlich wild aufs Tanzen war und ihren Eltern seit Wochen damit in den Ohren lag.
Herzfelds sahen es gar nicht gerne, daß ihre Kleine nun auch noch zum Ballett wollte – wegen der zusätzlichen Kosten und weil es ihnen schon reichte, daß eine ihrer Töchter nur noch von »der Wandruszka« und »weichen Pliés« redete.
Aber Christina war nicht zu bremsen. Am Abend nach ihrem erfolgreichen Vortanztermin nörgelte und drängelte sie so lange, bis Judith einwilligte, am nächsten Tag mit ihr in die Ballettboutique zu gehen. Ein schönes Balletttrikot wollte sie kaufen, möglichst ein rosafarbenes oder hellgelbes, mit langem Arm und kurzem angenähtem Röckchen.
»Kannst du nicht auch mal was alleine machen?« fragte Judith, als sie sich kurz nach eins vor dem Hauptportal der Schule trafen.
»Zu zweit macht's mehr Spaß.« Christina blickte ihre Schwester bettelnd an. »Weißt du, wenn die Wandruszka mich in so einem gelben Ding sieht …«
»Papperlapapp!« fiel Judith ihr ins Wort. »Glaubst du vielleicht, es kommt aufs Aussehen an? Du hast wirkllich noch einiges zu lernen.«

In der Ballettboutique am Bahnhof war es gähnend leer.
»Kann ich helfen?« fragte die Verkäuferin, gleich als die beiden Mädchen eintraten.
»Nein ... oder doch, ja ... «, murmelte Christina.
»Danke, wir schauen uns erst mal um«, fuhr Judith dazwischen.
»Mußt du mich immer so bevormunden?« fragte Christina fast wütend, als sie den Ständer mit den langärmeligen Trikots durchforsteten.
Judith antwortete nicht und nahm statt dessen ein schlichtes weinrotes Trikot vom Bügel.
»Wie wär's damit? Die Größe könnte hinkommem.«
»Ich will aber ein gelbes.«
»Siehst du vielleicht irgendwo eins?« fauchte Judith die Schwester an.
Christina wühlte weiter in dem Ständer, Judith stand einfach da, verschränkte die Arme vor ihrem Körper und wünschte ihre Schwester samt allen Trikots der Welt dahin, wo der Pfeffer wächst. In diesem Moment kam ein rothaariges Mädchen mit einem sonnenblumengelben Trikot aus der Umkleidekabine und begutachtete sich im Spiegel. Christina stürzte auf sie zu.
»Entschuldige, aber wo hast du denn das gefunden?«
»Ich glaub', es war das letzte.« Das Mädchen zuckte bedauernd mit den Schultern.
»Willst du's kaufen?« fragte Christina geradeheraus.
»Hatte ich eigentlich vor.« Das Mädchen grinste.
»Außerdem wär's doch viel zu groß für dich.«
Judith zog ihre Schwester grob zur Seite.
»Du spinnst wohl, Chris! Jetzt auch noch fremden Mädchen ihre Trikots abluchsen. Du nimmst jetzt das weinrote oder irgendein anderes, und damit basta.«

Ungeduldig riß Judith gleich mehrere Trikots auf einmal vom Ständer.
»Tut mir leid«, sagte sie zu dem Mädchen.
»Macht doch nichts«, erwiderte sie, »ich kann verstehen, daß sie's gerne hätte. Es ist wirklich schön.« Sie warf Christina noch einmal einen freundlichen Blick zu und verschwand wieder in der Umkleidekabine.
»Die war ja nett«, meinte Christina.
Judith antwortete nicht, kramte weiter in einem Korb mit Sonderangeboten.
»Ganz im Gegensatz zu dir!«
»Ach, laß mich doch in Ruhe.« Judith zerrte wütend an zwei Beintrikots, die sich irgendwie verheddert hatten.
»Was ist eigentlich los mit dir in letzter Zeit?« fragte Christina. »Biste etwa sauer, weil ich jetzt auch zum Ballett gehe?«
Statt zu antworten, hielt Judith ihrer Schwester ein schlichtes mintgrünes Trikot ohne Ärmel hin.
»Gefällt's dir?«
»Na ja«, murrte Christina. »Ich kann's mal anprobieren.« Sie verschwand in der Kabine und kam schon wenig später in Straßenkleidung wieder.
»Paßt toll«, plapperte sie, »und nicht mal teuer.«
»Na also!« Judith atmete erleichtert auf.
Als sie wieder auf der Straße waren, sagte Judith unvermittelt: »Komm, gehen wir ins Eiscafé, ich lad' dich auf eine Schokolade ein.«
Christina schaute ihre Schwester überrascht an. Erst reagierte Judith nur noch zickig und blöd, und jetzt diese Einladung?
Erst später, als sie schon an ihrem Lieblingsplatz am Fenster saßen und Judith minutenlang, ohne aufzusehen, in

ihrer Schokolade rührte, kam es Christina in den Sinn, daß irgend etwas nicht stimmen könnte. Sie leckte eine Weile unschlüssig die Sahne vom Tassenrand. Dann wollte sie es wissen und fragte.

»Na ja ...« Judith zupfte sich am Ohr. »Wenn ich das so einfach sagen könnte.«

»Los, nun mach schon«, drängte Christina.

»Also gut«, sagte Judith. In ein paar hastigen Schlucken hattte sie die kalte Schokolade hinuntergekippt. »Chris«, fuhr sie aufgesetzt liebevoll fort, »du bist meine Schwester, und ich mag dich manchmal ganz schön gerne, also nicht, daß du denkst, ich will dir irgendeinen Bären aufbinden. Es ist nur ... Ich hab' ja mitbekommen, wie glücklich du bist, wegen der Ballettschule und so ... Also im Klartext: Ich hoffe, dir ist klar, daß du niemals mehr eine richtige Tänzerin werden wirst.«

»Du bist gemein!« fuhr Christina sie an.

»Hör doch mal zu«, versuchte Judith sie zu beruhigen. »Es ist doch logisch ...«

»Nichts ist logisch, gar nichts, du hast nur Angst vor mir, Angst, daß ich mal besser werden könnte als du!«

Christina fing jetzt hemmungslos an zu weinen.

»Chris!« Judith legte den Arm um ihre Schwester. »Paß mal auf, ich habe vor vielen Jahren mit dem Tanzen angefangen, ich war gerade vier oder fünf. Als du so alt warst, hat Mutti dich auch zum Ballett geschickt, aber du wolltest es nicht, bist weinend rausgelaufen.« Judith machte eine kleine Pause, um Luft zu holen, dann sagte sie mit der Stimme einer Richterin, die ein Urteil verkündet: »Mit zwölf ist es zu spät. Darüber mußt du dir klar sein. Betrachte das Tanzen als ein schönes Hobby, aber schlage dir alles weitere aus dem Kopf.«

Christina heulte so laut, daß sich ein paar Leute nach ihr umdrehten.
Judith fügte leise hinzu: »Wie ich dich kenne, interessierst du dich in ein paar Monaten sowieso für was ganz anderes. Fürs Skateboardfahren zum Beispiel.«
»Skateboardfahren?« schrie Christina. »Ich bin doch kein Hampelmann! Kein Idiot!«
»Manchmal kommst du mir aber so vor.«
Judith erntete für ihre Bemerkung einen bitterbösen Blick. Der Einkaufsbummel, das Schokoladetrinken – alles war im Eimer, und als die Schwestern nach einer halbherzigen Versöhnung aufbrachen, goß es draußen auch noch in Strömen.

Besuch

In den letzten Ferientagen richtete sich Lisa häuslich in ihrem Zimmer ein. Sie schob die Möbel so lange hin und her, bis sie das Gefühl hatte, daß alles am richtigen Platz war. Der Schrank und das Bett standen gegenüber der Fensterfront, den Schreibtisch und die beiden Sessel rückte sie einfach mitten in den Raum. Ihre Porzellanfiguren und die Ballettposter hatte sie gar nicht erst ausgepackt. Sie wollte das Zimmer so kahl und ungemütlich wie nur irgend möglich haben.
Sollten doch alle doof aus der Wäsche gucken, die sie besuchten! So leer und kalt sah es eben in ihr drinnen aus. Das einzige Schmuckstück war ihr erstes Paar Spitzenschuhe, das sie wie eine Trophäe übers Bett hängte.
Frau Breuer bekam prompt einen hysterischen Anfall, als Lisa ihr die neue Einrichtung zeigte.

»Stell sofort die Möbel ordentlich hin!« brüllte sie.
»Nein!« brüllte Lisa zurück. »Das ist mein Zimmer, und das kann ich einrichten, wie ich will!«
Als ihre Mutter ihr daraufhin drohte, »so einen Affenstall« nicht mehr zu betreten, zuckte Lisa nur mit den Schultern. Es war doch immer das gleiche. Erst regte die Mutter sich fürchterlich auf, und nach ein paar Stunden war alles vergessen. Außerdem hatte es sowieso keinen Sinn, ihr zu erklären, daß »ordentlich« und »nicht ordentlich« nur eine Frage der Perspektive war.
Am frühen Abend rief Benni an.
»Na, wie geht's?« fragte er mit fröhlicher Stimme.
»Blendend«, gab Lisa mürrisch zurück.
»He, was machste denn den ganzen Tag?« versuchte es Benni erneut.
»Nichts.«
»Also, paß mal auf. Was hältst du davon, wenn ich dich besuchen komme – solange noch Ferien sind?«
»Ehrlich?« Lisa strahlte förmlich in den Hörer hinein.
»Mein Vater hat Donnerstag und Freitag geschäftlich in Lübeck zu tun. Er würde mich mitnehmen, ich müßte allerdings bei euch übernachten.«
»Kein Problem!« sagte Lisa. »Mutti wird schon nichts dagegen haben.«
Als sie den Hörer aufgelegt hatte, rannte sie gleich in ihr Zimmer und rückte auch den Schrank und das Bett von der Wand ab, um Benni zu imponieren.

Am Donnerstag stand Benni Punkt zehn Uhr mit einer großen Tüte Brötchen vor der Tür. Lisa freute sich so, einen vertrauten Menschen aus Hamburg zu sehen, daß sie ihm einfach um den Hals fiel.

»He, Lis!« sagte Benni verlegen und steuerte zielsicher die Küche an. »Machst du den Kakao?«
»Klar!« Lisa schubste ihn vor sich her. »Hier lang, fühl dich wie zu Hause, Mama und Papa sind bei der Arbeit.«
»Tolle Wohnung«, bemerkte Benni, während er die Brötchen in einen Brotkorb legte.
»Tu doch nicht so«, sagte Lisa. »Sag ruhig, daß du die Wohnung genauso ätzend findest wie ich.«
»Wieso ätzend?« Benni machte ein Gesicht, als könnte er nicht bis drei zählen.
»Na, eben so neu. So steif und sauber.«
»Du spinnst! Immer mußt du alles miesmachen. Das war auch schon in Hamburg so.«
Lisa antwortete nicht. Es machte sie wütend, daß Benni ihr mit solchen Vorwürfen kam, aber um die Stimmung nicht zu verderben, hielt sie sich zurück.
Benni setzte sich, Lisa kochte heiße Schokolade und Eier, holte Butter und Käse aus dem Kühlschrank.
»Und was gibt's bei euch Neues?« fragte sie schließlich betont freundlich.
»Nichts.« Benni schnitt umständlich sein Brötchen in vier Teile. »Habt ihr Marmelade?«
»Ja, einen Moment.« Lisa stand auf und holte zwei Marmeladengläser aus dem Kühlschrank.
»Klara erzählt nur noch vom Ballett, weißt du … Ich glaube, die hat jetzt deinen Platz eingenommen. Ja, und von mir gibt's nichts Interessantes zu erzählen.«
»Hm«, machte Lisa.
Daß ausgerechnet Klara sich vor den anderen mit der Tanzerei aufspielte, fand sie einfach lächerlich. Immerhin konnte sie noch nicht einmal eine einwandfreie Tour piqué drehen.

»Und was ist mit dir?« fragte Benni mit vollem Mund. »Willst du die Tanzerei immer noch schmeißen?«
»Nee, wieso?«
»Du hast doch mal so was angedeutet.«
»Mutti hat mich hier einfach angemeldet. Und jetzt kann ich nicht mehr zurück.« Lisa machte eine kleine Pause. »In diesem Provinznest kann die Ausbildung doch nur schlecht sein«, fügte sie leise hinzu. »Da hab' ich gar keine Chancen ...«
In Wahrheit hatte sie in den letzten Tagen so eine Wut bekommen – auf den Umzug, auf die Eltern, auf dieses fürchterliche Kaff –, daß sie beschlossen hatte, das Beste daraus zu machen. Wenn sie schon hier, weit weg von ihren Freunden, in dieser sterilen Neubausiedlung leben mußte, dann würde sie wenigstens eine gute Ballerina werden – eine, die es mit den hochnäsigen Großstadtballerinen allemal aufnehmen konnte.
»Hast du dir schon mal die Schule angesehen?« fragte Benni, immer noch kauend.
»Mir freiwillig so ein Gefängnis angucken? Du spinnst wohl!« Lisa machte ein angewidertes Gesicht.
»Hast ja recht«, gab Benni klein bei. Er hatte nur versucht, das Gespräch in Gang zu halten. Es fiel ihm schwer, den brillanten Unterhalter zu spielen, zumal es ihm Lisa nicht gerade einfach machte.
Nach dem Frühstück zeigte Lisa Benni ihr Zimmer. Er fand es »ziemlich abgefahren«, besonders wegen der Anordnung der Möbel.
Lisa strahlte in sich hinein und fand sich für einen Augenblick ganz großartig.
Später machten sie einen Spaziergang in die Innenstadt. Je länger sie durch die sauberen Straßen gingen, desto mie-

ser fühlte sich Lisa. Dabei hatte sie sich doch auf Benni gefreut und verstand nicht, warum ihre Laune von Minute zu Minute schlechter wurde. In ihrem Kopf war es so wirr, sie fühlte sich alleine, hatte Angst vor der neuen Schule, vor der neuen Ballettklasse, vor neuen Freunden. Ihr war auch klar, daß Benni und die anderen sie früher oder später vergessen und sich einen Dreck drum kümmern würden, was sie am anderen Ende der Welt trieb.

»Komm, setzen wir uns«, sagte Benni, als sie im Park an einer Bank vorbeikamen.

Lisa ließ sich erschöpft wie nach einem Tausendmeterlauf auf das kühle Holz plumpsen und streckte die Beine weit von sich. Benni rückte dicht neben sie. Dann legte er seinen Arm um ihre Schultern. So saßen sie eine Weile schweigend da. Irgendwann beugte sich Benni zu Lisa hinunter und versuchte, sie auf den Mund zu küssen.

»He, so haben wir nicht gewettet!« fuhr Lisa ihn an.

»Zier dich bloß nicht so!« motzte Benni zurück. »Ich komm' extra angereist, und du bist die ganze Zeit über zickig zu mir. Wirklich, 'ne tolle Sache!«

Lisa hob den Kopf und blickte schweigend in die Baumwipfel. Sie fühlte sich so elend, so ernüchtert. Natürlich hatte Benni recht, aber sie konnte eben nicht anders. Es war, als ob sie neben sich stünde und sich selbst in einem Film spielen sähe.

Benni hatte die Hände im Schoß zusammengelegt und sah betreten auf seine Füße. »Und jetzt mußt du mich noch den ganzen Abend und bis morgen nachmittag ertragen«, sagte er schließlich. »Soll ich vielleicht ...«

»Ach, Quatsch«, fiel Lisa ihm ins Wort. »Ich hab' 'ne Idee. Heute abend gehen wir ins Kino, und morgen machen wir erst einen Einkaufsbummel und schauen uns

dann die Comicausstellung an. Am späten Nachmittag hab' ich allerdings meine erste Ballettstunde ...«
»Keine Angst«, sagte Benni wieder freundlicher. »Mein Vater holt mich gegen drei ab.«

Die Konkurrentin

Kurz nach halb fünf verließ Judith hastig die Wohnung. Die Ballettstunde begann Punkt fünf Uhr, und sie hatte es nicht mehr geschafft, ihre Haare zu einem Dutt aufzustecken. Beim Stadtbäcker fing Judith an zu rennen, um nicht zu spät zu kommen. In den letzten Wochen war sie schon mehrmals wenige Minuten nach fünf eingetrudelt. Frau Wandruszka hatte sie daraufhin wie Luft behandelt. Das war hart, denn jede Schülerin war auf ihre gnadenlosen Korrekturen angewiesen. Frau Wandruszka lobte grundsätzlich nie jemanden. Ihrer Gunst konnte man sich nur dann sicher sein, wenn sie ständig an einem herummäkelte. Judith schrie sie manchmal sogar an, ein Zeichen dafür, daß sie wirklich gut war – vielleicht besser als die anderen. Und je mehr sie von Frau Wandruszka beachtet wurde, desto größer wurde die Angst, ihren Status zu verlieren oder, was das Schlimmste war, hinausgeworfen zu werden. Das hatte die Lehrerin schon einmal fertiggebracht – bei einer exzellenten Schülerin, die so gut wie immer unpünktlich war. »Wer beim Ballett keine Disziplin mitbringt«, hatte sie verkündet, »der hat hier nichts zu suchen.« Das Mädchen hatte noch am gleichen Tag seine Siebensachen packen müssen.
In der Garderobe war niemand mehr. Hosen, Schuhe, Jacken und Taschen lagen herum. Sicher standen die an-

deren Mädchen brav an der Stange und machten sich warm, bevor Frau Wandruszka erschien.
In Windeseile zog Judith ihre Sachen aus und schlüpfte in ihre Strumpfhose. Beim Trikot überlegte sie nicht lange, sondern griff rasch nach dem erstbesten, das oben in der Tasche lag. Es war das giftgrüne Modell »Frühlingssinfonie«, und sie hätte viel darum gegeben, irgendein anderes erwischt zu haben, das besser ihrer Stimmung entsprach. Frühling! Heute war ihr eher nach einem vergilbten Schlechtwettertrikot zumute.
Ihre Zehen taten noch vom letzten Training weh, aber es blieb keine Zeit mehr, die Spitzenschuhe mit Watte auszupolstern. Statt dessen raffte sie ihre Haare schnell zusammen und band sie im Nacken zu einem Zopf.
Ein Blick auf die Uhr. Fünf nach fünf! Judith raste die Treppen hinauf und hörte schon auf dem ersten Absatz die vertraute Klaviermusik vom Band. Unauffällig schlüpfte sie durch die große Holztür. Neunzehn Mädchen gingen gerade mit größter Präzision in ein tiefes Plié, während Frau Wandruszka für den Bruchteil einer Sekunde Judith mit einem verachtungsvollen Blick strafte. Judith stellte sich an ihren Platz und war augenblicklich im Gleichtakt mit den anderen. Einen Moment lang war sie sicher, daß die Ballettmeisterin sie niemals rauswerfen würde.
»Und Grand plié!« rief Frau Wandruszka.
Judith mühte sich ab, so perfekt wie möglich zu sein, aber die Lehrerin würdigte sie keines Blickes.
Bei den Tendus bemerkte Judith schräg vor ihr ein neues Mädchen. Irgendwie kam sie ihr bekannt vor, und erst nach einer Weile fiel ihr ein, daß es das Mädchen aus der Ballettboutique war. Dieselben roten Haare, dasselbe

gelbe Trikot. Die Neue war gut. Sogar sehr gut. Sie hatte hohe Beine, ein gutes En dehors und war bei allen Übungen so grazil und elegant, daß Angelika, die hinter ihr an der Stange stand, wie eine plumpe Anfängerin wirkte.
Judith konnte es nicht lassen, ihre Konkurrentin im Verlauf des Exercice immer wieder heimlich aus den Augenwinkeln zu beobachten. Sie wartete auf einen Patzer, auf irgendeinen Makel, aber sie mußte zugeben, daß die neue Schülerin perfekt war.
Das fand offensichtlich auch Frau Wandruszka. Sie tänzelte die ganze Zeit um sie herum, bog hier ihr Bein zurecht, korrigierte da ihre Hand, und die ganze Klasse wußte, was das zu bedeuten hatte.
Kollegialität und Freundschaft wurden unter den Schülerinnen nicht großgeschrieben. Fast jede träumte von einer Karriere als Ballerina, und jede wollte vor allen Dingen besser sein als die anderen. In Judiths Gruppe hatte sich so etwas wie eine feste Rangordnung herauskristallisiert. Judith war die Klassenerste, dann folgten drei, vier jüngere Mädchen, die auf dem besten Weg waren, ihr den Rang streitig zu machen. Der Rest der Gruppe mühte sich ab, konnte aber den anderen nicht das Wasser reichen. Und jetzt war da diese Neue, die – wenn sie nur wollte – die ganze Gruppe mühelos überflügeln konnte. Judith nahm sich vor, sie einfach doof zu finden, und hakte damit das Thema für sich ab.
»Et Développé en avant!«
Judith war so in Gedanken versunken, daß sie abschaltete, Frau Wandruszka nur noch wie von ferne als Sprechblasen blubbernde Comicfigur sah. Prompt nahm sie ihr Bein nach hinten und kam dabei Angelika in die Quere, die ihr Développé laut Anweisung nach vorne ausführte.

Angelika fing an zu schimpfen, Judith bekam einen roten Kopf und versuchte, schleunigst wieder in den Takt zu kommen. Frau Wandruszka drehte sich wortlos weg, um sich wieder mit der Neuen zu beschäftigen.
»Mist!« murmelte Judith leise. Am liebsten wäre sie aus dem Saal gelaufen. Die Leistungen der Neuen waren beeindruckend. Ihre Drehungen waren schnell und sicher, ihre Sprünge hoch, und das Adagio tanzte sie mit unglaublicher Eleganz. Judith gab sich geschlagen. Sie mußte erkennen, daß es auf einmal jemanden gab, der sie mit Leichtigkeit in den Schatten stellen konnte.

Abschied

Lisa war zufrieden – zum erstenmal, seit sie in diesem gottverdammten Kaff lebte. Gleich in der ersten Ballettstunde hatte sie gezeigt, was sie konnte, und das gab ihr ein Gefühl von Stärke und Gelassenheit. Beides hatte sie im Moment mehr als nötig.
Nach dem Abendessen saß sie auf der Fensterbank und blätterte in ihren Ballettbüchern. Carlotta Grisi, Anna Pawlowa, Margot Fonteyn – die Namen großer Ballerinen. Lisa mußte bei der Vorstellung lachen, daß sie mit ein bißchen Glück vielleicht gerade mal als vorletzter Name in einem Programmheft auftauchen würde.
Als das Telefon klingelte, ging sie fröhlich pfeifend ran.
»Hier Benni! Na, Lis, wie geht's?«
»Prima!« sprudelte Lisa los. »Also, die neue Ballettschule ist echt toll, und die Lehrerin …«
Benni hörte kaum zu. Er war fast enttäuscht, daß Lisa so gut drauf war und ihn gar nicht vermißt hatte.

»Was ich dich fragen wollte«, unterbrach er sie schließlich, »wie wär's, wenn du in den nächsten Tagen mal nach Hamburg kämst?«
Lisa blies ein langgezogenes »Hmm« in den Hörer. »Ich hab' doch fast immer Training, dann geht die Schule wieder los, und am Wochenende …«
»Ja, komm doch am Wochenende!« Benni atmete laut in den Hörer. »Ich und die anderen, äh, die anderen und ich, wir wollten eine Radtour an der Alster machen, vielleicht auch ein Picknick.«
»Weiß nicht …«
»Und ich könnte dich vom Bahnhof abholen.«
»Benni, ich weiß noch nicht«, wiederholte Lisa bestimmter. »Paß auf, ich rufe dich morgen zurück.«
»Okay.« Bennis Stimme klang traurig.
Lisa wußte auch nicht so genau, was plötzlich in sie gefahren war. Noch vor wenigen Tagen hätte sie sich über Bennis Einladung gefreut. Aber jetzt? Gerade hatte sie Hamburg und den Duft der großen weiten Welt ein klitzekleines bißchen vergessen, und nun sollte sie wieder aus allem herausgerissen werden?

Samstag morgen stand Lisa um neun Uhr am Bahnhof und wartete auf den Zug nach Hamburg-Dammtor. Sie hatte sich doch entschieden, an der Radtour teilzunehmen – einfach aus einer guten Laune heraus.
Bahnfahrten hatte sie schon immer gemocht. Den Walkman aufsetzen, in Zeitschriften blättern und schwindlig werden von vorbeirasender Landschaft. Felder, Bäume, Häuser, das Schienengeflecht – es war immer das gleiche und doch jedesmal wieder schön.
Wohl alle Zugabteile der Welt hatten diesen vertrauten

muffigen Plastikgeruch, und die mitgebrachten Wurstbrote schmeckten schon fünf Minuten nach der Abfahrt.
Benni stand am Bahngleis, als der Zug gegen elf einrollte. Während Lisa sich abmühte, mit ihrem Rucksack aus der Tür zu kommen, kam Benni angespurtet und überfiel sie mit einigen Küßchen.
»Ist ja gut!« besänftigte ihn Lisa wie einen kleinen Hund.
»He, Lis! Schön, daß du da bist!«
»Du immer mit deinem ‚he'«, sagte Lisa lachend.
»Kannst du nicht wie jeder vernünftige Mensch einfach mal ‚Hallo, Lisa' sagen?«
»Hallo, Lisa!« wiederholte Benni so laut, daß sich die Leute auf dem Bahnsteig nach den beiden umdrehten.
»Blödmann, du!«
Eingehakt schlenderten sie zum Ausgang, wo Klara, Hans und Ruth ihnen entgegenwinkten. Dann gab es eine stürmische Begrüßung. Die Freunde plapperten und lachten, und Lisa wurde mit Fragen überhäuft, die sie gar nicht alle auf einmal beantworten konnte.
Klara hatte ein zweites Fahrrad und einen Picknickkorb dabei, Benni und Ruth Getränke, Hans eine Wolldecke. Es konnte losgehen.
Lisa schluckte ein paarmal kräftig, als sie in den Mittelweg einbogen. Wie oft war sie hier, als die Ballettschule noch nicht ihr eigenes Internat in einem anderen Stadtteil hatte, zum Unterricht in die Oper geradelt. Jedes Haus, jeder Baum war ihr vertraut, und sie konnte sich kaum vorstellen, daß sie nicht mehr hierhergehörte. Um nicht loszuheulen, biß sie sich auf die Unterlipppe und konzentrierte sich nur noch stur auf den Qualm, der aus den Auspuffen vorbeipreschender Autos kam. Nach einer Viertelstunde waren sie an der Alster. Verschlafen lag die

Wasserfläche vor ihnen, glitzerte in der Frühjahrssonne. Ein paar Spaziergänger, vereinzelte Jogger – ansonsten war alles noch still. Nur die Vögel saßen im frischen Grün der Bäume und zwitscherten ungeniert um die Wette.
Auf einer Liegewiese machten sie halt. Benni packte den Picknickkorb aus, Hans breitete die Wolldecke im feuchten Gras aus. Obwohl es in der Sonne schon angenehm warm war, zog Lisa noch einen zweiten Pullover über, bevor sie sich faul mit einer Dose Cola auf der Decke ausstreckte. So ließ es sich aushalten.
Um sie herum vertraute Stimmen, Wärme auf ihrer Haut, dazu dieser angenehme Cola-Geschmack im Mund.
Erst als die anderen ihr erzählten, wie sehr sie sie vermißten und daß es im »Café Kaputt« immer so leer ohne sie sei, spürte sie einen Kloß im Hals. Es war grausam, an einem Ort leben zu müssen, wo man sich nicht zu Hause fühlte, und dort, wo man hingehörte, nicht sein zu dürfen. Warum konnte man sein kleines Fleckchen Heimat nicht einfach in einen Koffer packen, es mal hier, mal dort auspacken und sich wohl fühlen?
Nach dem Essen verzogen sich die Freunde in den Halbschatten, spielten Karten oder dösten vor sich hin. Benni überredete Lisa zu einem kleinen Spaziergang.
Die Alster war mittlerweile erwacht. Ganz Hamburg schien sich verschworen zu haben, an diesem Vormittag auf diesem Stück Erde zu flanieren. Benni und Lisa mieden die Spazierwege, gingen statt dessen in einem großen Bogen über die Wiese ans Wasser. Hier, etwas abseits vom Trubel, war es wunderbar ruhig, idyllisch.
Benni ließ sich neben einem Ginsterstrauch ins Gras fallen. Lisa zog erst ihren dicken Winterpulli aus, ehe sie sich neben ihn legte.

»Schön hier, was?« murmelte sie.
»Wunderschön«, gab Benni zurück.
Dann lagen sie stumm da. Lisa schloß die Augen und hörte dem Wind in den Bäumen zu. Plötzlich fühlte sie Bennis Hand auf ihrer Hand. Lisa rührte sich nicht. Und als Benni sich über sie beugte und sie auf den Mund küßte, wehrte sie sich nicht. Es war schön. Benni roch nach frischer Luft und irgendwie auch nach Hamburg. Als sie zu den anderen zurückkehrten, hatte Benni rote Kinderbäckchen, und die anderen fingen an zu kichern. »Wo war denn das junge Glück?« stichelte Hans. »Und wie sieht's mit der Familienplanung aus?« Benni lachte nur, zeigte sich kein bißchen verlegen. Erst beim Abschied auf dem Bahnhof teilte Lisa ihm ihren Entschluß mit. Daß sie es nicht aushalten könne, hier ständig an alles erinnert zu werden, was ihr mal etwas bedeutet habe, und daß sie ihn in nächster Zeit nicht wiedersehen wolle.
Benni weinte.

Bittere Möhren

Draußen prasselte der Regen in gleichmäßigem Rhythmus an die Fensterscheibe. Judith trödelte auf dem Flur herum. Kämmte sich, packte Pausenbrote und Möhren ein, säuberte ihre Nägel. Dabei war es schon kurz vor acht, und in wenigen Minuten hatte sie wieder in der zweiten Reihe links außen zu sitzen, um sich das Geschwafel von Englischlehrer Hartkopf anzuhören.
Judith haßte die Schule. Besonders nach den Ferien. Zu viel Zeit mußte sie dieser dämlichen Institution opfern, kostbare Zeit, die sie sinnvoller im Ballettsaal verbringen

könnte. Wofür Dreisatz, Konjunktiv und Drittes Reich, wenn sie doch nur tanzen wollte?
Ihre Eltern waren da allerdings anderer Meinung. Sie waren nicht davon begeistert, daß ihre Tochter Berufstänzerin werden wollte, und wenn es schon sein mußte, dann sollte sie das Abitur machen. Für später, sozusagen.
In der Aula traf Judith ihre Klassenkameradin Beate. Gebeugt wie eine alte Frau, schlich sie neben ihr her.
»Wenn es nur nicht immer diese blöden Ferien gäbe«, meckerte sie. »Dann würde es einem wenigstens nicht so schwerfallen, wieder in diesen Kasten reinzugehen.«
Judith lachte, obwohl ihr gar nicht danach zumute war. Als sie in die Klasse kamen, saß Hartkopf schon am Lehrerpult und strafte sie mit bösen Blicken.
»Na, meine Damen«, sagte er dann mit zuckersüßem Lächeln, »schon am ersten Schultag zu spät?«
Beate murmelte etwas von »verschlafen«, Judith nickte ihrem Lehrer nur kurz zu und setzte sich auf ihren Platz.
»So, ihr Zuspätkommer«, fuhr Hartkopf ungerührt fort, »jetzt schlagt mal Seite fünfunddreißig auf, und du, Judith, lies vor.«
»Mist!« Judith suchte in ihrer Tasche vergeblich nach dem Englischbuch. »Ich glaub', ich hab' mein Buch vergessen«, sagte sie schließlich.
Hartkopf schüttelte verächtlich den Kopf und nahm dann Beate dran, die ihr Englischbuch schon aufgeschlagen vor der Nase liegen hatte.
Judith ließ das alles kalt. Sollte Hartkopf ruhig einen schlechten Eindruck von ihr bekommen. Wichtig war doch nur, ob ihre Sehnen, Gelenke und Füße mitmachten, ob sie endlich die Fouéttes sauber hinkriegte und ob sie es schaffen würde, nach den Sommerferien in die Thea-

terklasse zu wechseln. Was hier im Englischunterricht vor sich ging, prallte an ihr ab. Nur von ferne nahm sie Beates Stimme wahr, die sich wie immer mit der richtigen Betonung abmühte. Hoffentlich würde der Lehrer sie für den Rest der Stunde in Ruhe lassen.

In der großen Pause stand Judith mit Beate und Eva vor der Milchausgabe. Während sich ihre Klassenkameradinnen lautstark unterhielten, knabberte Judith lustlos an einer Möhre herum. Sie schmeckte bitter und wäßrig. Noch ganze vier Unterrichtsstunden lagen vor ihr, und nichts hätte sie in diesem Moment schrecklicher finden können. Wenn Beate sie wenigstens mal wie früher in die Seite gezwickt oder Eva sie eine miesepetrige Kuh genannt hätte! Aber die mit ihrem pseudointellektuellen Gefasel über das Sein oder das Nichtsein, beim Milchtrinken in der Schulpause!

Judith drehte sich um, hielt sich die Ohren zu und ließ ihren Blick über die Menge schweifen.

Da fiel ihr dieses Mädchen auf. Rote Haare, auswärts gedrehte Füße, schlank. Die Neue aus der Tanzschule, schoß es Judith durch den Kopf, die neue Superballerina. Einen Moment lang überlegte sie, ob sie nicht zu ihr hingehen sollte. Immerhin stand sie etwas verloren in der Gegend herum. Aber dann entschied sie sich dagegen. War es denn ihre Aufgabe, sich der Neuen anzunehmen? Konnte es denn überhaupt in ihrem Sinn sein, sich mit ihrer schärfsten Konkurrentin abzugeben?

»Kommt gar nicht in Frage!« schimpfte sie laut und kehrte der Neuen abrupt den Rücken zu.

»Was meinst du?« fragte Beate.

»Nichts, wieso? Hab' ich vielleicht was gesagt?«

Judith zückte eine zweite Möhre aus ihrer Jackentasche

und biß ärgerlich ein großes Stück ab. Sie schmeckte noch bitterer als die erste.

Tränen

Christina hatte sich im Klo eingeschlossen und heulte.
»Los, mach endlich auf!« rief Frau Herzfeld.
»Nein!« kam es von drinnen. »Nie wieder komm' ich raus, nie wieder!«
»Du machst jetzt sofort auf!« Frau Herzfeld hämmerte wütend an die Tür. Christina heulte nur um so lauter.
»Judith!« rief Frau Herzfeld nun. »Komm doch mal bitte und erklär mir, was mit diesem Kind los ist!«
Auch das noch! Eine gute halbe Stunde dauerte das Theater nun schon, und Judith hatte nicht die geringste Lust, es sich noch länger anzuhören. Was konnte sie dafür, daß sich ihre Schwester früher mit Händen und Füßen gesträubt hatte, Unterricht zu nehmen, und jetzt mit einemmal eine Ballerina Assoluta werden wollte? Und war es vielleicht ihre Schuld, daß die Wandruszka ihr gleich nach ein paar Stunden die Wahrheit gesagt hatte, nämlich, daß es mit ihr in der ersten Klasse wohl doch keinen Sinn habe, da sie nicht mal die Grundkenntnisse an der Stange beherrsche, und ob sie nicht lieber in die Laiengruppe am Dienstag kommen wolle. Judith war es leid, den Seelendoktor und Babysitter für ihre Schwester zu spielen. Sie hatte ihre eigenen Probleme mit Frau Wandruszka – lebenswichtige Probleme. Zudem nahm sie Christina schon lange nicht mehr ernst. Ob Turnen, Badminton oder »Mensch-ärgere-dich-nicht!« – im Grunde lief es doch immer nach dem gleichen Schema

ab: Erst war sie Feuer und Flamme, und dann verlor sie das Interesse ebenso schnell, wie es gekommen war. Ihre Schwester konnte sich einfach nicht auf die Dauer mit Haut und Haaren einer Sache verschreiben. Warum sollte ihr Ballerina-Tick also die große Ausnahme sein?
Als sich Judith mit ihrer Ballettasche aus der Wohnung stehlen wollte, kam Christina aus der Toilette. Ihre Augen waren vom vielen Weinen ganz verquollen.
»Merkst du nicht, wie du nervst?« schrie Judith sie an und knallte die Haustür hinter sich zu.
Ihr kleines Schwesterchen! Ein erbärmlicher, mitleiderregender Jammerlappen war sie! Wütend stupste Judith eine leere Zigarettenschachtel vor sich her, bis diese mit einem kräftigen Schuß auf der Straße landete und von einem Auto überfahren wurde.

Judith war mal wieder die letzte in der Umkleidekabine, und als sie in den Ballettsaal kam, machten sich die Mädchen bereits unter Tuscheln und Kichern an der Stange warm. Glücklicherweise war Frau Wandruszka noch nicht da, und Judith hatte ein paar Sekunden Zeit, zwei, drei Pliés zu machen, bevor die lauten Absätze der Meisterin – unausweichlich wie das Amen in der Kirche – übers Parkett donnerten.
»A la barre!« rief sie dann und klatschte in die Hände. Sofort standen alle Mädchen exakt in der ersten Position an der Stange. Anstatt das Tonbandgerät einzuschalten, schritt Frau Wandruszka heute stumm die Reihen ab und begutachtete jedes einzelne Mädchen. Fleischbeschau, dachte Judith. Immer wieder kam ihr dieses böse Wort in den Sinn und krallte sich wie ein dunkles Gespenst an ihr fest. Fleischbeschau! Als die Lehrerin wieder an ihren

Platz zurückkehrte, schweißglänzend und mit roten Flecken am Hals, huschte für den Bruchteil einer Sekunde ein Lächeln über ihr Gesicht.
»Lisa«, sagte sie zu der Neuen, »komm mal hier nach vorne, und du, Judith, stellst dich hinter Lisa.«
Judith erstarrte. Das konnte doch nicht wahr sein! Seit sie in Frau Wandruszkas Klasse war, hatte sie als Beste der Gruppe immer ihren Platz ganz vorne an der Stange behauptet, und nun sollte ihn diese Pippi Langstrumpf bekommen? Judith wollte protestieren, aber ihr versagte die Stimme. Benommen taumelte sie einen Schritt zurück, um Lisa Platz zu machen.
Es war wie ein Schlag ins Gesicht, wie ein rasender Schmerz, der alles in ihr betäubte. Wie konnte Frau Wandruszka ihr das antun? Die ganze Stunde über hatte sie diesen neuen, schwerelosen Körper vor Augen, dazu noch die Ballettmeisterin, die um diesen Körper herumwieselte wie eine Henne um ihr Küken. Es war widerlich. Widerlich und gemein.
Judith überstand den Unterricht mit einem verkrampften Lächeln in den Mundwinkeln.
Um keinen Preis wollte sie zeigen, wie verletzt sie war, und als sie aus dem Ballettsaal ging, warf sie ihrer Lehrerin ein betont freundliches »Auf Wiedersehen, Frau Wandruszka!« hin.
»Einen Moment mal, Judith«, sagte die und winkte sie mit dem Zeigefinger zu sich heran. Judith stutzte, ging dann aber sofort zu ihr hin. Herzklopfen. In ihrem Magen zogen sich Angst und Hoffnung zu einem riesigen Klumpen zusammen. Dazu dieser Film, der im Zeitraffer vor ihren Augen ablief: Frau Wandruszka, die ihr erklärte, daß die Sache mit der Neuen nur ein Irrtum war. Statt

dessen beendete ihre schrille Stimme abrupt und gnadenlos die Filmvorführung.
»Sag mal, Judith, hast du zugenommen?« fragte sie.
»Nein«, druckste Judith, »vielleicht doch, ich ...«
»Du solltest jedenfalls besser auf deine Figur achtgeben«, unterbrach sie die Lehrerin barsch, während sie sich im gleichen Atemzug umdrehte und mit klackenden Schritten davonstelzte.
Judith blieb wie vom Donner gerührt stehen, in der einen Hand die Ballettasche, in der andern ihre Schläppchen. Sie wußte nicht, ob sie hysterisch lachen oder verzweifelt weinen sollte.
In der Garderobe kam ihr die Neue entgegen.
»Na?« sagte sie und lächelte dabei schüchtern.
Judith hätte ihr am liebsten eine geklebt. Der neue Stern am Tanzhimmel! Die neue Wandruszka-Muse! Während sie duschte, überlegte sie, ob sie überhaupt jemals wieder zum Unterricht gehen sollte.
Warum mußte es denn ausgerechnet der Beruf der Tänzerin sein? Konnte sie nicht ebensogut Tierärztin, Sekretärin oder Bankangestellte, Wurstverkäuferin oder Fernsehansagerin werden?
Wozu sich das ganze Leben an der Stange abrackern? Um sich gleich zweimal am Tag von der Wandruszka demütigen zu lassen?
Zu Hause schloß sich Judith in ihr Zimmer ein und weinte. Weinte sämtliche Demütigungen, Beleidigungen und Ungerechtigkeiten ins Kopfkissen, und es war ihr egal, daß ihr Geschluchze in der ganzen Wohnung zu hören war. Ob nun Christina alleine oder gleich alle beide wegen der Wandruszka heulten – was machte das schon für einen Unterschied?

Die Abfuhr

Als der Wecker klingelte, war Lisa sofort hellwach. Sie kuschelte sich noch einmal in die Decke und wunderte sich einen kleinen Moment lang, daß sie so früh am Morgen bester Laune war. Ob es damit zusammenhing, daß sie tanzen konnte und deshalb manchmal in ihrem Bauch so ein herrlich kribbelndes Gefühl verspürte ?

Benni, ihre Freunde, Hamburg – das war alles weit weg und tat schon gar nicht mehr weh. Endlich hatte sie das Gefühl, sich mit der neuen Situation halbwegs arrangiert, ihren Platz in dieser Stadt gefunden zu haben. Die Ballettschule schien zwar nicht gerade der Nabel der Welt zu sein, aber das Niveau war bestimmt nicht viel schlechter als im berühmten Hamburger Tanzinternat.

Aus der Küche kamen Stimmen. Wenig später begann die Kaffeemaschine zu ächzen und zu spucken. Gleich, wenn sie aufstand, würde es schon in der ganzen Wohnung nach Kaffee duften.

Noch ein letztes Mal spürte sie die wohlige Bettwärme, bevor sie ungelenk aus den Federn kroch. Muskelkater. Jede Faser strafte sie bei der winzigsten Bewegung mit Schmerzen. Das war also die Quittung, die man erhielt, wenn man das Letzte aus seinem Körper herausholte, um andere Schülerinnen in den Schatten zu stellen. Lisa tat das Mädchen mit dem schönen blonden Dutt leid. Schließlich respektierte sie die kontinuierlich gewachsene Rangfolge innerhalb einer Ballettklasse und wäre auch mit einem anderen Platz an der Stange zufrieden gewesen. Sie konnte gut nachempfinden, wie dem Mädchen zumute sein mußte, und nahm sich vor, sich bei nächster Gelegenheit zu entschuldigen.

»Lisa, aufstehen!« Ihre Mutter steckte den Kopf durch die Tür. »Zwanzig nach sieben!«
»Ja!« murrte Lisa. »Ein Mensch mit Muskelkater ist doch kein D-Zug!« Zum Duschen blieb heute keine Zeit mehr. Ein bißchen Wasser ins Gesicht, Zähne putzen, Haare zusammenbinden – fertig. In der Küche trank sie ein paar Schluck Kaffee, biß einmal vom Toast ab und nahm den Rest mit auf den Weg.
Draußen war es angenehm warm. Frühling! Da roch die Luft so anders, süß und würzig zugleich. Als kleines Mädchen hatte sie ihre Mutter immer angebettelt, den Frühlingsduft einzumachen – als Vorrat für die langen Wintermonate. Heute konnte Lisa nur noch darüber lachen, aber den Frühling fand sie immer noch schön.
Als sie in die Kantstraße einbog, sah sie diesen blonden, streng an den Kopf geklebten Dutt vor sich. Lisa sackte ein bißchen der Magen weg, und sie fühlte sich auf einmal gar nicht mehr so leicht und beschwingt. Immerhin hatte sie nicht die Absicht gehabt, sich heute morgen zu entschuldigen. Sie überlegte noch, was sie sagen könnte, als sich Judith urplötzlich umdrehte, als hätte sie Lisas Blick auf ihrem Rücken gespürt.
»Hallo!« sagte Lisa einfach.
»Hallo!« erwiderte Judith kühl. Sie machte keine Anstalten stehenzubleiben.
»Du gehst auch hier zur Schule?« versuchte Lisa es.
»Ja.«
»In welche Klasse?«
»Zehn c.«
»Ach, dann bist du ja in meiner Parallelklasse«, sagte Lisa und ärgerte sich im gleichen Moment über ihre dämliche Feststellung.

»Ich muß mich beeilen«, meinte Judith barsch. »Mein Unterricht fängt gleich an.«
»Glaubst du, meiner nicht?« Lisa hatte langsam die Nase voll von ihrer einsilbigen Art. »Ich wollte dir noch was sagen«, fuhr sie dann doch fort.
»Ja?« Judith blieb mit einemmal stehen.
»Daß ich jetzt an deinem Platz stehe, das tut mir leid, weißt du ...«
»Ach ja?« unterbrach Judith sie. »Wenn's dir leid täte, hättest du es der Wandruszka sagen können.»
»Es tut mir leid, wirklich.« Lisa fühlte sich ausgesprochen hilflos. Sie zögerte einen Moment und sagte dann mutig: »Vielleicht können wir uns einmal treffen.«
»Keine Zeit«, gab Judith trocken zurück und lief schnellen Schrittes ins Schulgelände hinein. Lisa blieb wie angewurzelt auf der Straße stehen.

Judith starrte auf das weiße Papier und wütete in sich hinein. Wie konnte sich die Neue nur erdreisten, ihr nachzulaufen und sie so dämlich anzuquatschen? Die sollte sie bloß in Ruhe lassen und ihre falschen Versöhnungsfloskeln anderen auftischen! Sicherlich wollte sie sich nur bei ihr anbiedern, um in der Gruppe nicht ganz allein dazustehen. Aber dieses Spielchen spielte sie nicht mit – das brauchte sich die Neue gar nicht einzubilden! Unermüdlich drehte sich der Sekundenzeiger der Schuluhr der Pause entgegen. Judith war so in Gedanken versunken, daß sie nicht bemerkte, wie die Zeit verging. Vokabeltest, Englisch! An kaum etwas konnte sie sich erinnern, nicht einmal daran, wann sie die Vokabeln gelernt hatte.
Als es klingelte, standen nur ein paar Wörter auf ihrem Zettel. Mist! Hartkopf hatte sie sowieso schon auf dem

Kieker, und jetzt noch ein verhauener Vokabeltest! Darauf hatte der doch nur gewartet!
Noch vor ein paar Tagen wäre es ihr schnuppe gewesen, aber nun, seit Frau Wandruszkas Attentat, war eben alles anders. Jetzt sah sie ihre Karriere als Tänzerin gefährdet. Wenn sie nun doch nicht so begabt war, wie sie geglaubt hatte? Vielleicht mangelte es ihr an körperlichen Voraussetzungen oder an Ausstrahlung. Und woher sollte sie denn wissen, wie es um sie stand, wenn Frau Wandruszka ständig nur abweisend war?
Nach fünf qualvollen Unterrichtsstunden schleppte sich Judith immer noch schlecht gelaunt nach Hause. Ihre Mutter wartete bereits an der Tür, zwei tiefe Sorgenfalten auf der Stirn. Judith ging grußlos an ihr vorbei.
»Was ich mit euch Töchtern so durchmache«, sagte Frau Herzfeld traurig, während sie die Schultasche ihrer Tochter aus dem Weg räumte. Judith zog nur die Augenbrauen hoch. Ihre Schwester saß schon am Mittagstisch, blickte aber nicht auf, als Judith in die Küche kam.
Schweigend aßen sie. Als Christina ihren Teller gerade zur Hälfte geleert hatte, stand sie plötzlich auf.
»Du bleibst hier«, sagte Frau Herzfeld schroff.
Christina setzte sich wieder auf ihren Stuhl.
»Was wird hier eigentlich gespielt?« fragte die Mutter. Keines der beiden Mädchen sagte einen Ton.
»Also, wenn ich aus euch nichts rauskriege, dann werd' ich mal die Frau Wandruszka – oder wie heißt sie doch gleich? – anrufen. Es kann nicht angehen, daß ihr beide am Boden zerstört seid und daß offensichtlich immer diese Frau ihre Finger im Spiel hat.«
»Nein!« Judith sprang auf.
»Dann sag mir, was los ist!«

»Christina soll in die Laiengruppe, und ich bin auch nicht mehr die Beste. Das ist alles.«
Christina schluchzte schon wieder und lief aus der Küche. Judith ging ohne eine weitere Erklärung in ihr Zimmer. Was konnte ihr die Mutter schon helfen? Sie allein mußte an sich arbeiten. Einfach besser tanzen, besser als diese Lisa, leichter, schwereloser …
An diesem Nachmittag beschloß Judith, nur noch das Notwendigste zu essen.

Zu spät

Nach dem Mittagessen rückte Lisa ihr Bett wieder an die Wand. Die Raumaufteilung, die Benni noch so gefallen hatte, mochte sie auf einmal nicht mehr. Und seit sie neulich nachts aus dem Bett gefallen war, fand sie es auch nicht mehr so lustig, mitten im Raum zu schlafen. Ihre Hausaufgaben erledigte sie heute im Schnellverfahren. Ein bißchen Mathe, ein bißchen Gemeinschaftskunde, dann packte sie ihre Ballettasche und rannte zum Bus. Sie war spät dran; die Sache mit den Möbeln hatte sie aufgehalten. In der Garderobe lagen Schuhe und Taschen, Hosen und Pullover unordentlich durcheinander. Schnell zog sie sich aus, streifte ihr Beintrikot über und zog der Einfachheit halber nur ein riesiges Sweatshirt an. Als sie gerade ihre Schläppchen aus der Tasche holte, kam Judith herein. Geräuschlos, wie ein Geist. Sie grüßte nicht, öffnete nur betont langsam ihren Rucksack und wühlte in ihm herum.
»Mist!« sagte sie dann und ließ sich auf die Bank plumpsen. »Alles Mist!«

»Was ist denn los?« fragte Lisa.
»Ich habe Wölkchen vergessen, und Einstein auch.«
»Wen hast du vergessen?«
»Meine Trikots! Die liegen noch auf der Heizung im Badezimmer, und wenn ich erst wieder nach Hause fahre, dann fängt die Wandruszka erst recht an zu toben.« Judith ließ schlaff die Arme hängen. »Oder ich schwänze am besten gleich.«
»Ich könnte dir ein Trikot leihen«, schlug Lisa vor.
Einen Moment lang war es totenstill in der Garderobe.
»Ich weiß nicht«, sagte Judith kleinlaut.
»Hier!« Lisa zog das gelbe Trikot aus ihrer Tasche.
»Ich weiß nicht«, wiederholte Judith. Ihr war die Szene unglaublich peinlich.
»Nun mach schon! Oder willst du die Wandruszka warten lassen?«
Schweigend zog Judith sich um. Lisa wartete, obwohl sie besser gleich nach oben gegangen wäre. Als sie beide mit fünfzehn Minuten Verspätung den Ballettsaal betraten, war das Exercice an der Stange längst in vollem Gange. Judith tat, als wäre nichts weiter vorgefallen, und ging an ihren Platz.
Lisa wollte sich hingegen erst bei Frau Wandruszka entschuldigen, wartete deshalb eine Zehntelsekunde unentschlossen im Raum.
Eine Zehntelsekunde zu lange.
»Du stehst im Weg, Madame!« fauchte die Ballettmeisterin. Dann drehte sie sich einfach um und wandte sich einer anderen Schülerin zu.
Nach dem Unterricht fing Frau Wandruszka die beiden Mädchen ab. »Kommt mal mit in mein Büro«, sagte sie mit strenger Stimme.

Lisa wurde vor Schreck ganz bleich, als sie stumm den klackenden Absätzen in den dritten Stock folgten.
Frau Wandruszkas Büro war klein und verplüscht. Verstreut lagen Porzellanfiguren auf gehäkelten Deckchen, an den Wänden hingen Ballettfotografien. Dazu war seit Monaten nicht mehr gelüftet worden.
»Setzt euch«, befahl die Ballettmeisterin und goß sich aus einer riesigen Kanne Kamillentee ein. »Tänzerinnen, die dumm in der Gegend herumstehen, sind keine richtigen Tänzerinnen.«
Judith und Lisa quetschten sich auf einen winzigen, verstaubten Zweisitzer und warteten, die Hände brav im Schoß gefaltet.
»Kinder, was soll ich nur mit euch machen!« Theatralisch warf Frau Wandruszka die Arme in die Luft. »Von dir, Judith, bin ich ja schon einiges gewohnt, aber daß sich unser neues Sternchen gleich anstecken läßt und die übelsten Sitten übernimmt!«
»Ich ...«, fing Lisa an, aber die Wandruszka ließ sie erst gar nicht ausreden.
»Kinder, Kinder«, fuhr sie fort, »stellt euch vor, ihr säßet im Bolschoi-Theater, und die Primaballerina erschiene erst im zweiten Akt, weil, na, sagen wir, weil sie verschlafen hat. Da würdet ihr Augen machen, was?« Sie sah die Schülerinnen durchdringend an. »So, und nun geht, ihr habt meine kostbare Zeit schon genug strapaziert.« Judith und Lisa erhoben sich.
»Ach, noch was«, sagte sie, als die Mädchen schon fast an der Tür waren. »Ihr wißt, daß ihr meine beiden besten Schülerinnen seid und das Zeug zur Tänzerin habt. Ich kann euch weiter wie bisher ausbilden, muß euch aber gleich sagen, daß ihr es so nur zu mittelprächtigen Grup-

pentänzerinnen bringen werdet.« Sie machte eine lange Atempause. »Es sei denn, ihr gebt die Schule auf und wechselt nach den Sommerferien in die Theaterklasse.«

Tanzen ist alles

Frau Herzfeld machte sich Sorgen. Nicht um Christina, die hatte sich schnell wieder gefangen und die Ballettfotos an ihrer Wand durch die alten Pferdeposter ersetzt. Nein, Judith war es, die ihr zu schaffen machte. Seit fast zwei Wochen war sie nicht mehr ansprechbar, schloß sich in ihrem Zimmer ein und kam erst wieder heraus, wenn sie zum Ballettunterricht mußte. Danach war es wieder das gleiche. Und wenn sie Judith fragte, was sie überhaupt gegessen habe, dann hieß es immer, sie sei unterwegs an einer Bäckerei vorbeigekommen und pappsatt. Irgend so ein süßes Teilchen oder ein Croissant – konnte das denn einer Tänzerin genügen? Dabei sah ihre Große sowieso schon furchtbar dünn und blaß aus.
Aus lauter Verzweiflung rief Frau Herzfeld eines Tages heimlich Judiths Ballettlehrerin in der Mittagspause an und erkundigte sich nach ihrer Tochter. Die entwickle sich prächtig, meinte Frau Wandruszka. Sie sei fleißig wie nie zuvor und mache große Fortschritte. Allerdings solle man sich überlegen, ob man sie nicht nach der zehnten Klasse von der Schule nehme. Dann komme sie in die Theaterklasse und könne auch vormittags trainieren.
Frau Herzfeld fiel beinahe vom Stuhl. Ihre Tochter von der Schule nehmen? Nur wegen der Tanzerei? Ihr war zwar seit längerem klar, daß Judith es wirklich ernst meinte, aber wenn es doch nicht klappen sollte, wenn sie

kein Engagement bekommen oder plötzlich die Lust verlieren würde, dann stünde sie ohne vernünftigen Schulabschluß da. Was darüber hinaus an gesundheitlichen Problemen auf sie zukommen könnte, war ja noch gar nicht abzusehen. Fußverletzungen, Bänderrisse, Arthrose – Schreckliches stand da täglich in der Zeitung. Und dann die Berufsaussichten. So viele ausgebildete Tänzerinnen bekamen nie die Möglichkeit, auf einer Bühne zu stehen. Das wußte sie von ihrer Nachbarin, Frau Lobert, deren Nichte an der Frankfurter Ballettbörse, einer Art Vermittlungsstelle für Tänzer ohne Engagement, arbeitete und immer neue Horrorgeschichten erzählte. Zum Beispiel auch die, daß eine Gruppentänzerin in der Provinz gerade mal zweitausend Mark brutto verdiente. Das war weniger als der Lohn einer Verkäuferin. Dafür die tägliche Schufterei und Arbeit bis in die Nacht hinein!
Und was kam danach? Was sollte ihre Judith machen, wenn sie mal dreißig oder vierzig war?
Nein, diese Plackerei war kein Leben für ihre Tochter. Lieber sollte sie etwas lernen, das Zukunft hatte – einen Beruf in der Wirtschaft oder Industrie.
»Tja, da kann man wohl nichts machen«, meinte Frau Wandruszka und beendete das Telefonat, ohne sich zu verabschieden.

Dann, ein paar Tage später, der Eklat. Judith machte sich nicht mal die Mühe anzuklopfen. Sie platzte einfach herein, setzte sich in den Ledersessel an der Bücherwand und sah ihre Mutter herausfordernd an.
»Was gibt's?« fragte Frau Herzfeld.
»Ich hör' im Sommer mit der Schule auf.«
»Nimm erst mal den Kaugummi raus!«

Judith gehorchte, klebte den gelben Klumpen in ihre rechte Handfläche.
»Ich dachte, wir hätten mal abgesprochen, daß du das Abitur machst«, fuhr ihre Mutter ruhig fort.
»Was heißt hier abgesprochen? Ich will Tänzerin werden, ich bin begabt, und wenn ich nicht auch vormittags trainiere, kann ich die ganze Sache vergessen. Frau Wandruszka hat gesagt ...«
»Ich weiß, ich hab' mit ihr gesprochen.«
»Du hast was?«
»Sie angerufen.«
»Warum?« Judith ballte die Faust.
»Weil du dich in der letzten Zeit äußerst merkwürdig verhältst, meinst du nicht?«
»Nein ...«
»Oder denkst du, es ist völlig normal, nichts mehr zu essen, die Schule zu vernachlässigen und nur noch Pliés, oder wie diese Dinger heißen, im Kopf zu haben?«
»Und ob ich esse!« Judith stampfte wütend mit dem Fuß auf. »Als Tänzerin muß man eben schlank sein«, fügte sie schuldbewußt hinzu.
»Judith, ich glaube, dein Vater erlaubt nicht, daß du mit der Schule aufhörst.«
»Ihr müßt es mir erlauben! Ich will Tänzerin werden.«
»Wir müssen? Du willst? Judith, wir sind keine Unmenschen, aber wir sind immerhin noch deine Eltern.«
Judith fing an zu weinen. »Ihr wollt mir meine Zukunft nehmen«, jammerte sie. »Ihr habt ja gar keine Ahnung, was Tanzen bedeuten kann!«
»Ach, ja? Was denn?« Frau Herzfeld sah Judith über ihre Brillengläser hinweg fragend an.
»Alles! Alles!« schrie sie. Dann rannte sie hinaus.

Freundinnen

Um halb zehn ging das Telefon. Lisa war schon im Halbschlaf, als Frau Breuer an ihre Tür klopfte.
Ein Anruf um diese Zeit? Schläfrig tappte sie ins Wohnzimmer.
»Hallo!« sagte eine fremde Mädchenstimme.
»Wer spricht da?« fragte Lisa.
»Judith.«
»Ach, hallo, Judith!« Lisa brauchte einen Moment, um zu begreifen, daß da tatsächlich Judith am Apparat war.
»Können wir uns morgen sehen?« fragte Judith.
»Ja, äh, ich ...«, stotterte Lisa.
»Im Florentino?«
»Ja.«
»So gegen zwei?«
»Ja.«
»Also dann, gute Nacht!«
Lisa stand noch eine Weile mit dem tutenden Hörer in der Hand da und starrte auf den Bildschirm, wo gerade ein Mann in einem Parkhaus erschossen wurde. Sie konnte es einfach nicht glauben. Da ignorierte dieses Mädchen sie erst wochenlang, um sich dann plötzlich mitten in der Nacht mit ihr zu verabreden. Zwar war Judith seit der Sache mit dem Trikot freundlicher, aber ein richtiges Gespräch war bisher nicht zustande gekommen – nicht mal nach der Vorladung bei Frau Wandruszka.

Samstag morgen wachte Lisa früh auf. Sie drehte sich noch einmal um und zog die Decke bis über beide Ohren. Da fiel ihr der sonderbare Traum wieder ein.
Frau Wandruszka hatte einen Wandertag organisiert. Die

Mädchen aus der Ballettklasse saßen auf einer wunderschönen Frühlingswiese. Sie aßen gebratene Pilze und saure Gurken. Es war schwül-warm und roch entsetzlich nach verschwitzten Schläppchen. Dann waren die anderen verschwunden, nur sie und Judith hockten noch im Schneidersitz im Gras. Judith packte jetzt eine riesige Tüte mit Schokoriegeln aus, bot ihr aber keinen an. Später gingen sie nebeneinander einen schmalen Feldweg entlang. Er war voller Marienkäfer und mündete in ein Schwimmbad. Das Wasser war rötlich gefärbt, überall wucherten Algen. Lisa wußte zwar, daß das Wasser vergiftet war, hatte aber trotzdem große Lust zu schwimmen. Gerade als sie ins Wasser springen wollte, wuchsen ihr Flügel, und so glitt sie wie ein riesiger Vogel über das Schwimmbad, nur wenige Zentimeter über der Wasseroberfläche. Judith hatte sich in einen Haifisch verwandelt; sie schnellte dann und wann aus dem Wasser und versuchte, Lisas Flügel zu zerbeißen. Merkwürdigerweise hatte sie überhaupt keine Angst. Sie fand sogar, daß Judith als Hai sehr lustig aussah, und mußte lauthals lachen. Davon war sie aufgewacht.
Zwanzig nach sieben. Lisa sprang aus dem Bett. Duschte, cremte sich ein, schnitt sich ihre Fußnägel, was schon längst überfällig war – ärgerte sich. Wie konnte man nur freiwillig am Wochenende so früh aufstehen?
Nach dem Fönen ging sie raus und holte Brötchen. Sie kam sich wie ein Held vor, einsam, so früh am Morgen auf der Straße, während überall noch die Jalousien runtergelassen waren. Als sie später den Frühstückstisch deckte, war es immer noch still in der Wohnung. Vor sich einen riesigen Becher heiße Schokolade, kauerte sie sich an den Tisch und starrte nach draußen.

Warten, endlose Langeweile. Lustlos blätterte sie in den »Lübecker Nachrichten«, pickte ein paar Brötchenkrümel auf, naschte von der Marmelade. Wie konnte sich ein Samstagvormittag nur so zäh wie ein alter Kaugummi dahinziehen!
Gegen zehn bequemten sich ihre Eltern endlich aus dem Bett. Lisa war der Appetit vergangen. Sie hatte ein ungutes Gefühl, beinahe ein wenig Angst vor der Verabredung. Mit Müh und Not würgte sie ein halbes Käsebrötchen hinunter und ging dann gleich in ihr Zimmer, um sich weiterzulangweilen.
Auf dem Fußboden herrschte ein einziges Chaos, aber Lisa verspürte nicht die geringste Lust aufzuräumen. Statt dessen setzte sie sich an den Schreibtisch, spulte ein paar Vokabeln ab und packte dann ihre Schultasche für Montag. Als ihr gar nichts mehr einfiel, kramte sie alte Fotoalben hervor: Sie als Baby im Laufstall, sie mit sieben im Ballettröckchen unterm Weihnachtsbaum. Reichlich dämlich sah sie aus mit dem offenstehenden Mäulchen und den unbeholfen in die Luft gestreckten Armen. Auf der gleichen Seite sie im Katzenkostüm bei einem Turnfest, dann zwei Jahre später als Prinzessin in einer Dornröschen-Kinderaufführung, vor ein paar Monaten mit Benni auf einem Schulfest.
Mit einer ruckartigen Bewegung klappte Lisa das Album wieder zu. Sie konnte den Anblick ihres eigenen Gesichtes nicht ertragen. Irgend etwas störte sie auf jedem Foto. Das fing schon bei der Nase an. Viel zu groß, viel zu knollig! Und dann diese Haarfarbe! Hatte es jemals eine große Ballerina mit roten Haaren gegeben?
Judith, ja, die hatte es gut! Blond, elfenhaft, und diese Nackenlinie!

Nach dem Mittagessen durchforstete Lisa ihren Kleiderschrank. Was sollte sie nur anziehen? Draußen war es ungewöhnlich warm für Anfang Mai. Lisa zog ihren Lieblingsrock hervor und posierte wie ein Mannequin vor dem Spiegel. Ihre Figur erschien ihr in dieser Aufmachung ganz in Ordnung, aber die käsigen Beine! Nein! Lisa zerrte den Reißverschluß kurzerhand wieder auf und ließ den Rock zu Boden fallen. Die weiße Leinenhose – das war die Lösung. Aber was sollte sie dazu anziehen? Das blaue Sweatshirt? Langweilig. Die rotweiß gestreifte Bluse? Bieder. Zu dumm auch, daß sie nicht eines dieser buntgemusterten Kapuzen-T- Shirts hatte.

Wütend riß Lisa gleich einen ganzen Wäschestapel aus dem Schrank. Hilflos stand sie dann in Unterwäsche davor und fand auf einmal alles häßlich und altmodisch. Schließlich trottete sie, so wie sie war, in die Küche und fragte ihre Mutter, ob sie ihr nicht etwas zum Anziehen leihen könne. Irgend etwas Verrücktes, Elegantes, Lustiges und Stilvolles zugleich.

»Mach doch keinen Aufstand wegen einer lächerlichen Verabredung«, sagte Frau Breuer.

Trotzdem ging sie an ihren Kleiderschrank, holte dies und jenes heraus, aber Lisa konnte sich zu nichts entschließen. Als die Mutter zum Schluß nur noch feingerippte Baumwollriesenschlüpfer hervorzog, bedankte sich Lisa artig und verschwand wieder in ihrem Zimmer. Genervt ließ sie sich zwischen den verstreuten Kleidungsstücken nieder. Dabei wußte sie noch nicht einmal, warum es ihr heute so wichtig war, was sie anhatte.

Ein Blick auf die Uhr: halb zwei. Lisa sprang mit einem Satz auf, zog Jeans und T-Shirt von gestern an und stürzte aus der Wohnung.

Judith saß schon in der Eisdiele und drückte sich die Nase an der Fensterscheibe platt.
»Hallo!« sagte sie lachend. »Was soll ich dir bestellen? Ich lade dich ein.«
Lisa setzte sich wortlos hin.
Judith hatte die Eiskarte vor ihr ausgebreitet und zeigte mit dem Finger auf den »Nougatbecher Paradiso«. Lisa nickte verunsichert, und Judith bestellte. Einen Nougatbecher und ein Mineralwasser.
»Und du?« fragte Lisa. »Soll ich etwa alleine essen?«
»Bei uns zu Hause gab's heute schon Eis zum Nachtisch«, log Judith.
Schweigen.
Von Minute zu Minute fühlte sich Lisa unwohler in ihrer Haut und wünschte, der Nachmittag würde schneller vergehen. Als endlich der Eisbecher kam, hatte Judith noch immer nicht ihre Sprache wiedergefunden. Sie lächelte nur, steckte hin und wieder ihren Zeigefinger ins Mineralwasser, um ihn dann umständlich abzulecken. Lisa hatte ihren Eisbecher gerade zur Hälfte aufgegessen, da wurde es ihr zu bunt. »Also, nun rück mal raus mit der Sprache«, sagte sie und versuchte, ein möglichst cooles Gesicht zu machen. »Weshalb diese Eisorgie?«
Judith betrachtete aufmerksam ihre Hände und sah auf einmal sehr abgespannt aus.
»Es tut mir leid«, stieß sie schließlich hervor.
Lisa schluckte und nahm schnell ein paar Löffel Eis, nur, um nichts sagen zu müssen.
»Ich glaub', ich hab' mich ziemlich eklig benommen«, fuhr Judith stockend fort. »Dabei war die Sache mit dem Trikot riesig nett von dir.« Dann kamen die Worte hastig und überstürzt aus ihr herausgeschossen. Daß Lisa ja

wirklich schön tanzen könne und daß sie neidisch und wütend gewesen sei, weil sie, Judith, ihren ersten Platz an der Stange habe aufgeben müssen. Und ob Lisa auch solche Probleme mit ihren Eltern habe.
»Probleme mit den Eltern?«
»Ja, sie wollen unbedingt, daß ich das Abi mache.«
Judith hatte jetzt die Zitronenscheibe am Wickel. Sie drückte wie wild auf ihr herum. »Ich will aber abgehen. Ich muß es einfach tun.« Der Rest der Schale landete wieder im Glas. »Und du?«
»Ich habe mich noch nicht entschieden.«
»Wie bitte?« Judith machte tellergroße Augen. »Ist das dein Ernst?«
»Ja.«
»Aber du weißt doch, daß wir uns die Sache abschminken können, wenn wir nicht in die Theaterklasse gehen.« Sie zögerte einen Augenblick. »Oder willst du etwa gar nicht Tänzerin werden?«
»Doch, schon, aber … Ach, ich weiß es eigentlich noch nicht so genau.«
Judith sah Lisa ungläubig an. Wie konnte jemand, der so gut war wie Lisa, auch nur im geringsten an seiner Berufswahl zweifeln? Dieses Mädchen hatte einen wundervollen Spann, das schönste En dehors der Welt!
Als Lisa dann noch erzählte, daß ihre Mutter selber hatte Tänzerin werden wollen, wegen ihrer Schwangerschaft damals aber gezwungen war aufzuhören und nun ihre ganze Hoffnung in die Tochter setzte, verstand Judith gar nichts mehr.
Wie ungerecht die Welt war. Ungerecht und verquer! Warum konnten sie nicht einfach die Eltern tauschen! Dann würde sie ungehindert Tänzerin werden, und Lisa

würde brav das Abitur machen und anschließend etwas Anständiges lernen.
»Was soll ich denn nur machen?« fragte Judith leise. »Was würdest du an meiner Stelle tun?«
»Am besten, Frau Wandruszka spricht mal mit deinen Eltern und macht ihnen klar, daß du begabt bist und daß du's packen wirst.«
Judith wurde rot. »Glaubst du wirklich?«
»Klar!« sagte Lisa. »Du bist toll.«
Es klang kein bißchen geheuchelt. Judith lehnte sich zurück und seufzte.
»Und trotzdem«, beharrte sie, »es hat keinen Sinn. Meine Mutter hat schon mit Frau Wandruszka gesprochen. Sie läßt sich nicht überzeugen.«
»Dann sag ihr doch, daß du tanzen mußt, daß du wie 'ne Primel eingehst, wenn du's nicht tust. Mach ihr klar, was es bedeutet, zu tanzen.«
»Du hast gut reden.« Judiths Stimme klang resigniert. »Erklär einem Vegetarier, wie toll Fleisch schmeckt.«
»Du mußt es versuchen! Wenn du wirklich tanzen willst, mußt du alle Hebel in Bewegung setzten.«
Lisa ereiferte sich so, daß sie ihr Eis vergaß. In dem Glaskelch schwamm mittlerweile eine milchigweiße Soße. Ihre Cousine Margot, erzählte sie, habe sich auch gegen den Willen ihrer Eltern zur Tänzerin ausbilden lassen und tanze heute immerhin im Corps de ballet an der Münchner Oper.
»Ich weiß nicht ...«, sagte Judith weinerlich. Eine erste Träne rollte ihr über die Wange. Lisa stand schnell auf, um noch einen Nougatbecher zu bestellen.
Als sie an den Tisch zurückkehrte, hatte sich Judith wieder gefaßt und entschuldigte sich. Es sei ihr unbeschreib-

lich peinlich, daß sie jetzt auch noch vor allen Leuten habe losheulen müssen. Lisa fühlte sich hilflos. Irgendwie tat ihr Judith leid. Sie war so anders, als sie noch vor wenigen Stunden geglaubt hatte. So unsicher, so verletzbar – und kein bißchen arrogant. Wie um sie zu trösten, schob sie ihr den Eisbecher, den der Kellner auf den Tisch stellte, vor die Nase. »Iß!« kommandierte sie.
Mit gierigen Augen starrte Judith das Eis an, machte aber keine Anstalten, es zu probieren.
»Nun iß schon!«
»Aber meine Figur«, jammerte Judith. »Frau Wandruszka hat doch gesagt, ich muß abnehmen.«
»Die Wandruszka spinnt, die wollte dich nur ärgern. Schau mal in den Spiegel, wie spindeldürr du bist!«
Zögernd nahm Judith die Eiswaffel, schob sie in die Sahnehaube und leckte sie bedächtig ab. Dann griff sie nach dem Löffel und schob sich die Sahne gleich häufchenweise in den Mund.
Lisa strahlte. »Das kriegen wir schon in den Griff«, sagte sie und legte den Arm um ihre neue Freundin.

Die Entscheidung

»Psst!« machte Judith. Sie preßte angestrengt ihr Ohr ans Schlüsselloch. »Sei doch mal still!«
Christina führte gerade einem imaginären Publikum komplizierte Bewegungsabläufe vor, die sie in ihrem neuen Karatekurs gelernt hatte.
»Wirste schon noch früh genug erfahren«, keuchte sie.
»Du bist doof und albern«, raunzte Judith sie an.
»Und ich finde Ballett doof und albern.«

»Das ist das Allerneueste! Noch vor kurzem …«
»… fand ich's toll, na und? Jetzt finde ich eben Karate toll.« Christina ließ sich auf den Fußboden fallen und sah ihre Schwester böse an.
»Brauchst gar nicht so zu gucken«, fauchte Judith.
»Ich guck', wie ich will«, fauchte Christina zurück. »Ist dir schon mal aufgefallen, daß sich alles nur noch um dich dreht? Um deine Schulangelegenheiten, um deinen Ballettkram, um deine Schläppchen, um deine blöde Fußsalbe! Und nun hockt auch noch diese Wandruszka im Wohnzimmer, um Mama und Papa von deiner einzigartigen Begabung zu überzeugen. Daß ich auch begabt bin, das interessiert hier wohl niemanden, und daß ich langsam mal neue Reitstiefel brauche, auch nicht.«
Christina schnappte nach Luft. »Und außerdem hast du viel zu krumme Haxen zum Tanzen.«
»Und du bist viel zu blöd, um geradeaus zu gucken!« Judith war sauer. Ausgerechnet jetzt, wo es um ihre Zukunft ging, mußte ihre Schwester nur dummes Zeug daherreden! In den entscheidenden Momenten des Lebens waren kleine Schwestern einfach eine Qual.
Christina ließ sich jedoch nicht beirren. Sie wechselte abrupt das Thema und überschüttete ihre Schwester in aller Ruhe mit neuesten Abenteuern der Stute »Sowieso« und mit Schokokußgeschichten aus dem Supermarkt. »Bei Rieckoff kosten die jetzt schon zehn Pfennig mehr«, gab sie zu bedenken.
»Wer frißt auch schon so was!« fuhr Judith sie an. »Kein Wunder, daß du immer fetter wirst.«
»Ziege!« schrie Christina und fing an zu heulen.
Judith zeigte kein Mitleid. Sie klebte an der Tür, in der Hoffnung, ein paar Wortfetzen aufzuschnappen.

Gerade in dem Moment, als Christinas Geheule seinen Höhepunkt erreicht hatte, ging die Wohnzimmertür auf. Natürlich konnte Judith kein Wort verstehen.
»Still jetzt!« zischte sie.
Christina wurde auf der Stelle leiser.
»Auf Wiedersehen, Frau Wandruszka«, hörte Judith deutlich die Stimme ihrer Mutter. »Wir werden es ihr schonend beibringen.«
Aus! Aus und vorbei! Die Wandruszka, Romeo und Julia, rauschender Applaus – alles verschwand in einem nebulösen Nichts. Judith ließ sich aufs Bett fallen. Alles um sie herum fing an zu wanken, sich im Kreis zu drehen ... Langsam quollen die Tränen zwischen den geschlossenen Lidern hervor und liefen ihr übers Gesicht.
Christina saß verstört auf dem Fußboden und begriff nichts mehr.
Dann klopfte es, und Frau Herzfeld steckte den Kopf zur Tür herein. »Kommst du bitte mal in mein Arbeitszimmer?« fragte sie ruhig.
Judith rührte sich nicht. Sie hatte einfach keine Lust, sich noch einmal anhören zu müssen, daß aus ihrem Traum vom Tanzen nichts werden würde. Eine kalte Dusche war genug für heute.
»Judith! Warum weinst du denn?« Ihre Mutter kam ins Zimmer und setzte sich auf die Bettkante.
Judith vergrub ihren Kopf im Kissen. Christina zuckte mit den Schultern.
»Ihr seid so gemein!« brüllte Judith.
»Hör mir doch erst mal zu«, sagte Frau Herzfeld. Sie half ihrer Tochter, sich aufzusetzen, und wischte ihr ein paar Tränen von den Wangen.
»Judith! Liebes! Du darfst die Tanzausbildung machen.

Frau Wandruszka hat mich überredet, daß es für dich das beste ist, dich von der Schule zu nehmen.«
Judith traute ihren Ohren nicht. »Und was mußt du mir schonend beibringen?« fragte sie mißtrauisch.
Frau Herzfeld lachte laut auf. »Das kommt davon, wenn man lauscht«, sagte sie. »Frau Wandruszka meint nur, daß du ziemlich schwache Gelenke hast und dich ab und zu mal beim Arzt blicken lassen mußt.«
»Hab' ich doch schon immer gesagt, daß du krumme Haxen hast«, blödelte Christina.
Judith war überwältigt. Zu überwältigt, um ihrer Schwester Kontra zu bieten. Sie war einfach leer – leer und glücklich zugleich.

Ein Mountainbike mit Folgen

Die Wochen bis zu den Sommerferien vergingen wie im Flug. Judith blühte auf. In der Schule war sie eifrig bei der Sache – ihren Eltern zuliebe wollte sie wenigstens einen guten Schulabschluß machen –, und auch bei Frau Wandruszka lief sie zu Hochform auf. Daß ihre Ballettlehrerin sie bei ihren Eltern als ein großes Talent angepriesen hatte, gab ihr die nötige Portion Selbstvertrauen und Motivation. Lisa ging es ähnlich. Sie hatte sich entschlossen, nach der Zehnten abzugehen und mit Judith in die Theaterklasse zu wechseln.
Seitdem waren die beiden unzertrennlich. Angefangen hatte alles mit zwei Nougatbechern und ein paar Tränen, und nun konnten sie sich nicht mehr vorstellen, daß es Zeiten gegeben hatte, wo sie sich aus dem Weg gegangen waren. Benni, Klara und die anderen hatte Lisa so gut

wie vergessen, für sie gab es neben der Ballettschule nur noch ihre neue Freundin. Und Judith hatte die unangenehme Ballettsaalepisode von damals einfach aus ihrem Gedächtnis gestrichen.
Kurz vor Ende des Schuljahres gab es zu Hause Streit. Judith und Lisa hatten sich in den Kopf gesetzt, in den Sommerferien einen Flamenco-Workshop in Spanien zu belegen. Um ein wenig Spaß zu haben, aber auch, um sich auf das neue Unterrichtsfach Folklore vorzubereiten. Breuers und Herzfelds waren strikt dagegen. Erstens kostete so ein Tanzurlaub eine ganze Stange Geld, zweitens waren die beiden einfach noch zu jung, um alleine ins Ausland zu reisen, drittens sollten sie sich mal richtig erholen, und viertens und fünftens ... Die Mädchen versuchten mit allen Mitteln, ihre Eltern von der Bedeutsamkeit dieses Workshops zu überzeugen – ohne Erfolg.
»Irgendwann ist auch bei mir der Ofen aus«, meinte Frau Herzfeld und schickte ihre Töchter zur Oma in den Harz. Lisa fuhr mit ihren Eltern auf eine Nordseeinsel.

»Judith? Bist du's?« Lisa stand mit ihrer sandigen Badetasche in einer Telefonzelle an der Strandpromenade.
»Ja«, kam es kläglich aus dem Hörer.
»Geht's dir nicht gut?«
»Doch – es ist nur so langweilig hier.«
»Geht mir auch so«, sagte Lisa. Pause. Sie hörte Judith unregelmäßig in den Hörer atmen. »Trainierst du auch jeden Tag?« fragte sie dann.
»Klar. Jeden Morgen. Macht aber keinen Spaß in einer Dachkammer ohne Spiegel und Parkett, und dann noch mit einer quengeligen Schwester.«
Lisa mußte laut lachen. Sie konnte sich gut vorstellen,

wie Judith in einer rumpeligen, bäuerlichen Hütte, den Ohrensessel zur Stange umfunktioniert, ihre eleganten Tendus übte, während Christina nur Faxen machte.
»Laß den Kopf nicht hängen«, sagte sie dann. »In einer Woche sind wir schon Schülerinnen der Theaterklasse, stell dir das mal vor! Theaterklasse! Wie das klingt!«
»Ja.«
Lisa verstand nicht, warum ihre Freundin so schrecklich einsilbig war. So schlimm konnten ein paar Tage Ferien im Harz auch nicht sein. »Telefonieren wir noch mal?« fragte sie, aber die letzten Worte sprach sie schon in den tutenden Hörer.
Gedankenverloren hängte sie ein und schlenderte zum Hotel. Eigentlich fühlte sie sich sehr wohl hier auf der Insel, aber das hatte sie Judith nicht sagen mögen. Natürlich freute sie sich wahnsinnig auf die Theaterklasse, auf das aufregend Neue, das vor ihr lag, aber dieses süße Nichtstun hier war auch nicht schlecht. Morgens mit den Eltern an den Strand, sonnen, baden, Margot Fonteyns Biographie lesen, dann Mittagessen im Hotel. Während ihre Eltern ein Nickerchen machten, absolvierte sie ihr Urlaubstraining, ließ aber aus Bequemlichkeit die Ronds de jambe en l'air und die Grands battements aus.
Nachmittags ging es dann je nach Wetter entweder wieder an den Strand oder in ein Café, und für Lisa sprang in jedem Fall ein großes Eis heraus.
Heute hatte sie schon zwei verdrückt. Sie kramte in ihrer Hosentasche, holte ein Markstück heraus und kaufte sich beim Eismann in der Erlenstraße ein drittes. Während sie ihre Zunge genußvoll in die sahnig-kalte Creme tauchte, dachte sie daran, daß sie sich all den Luxus in ein paar Tagen sowieso nicht mehr würde leisten können. Sie mußte

über sich selbst lachen und hüpfte, so wie es kleine Mädchen tun, über die Straße.
»Paß doch auf!« hörte sie jemanden schreien. Sie nahm noch wahr, wie ein grell-lilafarbenes Rad auf sie zugeschossen kam – dann krachte es. Lisa fiel auf den Bordstein, der Radfahrer polterte hinterher. Lisas erste Überlegung: Hoffentlich ist mir nichts passiert. An den Radfahrer verschwendete sie nicht einen Gedanken.
»Alles in Ordnung?« Ein Junge mit einer blonden Ponyfrisur rappelte sich neben ihr hoch.
»Glaub' schon.« Lisa versuchte, sich aufzurichten. Vorsichtig streckte sie ihre Glieder. Nichts schien verknackst oder gebrochen zu sein, nur ihr Po tat weh.
»Tut mir wirklich leid«, brachte Lisa mühsam hervor. Ihr war immer noch nicht klar, wie das eigentlich hatte passieren können.
»Vielleicht paßt du nächstens besser auf, wenn du über die Straße rennst«, schimpfte der Junge los und betastete sein aufgeschlagenes Knie. Am Fahrrad war anscheinend nur die Lampe kaputtgegangen. Dann fing er plötzlich an zu lachen.
»Na, wenigstens hat dein Eis den Unfall unbeschadet überstanden.«
Erst jetzt bemerkte Lisa, daß sie ihren rechten Arm mit dem Eis in der Hand immer noch kunstvoll in die Luft reckte. Nur ein paar Tropfen kleckten herunter.
»Willst du mal?« fragte Lisa und wunderte sich über ihre eigene Schlagfertigkeit.
»Gerne.« Statt einmal zu lecken, nahm er ihr das Eis gleich ganz aus der Hand und verschlang es mit großem Appetit.
Anstandshalber schlug Lisa ihm vor, die Reparatur der

Lampe zu bezahlen, aber das lehnte er großzügig ab. Schließlich sei er ja auch rasant gefahren.
»Also dann!« sagte er und gab ihr mit einer kleinen Verbeugung den sorgfältig abgeleckten Holzstiel zurück.
»Ich heiße übrigens Tom.«
»Und ich Lisa!« rief sie ihm nach, aber da war er schon um die nächste Ecke verschwunden.
Ein bißchen komisch fand sie ihn ja schon, diesen Tom. Erst raste er sie mit seinem poppigen Mountainbike über den Haufen, und dann aß er in aller Seelenruhe ihr Eis auf. Sie betrachtete den abgelutschten Eisstiel in ihrer Hand und mußte lachen.

Der Brief

Am Donnerstag regnete es in Strömen. Graue Wolken hingen wie ein bleierner Schleier über den Baumwipfeln, und es sah nicht so aus, als ob die Sonne irgendwann noch mal herauskommen würde. Judith stand am Fenster und schaute in den trüben Tag.
Blöd fand sie ihre Ferien, blöd und langweilig. Mit Christina war nichts anzufangen; sie hatte sich mit Berta, einem Mädchen aus dem Dorf, angefreundet und verbrachte jede Minute mit ihr im Pferdestall. Mit Oma lief es auch nicht besser. Kochrezepte, Strickmuster – das war alles, worüber sie mit ihr reden konnte. Zudem stand die Oma den ganzen Tag in der Küche und kochte kalorienreiche Mahlzeiten, die Judith nicht essen durfte. Es blieb ihr also nichts anderes übrig, als sich zu langweilen, diszipliniert zu trainieren und abzunehmen. Der Postbote kam gegen elf und brachte eine Postkarte von den Eltern

und einen Brief von Lisa. Judith las flüchtig die Karte und riß dann ungeduldig den Brief auf. Post von Lisa? Sie hatten sich noch nie geschrieben.

»Liebe Judith«, stand da in krakeliger Kinderhandschrift geschrieben. »Ich bin noch ganz durcheinander und weiß gar nicht, wie ich anfangen soll.«

Judith fühlte ihr Herz im Magen pochen. Das konnte nichts Gutes bedeuten!

»Sicher wirst Du Dich wundern, daß ich Dir schreibe, aber am Telefon wüßt' ich gar nicht, wie ich's Dir sagen soll. Judith, stell Dir vor, ich habe mich verliebt. Ich hab' mich zum erstenmal in meinem Leben so richtig verliebt. Und er ist süß! Du kannst Dir gar nicht vorstellen, wie süß. Blonde Haare und graugrüne Augen.

Kennengelernt hab' ich ihn durch einen blöden Zufall. Also, ich bin völlig in Gedanken versunken über die Straße gegangen, und er ist in einem Affentempo auf so einem abgefahrenen Mountainbike herangedüst. Dann hat's geknallt, aber zum Glück ist keinem von uns was passiert. Das war's dann fürs erste, das heißt, er hat noch ganz selbstverständlich mein Eis aufgegessen, stell Dir mal vor, ja, und dann hab' ich ihn einen Tag später gleich wieder getroffen. Zufällig? Ich weiß es nicht. Ich lag jedenfalls auf dem Bauch im Sand – Mutti und Vati waren glücklicherweise gerade im Wasser –, da krieg' ich auf einmal was Nasses auf den Rücken. Pitsch! macht es, und ich fahre kreischend hoch. Da sehe ich über mir dieses Jungengesicht, und es macht rums! Einfach so. Natürlich hab' ich 'ne Weile die Empörte markiert.

Und Tom, der hat frech gegrinst. Wurde das ein toller Tag! Wir haben geredet – er ist übrigens Volleyballer –, gebadet und Eis gegessen.

Am nächsten Tag – das war gestern – haben wir uns wiedergesehen, gleich nach dem Frühstück, und später – wir waren in einem lauschigen Park hinter der Promenade – haben wir uns geküßt.
Das war so toll, da könnte man das Ballett und all das sausenlassen! Ach, was erzähl' ich Dir, Du kennst das ja bestimmt auch …
Bin ganz schön traurig, daß ich mich bald von ihm trennen muß, aber es muß ja sein. Leider.
Tut mir leid, daß der Brief so konfus ist, aber ich mußte es Dir doch sofort erzählen. Sehen wir uns Sonntag? Vielleicht zum Frühstück?
Deine Freundin Lisa.«
Judith ließ den Brief sinken. Sie war auf einmal entsetzlich traurig und hatte das dumme Gefühl, einen Teil ihrer Freundin verloren zu haben.

Nur drei Blasen

Punkt zehn Uhr fanden sich Judith und Lisa am Montagmorgen im Ballettsaal ein.
Frau Wandruszka war kurz angebunden, als sie die Mädchen der Gruppe vorstellte. Sie deutete mit dem Finger erst auf Judith, dann auf Lisa und nannte ihre Namen. »Berufswunsch: Tänzerin«, fügte sie hinzu.
Neugierig wurden die beiden von allen Seiten beäugt, aber niemand lächelte, niemand machte auch nur die Andeutung eines Grußes.
Dann wies Frau Wandruszka ihnen ihre neuen Plätze an der Stange zu. Hatten sie früher immer ganz vorne gestanden, wurden sie nun beide in die hinterste Ecke ver-

frachtet. »Das kann ja heiter werden«, flüsterte Lisa ihrer Freundin zu.

»Ruhe, meine Damen!« Frau Wandruszka blickte die beiden strafend an. »Ab heute sind Sie keine Kinder mehr! Und erste Position!«

Judith spürte ein ungewohntes Kribbeln im Bauch. Obwohl sie in dem Saal stand, den sie schon seit Kindesbeinen kannte, war alles so neu, so anders. Plötzlich gab es keine Musik mehr vom Band. Statt dessen hockte ein Pianist hinter seinem Klavier und spielte eigens für die Gruppe. Und die vor ihnen, das waren alles beinahe bühnenreife Mädchen und Jungen, richtige Tänzerinnen und Tänzer, von denen die eine oder der andere sogar schon mal auf einer Bühne gestanden hatten. Auf einmal kam sie sich ungeheuer wichtig vor und hätte es am liebsten laut zum Fenster hinausgeschrien. Daß sie, Judith Herzfeld, seit heute Schülerin der Theaterklasse war, daß sie eine richtige Tänzerin werden würde, daß sie auf den großen Bühnen der Welt …

Doch dann kam alles anders. Die Wandruszka keifte, ihr Magen schmerzte vor Hunger, und sie hatte Mühe, dem neuen Exercice zu folgen. Lisa erging es ähnlich. Sie schielte angestrengt auf Judiths Füße, hoffte nur, sich irgendwie durchschummeln zu können.

»Die Auswärtsbewegung beginnt in der Beckenmuskulatur, nicht in den Füßen«, dozierte die Ballettmeisterin. »Wenn nicht schon eure Oberschenkel dehors sind, könnt ihr die ganze Sache vergessen!«

Sie schritt durch den Saal, korrigierte hier eine Arm-, da eine Beinhaltung, ohne die beiden Neuen auch nur eines Blickes zu würdigen. Lisa arbeitete verbissen weiter und fragte sich, warum die Wandruszka sie unbedingt für die

Theaterklasse wollte, wenn sie doch bloß wieder eklig und gemein war.
Nach dem Training an der Stange war Judith schon schweißnaß, und Lisa fühlte sich fast zu matt, um noch weiterzumachen. Aber schon peitschte sie die Stimme der Lehrerin wieder hoch. »Meine Damen! Nicht schlappmachen! Au milieu, vite, vite!«
Judith und Lisa stellten sich mit zwei anderen Mädchen in die hinterste Reihe und versuchten, die Bewegungen der älteren Schülerinnen zu kopieren.
Lisa spürte nur noch ihre schmerzenden Füße und verfluchte all die Eisbecher, die sie im Urlaub verdrückt hatte. Sicherlich war es auch ein großer Fehler gewesen, wegen Tom das tägliche Training zu vernachlässigen.
»Und Attitude!« hörte sie Frau Wandruszka.
Sie hob das linke Bein im Winkel von neunzig Grad, ihr Oberschenkel zitterte leicht, sie begann zu wackeln, versuchte aber noch, das Gleichgewicht mit den Armen aufzufangen.
»Wenn du in den Ruderclub willst«, schnaubte die Ballettlehrerin, »dann bist du hier nicht ganz richtig!«
Ein paar Mädchen kicherten. Lisa brach in Tränen aus und rannte aus dem Saal.
Judith stand immer noch wie angewurzelt in ihrer Attitude croisée und wagte kaum zu atmen. Da gab Frau Wandruszka ihr ein Zeichen, Lisa nachzugehen.
»Und sag ihr, daß wir in der Theaterklasse keine Heulsusen gebrauchen können. Herr Petro erwartet euch pünktlich um vierzehn Uhr zur Folklorestunde!«
Als Judith in die Garderobe kam, hockte Lisa vorm Spiegel und heulte sich die Augen aus dem Kopf. Judith legte ihr den Arm um die Schulter.

»Nimm's nicht so tragisch«, sagte sie. »In Wirklichkeit ist sie gar nicht so biestig.«
Lisa sah ihre Freundin aus verquollenen Augen an.
»Ziege!« sagte sie nur und widmete sich wieder ihrem durchnäßten Taschentuch.
Judith war sich im ersten Moment nicht ganz sicher, ob sie oder die Wandruszka gemeint war.
»Kommst du mit in die Kantine?« fragte sie schließlich. »Folklore fängt erst in zwei Stunden an.«
Lisa nickte. Vorsichtig zog sie die Spitzenschuhe aus und betrachtete ihre Füße. Sie drehte und wendete ihre Zehen, um festzustellen, wie viele Blasen ihr die Schinderei heute eingebracht hatte. »Drei!« triumphierte sie. »Nur drei Blasen!«
Judith lachte. Endlich war ihre Freundin wieder die alte.
Später saßen sie dann in der Kantine – eine Art Café, nur wenige Schritte vom Stadttheater entfernt – und fragten sich, was für ein Typ ihr Folklorelehrer wohl sein würde.
»Bestimmt nicht schlimmer als die Wandruszka«, meinte Lisa. »Wenn ich daran denke, daß wir heute nachmittag noch mal bei ihr ...«
»Repertoire!« fiel ihr Judith ins Wort. »Stell dir nur vor: Dornröschen, Romeo und Julia! Das ist doch traumhaft!«
»Ja, aber ...« Lisa sezierte ihr Hacksteak in viele Teile. »Die anderen Mädchen sind eben bedeutend besser als wir, das holen wir doch nie auf.«
Judith starrte in ihren Salat, von dem sie so gut wie nichts gegessen hatte. »Wir müssen es schaffen. Das sind wir unseren Eltern und der Wandruszka schuldig.«
»Der Wandruszka!« brauste Lisa auf. »Du spinnst wohl! Die und ihre fiesen Methoden!« Dann fügte sie leise hinzu: »Ich will ja tanzen – aber um welchen Preis?«

»Hm«, machte Judith nur. Sie wußte, sie würde jeden Preis zahlen. Hauptsache, sie durfte tanzen.

Ein Glas Sekt

Die ersten Wochen in der Theaterklasse waren hart. Charaktertanz, Spanischer Tanz, Moderner Tanz, Pas de deux, Fechten, Tanzgeschichte, Anatomie – das war schwieriges Neuland.
Judith fand alles aufregend. Sie trainierte rund um die Uhr und hatte auch in ihrer Freizeit nichts als Tanzen im Kopf. Ganz besonders genoß sie die Auftritte in der Kantine. Wenn sie, nur in Trikot und Sweatshirt, die Haare straff zum Dutt gesteckt, vor den Augen der Schauspieler, Inspizienten, Bühnenarbeiter und Statisten ihren Minisalat aß. Wenn man ihr, der zierlichen Ballerina, bewundernde Blicke schenkte.
Lisa ging es manchmal auf die Nerven, wie sich ihre Freundin beifallheischend in Positur warf, wie sie immer und überall nur noch vom Ballett sprach. Vom Ballett und von Herrn Petro, ihrem Folklorelehrer, in den sie seit neuestem verknallt war. Seit er ihr einmal gesagt hatte, daß sie eine ausdrucksvolle Augenpartie habe, ließ sie sich nicht von dem Gedanken abbringen, daß Herr Petro ebenfalls in sie verliebt sei. Dabei war dem ganzen Theater bekannt, daß er seit Jahren mit dem Inspizienten liiert war und nichts für Frauen übrig hatte. Lisa fand die Schwärmerei ihrer Freundin reichlich kindisch. Es war doch klar, daß sich da nie irgend etwas ergeben würde. Der vierzigjährige Lehrer und seine Schülerin – einfach lächerlich! Daß Judith von Herzflimmern sprach, konnte

sie einfach nicht ernst nehmen. Was sollte sie denn sagen, sie, die wirklich allen Grund zum Jammern hatte! Die Sache mit Tom ... Dreimal schon hatte sie ihm geschrieben und bis heute keine Antwort erhalten. Ob ihre Briefe nicht angekommen waren? Oder ob er bislang nur keine Zeit gefunden hatte, zu antworten?
Jeden Morgen rannte sie klopfenden Herzens zum Briefkasten und wurde jedesmal enttäuscht. Nur Rechnungen, Werbesendungen, ab und zu ein Brief von Benni, der jedesmal das gleiche schrieb. Daß sie ihm nicht aus dem Kopf gehe, daß er sie wiedersehen wolle, ob sie nicht mal am Wochenende kommen könne und lauter so Zeugs. Als ob sie sich jemals in Benni verlieben könnte! Das mit Benni war doch nur Kinderkram gewesen. Nicht mal küssen konnte er richtig. Tom hatte sie wie im Film in den Armen gehalten und geküßt, daß ihr die Knie wegsackten. Aber natürlich konnte sie Benni das so nicht sagen. Und auf einer unverbindlichen Postkarte schrieb sie nur, daß sie im Moment keine Zeit habe, daß sie Tag und Nacht trainieren müsse.
Wenn es Tom gewesen wäre, der sie zu sich eingeladen hätte! Mit fliegenden Fahnen wäre sie hingefahren, hätte ihr Sparbuch geplündert und sogar die Stepstunde am Freitagabend sausenlassen, um noch einen frühen Abendzug zu bekommen. Aber Tom schrieb nicht.

Mitte August brachte Frau Wandruszka Aufregung in die Theaterklasse. Für das Weihnachtsballett »Schwanensee« im Stadttheater wurden vier Schwäne gesucht, und Herr Langenwolff, der Choreograph, wollte sich in ein paar Wochen die Theaterklasse ansehen, um sich die vier besten Schülerinnen herauszupicken.

Die Mädchen gerieten völlig aus dem Häuschen. Jedes von ihnen wollte zu den Auserwählten gehören; jedes träumte davon, als Schwan auf der Bühne zu stehen.
»Meinst du, daß wir es schaffen können?« flüsterte Judith ihrer Freundin in der Garderobe zu.
Lisa reagierte nicht. »Bin mir gar nicht sicher, daß ich unbedingt dabeisein möchte«, sagte sie dann.
»Waaas? Ist das dein Ernst?«
Annette und Estelle, zwei Musterschülerinnen der Theaterklasse, blickten interessiert zu ihnen herüber, aber Judith machte sich nicht mal die Mühe zu flüstern. »Wie kann es dir egal sein, wann du zum erstenmal auf der Bühne stehst?«
»Tom ist mir wichtig«, sagte Lisa bestimmt. »Nur Tom!«
»Tom! Tom! Der will doch gar nichts von dir, sonst würd' er doch mal schreiben.«
»Aber Petro! Der will was von dir, stimmt's?« Lisa war jetzt richtig wütend. Ohne mit der Wimper zu zucken, umwickelte sie ihre schmerzenden Zehen mit Pflaster. Darauf kam eine Lage Klopapier, erst dann zog sie ihre Spitzenschuhe an. Annette und Estelle drängelten sich kichernd an ihnen vorbei.
»Blöde Kuh!« zischte Judith ihrer Freundin zu und zog ebenfalls ab in den Ballettsaal. Ohne ihre Freundin.
Die letzte Stunde Klassisch wurde für beide Mädchen zur Qual. Lisa war derart unkonzentriert, daß sie ständig Judiths Füßen in die Quere kam. Judith quittierte diese Störungen mit einem wütenden Fußtritt.
Frau Wandruszka sagte keinen Ton. Erst bei den Grands jetés über die Diagonale schrie sie plötzlich: »Knie durchdrücken! Mehr Plié beim Absprung! Judith, spiel nicht den Hampelmann!«

Diesmal war Judith nahe dran, heulend rauszulaufen, nahm sich aber zusammen.
In der Garderobe legte sie sich später einfach auf den kalten Fußboden und wartete mit dem Duschen, bis fast alle Mädchen gegangen waren. Auch Lisa trödelte absichtlich lange herum. Als sie endlich alleine unter der Dusche standen, entschuldigte sich Judith.
»Dieser blöde Konkurrenzkampf macht mich noch fertig«, gestand sie.
»Ist schon okay«, sagte Lisa und meinte es auch so.
»Hauptsache, wir kriegen uns wegen der Tanzerei nicht in die Haare.« Judith griff ihrer Freundin in die rotblonden Kringellocken und zog ein bißchen dran.
»He!« Lisa revanchierte sich mit einem Stups in die Seite. Lachend ließen sie sich schließlich auf die Stühle fallen und beschlossen, zur Feier des Tages ein Glas Sekt trinken zu gehen – eigentlich für Schülerinnen der Theaterklasse strengstens verboten.

Jungs sind manchmal eben so

Nachts konnte Lisa nicht schlafen. Ihre Zehen juckten, und durchs Kratzen wurde es nur noch schlimmer.
Irgendwann legte sie sich quer ins Bett und hielt ihre Füße an die kühle Wand. Das beruhigte etwas.
»Tom will ja gar nichts von dir«, hatte Judith gesagt. Unaufhörlich kreiste dieser Satz in ihrem Kopf herum. Wenn es nun stimmte, wenn alles für ihn einfach nur ein lächerlicher Urlaubsflirt gewesen war … Aber dann hätte er sie doch nicht so leidenschaftlich geküßt, ihr zum Abschied keine rote Rose geschenkt.

Was habe ich eigentlich noch zu verlieren? dachte sie und beschloß in einem Anfall von Kühnheit und Wut, Tom am nächsten Tag anzurufen.
Nach dem Training verdrückte sich Lisa schnell, ließ Judith einfach stehen. Auf dem Weg zum Bahnhof überprüfte sie ihr Portemonnaie. Ein Fünfmarkstück, zwei Markstücke, vier Groschen – das mußte reichen.
Alle drei Telefone waren besetzt. Nervös trat sie von einem Fuß auf den anderen und verfluchte den Rest der Welt. Der Zettel mit Toms Telefonnummer, eilig zwischen zwei Küssen am Strand hingekritzelt, brannte wie Feuer in ihrer Hand. Endlich! Eine Frau mit Lockenfrisur legte auf. Der Hörer war noch warm und roch nach schwerem Parfum, als Lisa ihn aufnahm. Mit zitternden Fingern wählte sie die Nummer. Dann das Freizeichen. Lisas Herz schlug so laut im Hals, daß sie glaubte, es müßte verrutscht sein.
Tut, tut, tut, tut ... Lisa wollte gerade auflegen, da meldete sich eine Jungenstimme. »Hallo?«
»Hallo, Tom! Wie schön, dich endlich ...«
»Entschuldige, aber hier ist nicht Tom«, unterbrach sie der Junge. »Hier ist Andreas.«
Auch das noch! dachte Lisa und fragte mit unsicherer Stimme nach Tom.
»Der ist noch bei seiner Freundin und kommt erst gegen zehn. Kann ich was ausrichten?«
Ohne zu antworten, hängte Lisa ein. Sie fühlte, wie ihr Magen wegsackte, das Blut unkontrolliert in ihrem Körper pulsierte. Sie taumelte. Von den Groschen, die sie eingeworfen hatte, kam der vierte mit einem klickenden Geräusch wieder heraus. Lisa scherte sich nicht darum, drückte die Tür auf und fing an zu rennen.

Seine Freundin? Wieso Freundin? Davon war nie die Rede gewesen! Also hatte Judith recht gehabt. Er machte sich tatsächlich nichts aus ihr. Der hundsgemeine Kerl hatte sie bloß benutzt, hatte ihr Küsse gegeben, die er gar nicht so meinte!

Ziellos lief Lisa durch die Straßen, die Augen blind von Tränen. Es hat alles keinen Sinn, dachte sie immer wieder. Wenn Tom mich nicht liebt, was hat dann noch Sinn? Das Tanzen? Die juckenden Zehen? Vielleicht die hupenden Autos, die durch die Straßen rasen? Nie wieder würde sie lustig sein können. Nie wieder würde sie sich verlieben können. Weil Tom sie verraten hatte.

An einer zugigen Straßenecke machte Lisa halt. Nach Hause wollte sie nicht. Die Fragerei der Eltern, wenn sie ihre verheulten Augen sahen … Also zu Judith. Langsam ging sie weiter Richtung Gärtnergasse. Unterwegs warf sie ihre Tränen in den Mülleimer. Dort lagen sie, gebündelt in vier Umwelttaschentüchern.

Christina öffnete ihr wenige Minuten später die Tür.

»Ist Judith da?« fragte Lisa kleinlaut.

»Klar, komm mit.«

Christina brachte sie in Judiths Zimmer, machte aber keine Anstalten, die Freundinnen alleine zu lassen.

»Chris!« sagte Judith im typischen Tonfall der älteren Schwester.

»Ihr immer mit euren Geheimnissen!« Christina zuckelte beleidigt ab und zog die Tür geräuschvoll hinter sich zu.

Lisa weinte wieder. Weinte sich Kaninchenaugen, verbrauchte ein Taschentuch nach dem anderen. Judith legte den Arm um ihre Freundin und sagte erst mal gar nichts. Sie konnte sich schon denken, worum es ging.

»Tom?« fragte sie nach einer Weile.

Lisa nickte. Dann erzählte sie die ganze Geschichte, erst noch wild schluchzend, dann immer wütender.
Es war schon spät, als Judith ihre Freundin zur Tür brachte, sie noch einmal in den Arm nahm und sagte: »Jungs sind manchmal eben rücksichtslose Idioten.«

Gruppenhysterie

In den nächsten Tagen wurde das Thema »Tom« ausgespart. Niemals hätte Lisa vermutet, daß es so weh tun könnte. Ob Benni ihretwegen genauso litt? Ob er sich auch so entsetzlich nach ihr sehnte? Tom fuhr jetzt bestimmt mit seinem Aufreißer-Mountainbike durch die Gegend, hinten auf dem Gepäckträger seine tolle Freundin. Ein Mädchen, das er jeden Tag sah, das er genauso leidenschaftlich küßte, mit dem er weiß der Himmel was machte. Tom, Tom …
Ihn endgültig aus dem Gedächtnis streichen, ihn auslöschen, ihn nie gekannt haben!
Wie eine Wilde stürzte sich Lisa in ihre Arbeit. Erstmals, seit sie in der Theaterklasse war, trainierte sie konzentriert und ehrgeizig. Wenn sie abends nicht mit Judith zusammen war, studierte sie aktuelle Ballettzeitschriften oder lernte freiwillig Tanzgeschichte. Daß sie nun auch gerne unter den vier auserwählten Schwänen sein wollte, verschwieg sie ihrer Freundin. Nicht aus Konkurrenzgründen, nein, sondern weil es ihr peinlich war, so schnell ihre Meinung geändert zu haben.
Natürlich steckte Tom dahinter. Wieder Tom! Es war immer der gleiche Traum: sie auf der Bühne – umwogt von rasendem Applaus –, Tom unten im Zuschauerraum,

schüchtern, ehrfürchtig. Dann stand er auf, warf ihr immer wieder Blumensträuße zu Füßen. Seine Freundin, in ihrer Traumvision ein unscheinbares Pummelchen, verließ wortlos das Parkett, während Tom sie weiter mit seinen schönen Augen verzehrte …

Gegen Ende des Monats wurde die Stimmung im Probensaal unerträglich. Die Mädchen waren plötzlich alle krankhaft ehrgeizig und freuten sich über jede Rüge, die eine andere traf. Nur die Jungen hielten sich aus allem heraus, absolvierten ruhig ihr Training und wunderten sich nur über die Gruppenhysterie.

Am Freitagabend während der Stepstunde kriegten sich zwei Mädchen in die Wolle. Maike fiel mit einemmal hin und behauptete frech, Petra habe ihr absichtlich in die Ferse getreten, nur weil sie nicht annähernd so begabt sei wie sie. Petra wurde fuchsteufelswild. Niemals habe sie Maike in die Ferse getreten, sie habe sie nicht berührt, und außerdem sei sie sowieso die Bessere. Maike rappelte sich schnell hoch und gab ihr einen Tritt in den Hintern. Ehe jemand eingreifen konnte, lagen die Mädchen balgend am Fußboden. Sie schlugen sich, zerrten sich an den Haaren, und Petra zerkratzte Maike den Arm.

Frau Wadruszka stand fassungslos davor. Erst der Pianist brachte die Kampfhennen wieder auseinander.

Petra und Maike heulten, die anderen waren sprachlos. »So etwas habe ich ja noch nie erlebt!« schrie die Wandruszka auf einmal. Ihr Gesicht war puterrot und verzerrt. Dann sagte sie in ruhigem Ton: »Raus! Und laßt euch hier nie wieder blicken.«

Jean-Jacques

Anfang September wurde es noch einmal unerwartet warm. Die Hitze flirrte über der Stadt, und im Ballettsaal schwitzten die Mädchen wie unter einer Käseglocke. Während Lisa in ihrer Freizeit schwimmen ging oder in der Eisdiele herumhockte, quälte sich Judith jede freie Minute in ihr Trikot und trainierte eisern im stickigen Keller. Sie wollte sich nicht die geringste Nachlässigkeit erlauben, und was war schon ein Eis mit Sahne gegen eine Rolle im »Schwanensee«.

Der Montagmorgen wurde für die Mädchen zur Qual. Schon um zehn Uhr morgens war es im Ballettsaal so heiß, daß fünf Minuten Training ausreichten, um das Trikot durchzuschwitzen. Lisa hatte keine Lust. Was sollte sie sich bei diesen Temperaturen abrackern? Es ließ sie kalt, daß die Wandruszka ihre schlampige Armhaltung mit einem vernichtenden Blick kommentierte. Tom würde ja doch nie zu einer Aufführung kommen, sie nie bewundern, sie nie wieder küssen ...

»Wechsel auf die andere Seite!« rief Frau Wandruszka. »Und das Ganze von Anfang mit links beginnen.«

Alles drehte. Lisa hatte Mühe, mit ihren glitschigen Fingern nicht von der Stange abzurutschen. Wie eine Maschine führte sie die Battements frappés doubles aus. Die Füße arbeiteten für sie, der Kopf war ausgeschaltet.

Da fing sie Jean-Jacques Blick auf. Seine Augen waren merkwürdig starr, leblos. Es kam ihr eine Ewigkeit vor, wie er sie so anschaute; eine Sekunde, zehn Sekunden, vielleicht noch länger.

»Jean-Jacques, dieser Dackelblick! Und so was will auf die Bühne! Guck doch bloß mal in den Spiegel!«

Frau Wandruszka schrie beinahe.
Einige konnten sich das Lachen nicht verkneifen; Jean-Jacques lief feuerrot an. Lisa machte unbeirrt weiter. Ihr tat Jean-Jacques leid.
Manchmal war die Wandruszka wirklich taktlos und bösartig. Natürlich war er nicht ihr Lieblingsschüler, vielleicht auch nicht der begabteste, aber war das ein Grund, ihn vor der ganzen Klasse lächerlich zu machen? Der Arme war mit seinen Pickeln auf dem Rücken schon gestraft genug. Andererseits war er doch im Pas de deux ein sehr guter Partner und hatte sie und die anderen Mädchen bei Hebeübungen besser gehalten als die Schönlinge Tonio und Bernd.
Jean-Jacques war der Außenseiter der Gruppe. Schon immer. Morgens kam er mit einem Buch zum Training, und in jeder freien Minute hockte er sich in irgendeine ruhige Ecke und las.
Manchmal rief Frau Wandruszka ihn zur Ordnung. Er solle lieber mehr trainieren und dieses Geschreibsel vergessen. Jean-Jacques blieb immer ganz ruhig. Nur einmal war es ihm zu bunt geworden.
Mit bestimmtem Ton hatte er erklärt, daß Literatur zur Allgemeinausbildung eines Tänzers gehöre und ob sie denn schon mal Proust oder Tolstoi gelesen habe. Frau Wandruszka hatte daraufhin nichts mehr zu entgegnen gewußt, hatte nur den Kopf geschüttelt und von da an Jean-Jacques links liegenlassen.
Die Mittagspause wurde an diesem Vormittag vorverlegt. Wegen der Hitze, hieß es.
Judith und Lisa gingen in die Kantine und bestellten Putensteak mit Salat. Jean-Jacques saß alleine am Nebentisch und hing mit der Nase in einem dicken Buch. Sein

Sandwich rührte er nicht an; statt dessen sah er dann und wann zu den Mädchen herüber.
Judith fing an zu grienen. »Der scheint ja einen Narren an dir gefressen zu haben«, sagte sie leise und verdrehte die Augen dabei.
Lisa quittierte diese Bemerkung mit einem süßsauren Lächeln.
»Willst du was von meinem Fleisch? Ich kann nicht mehr.« Judith lud Lisa das ganze Stück auf den Teller.
»He, was soll das?« murrte Lisa. »Du bist viel zu dünn.«
»Zu dünn?« Judith preßte eine Hautfalte oberhalb der Taille zusammen. »Schau mal, wie fett ich bin!«
Lisa zeigte ihr einen Vogel. »Wieviel wiegst du?«
»Fünfundvierzig Kilo«, log Judith.
»Zuwenig!« Lisa spießte das Putensteak mit der Gabel auf und verfrachtete es zurück, während Jean-Jacques sie immer noch lächelnd beobachtete.
Ein Geruch von ranzigem Fett und Imbiß lag in der Luft. Pommes! Das mußten die Pommes sein, die, begraben unter Fleischresten und Servietten, auf dem Teller am Nebentisch vor sich hindünsteten.
Judith aß schweigend ein paar Bissen von der Putenbrust und schob dann angewidert den Teller weg.
»Ich mag nicht«, maulte sie. »Wie das hier stinkt!«
Lisa kümmerte sich nicht weiter um Judiths Marotten. Ihr schmeckte es ausgezeichnet. Sollte Judith doch weiter wie ein Spatz essen und immer dünner werden. Ihr würde schon aufgehen, daß sie nur noch ein Klappergestell war – kein bißchen wohlgeformt.
Bevor die beiden Mädchen zurück in den Ballettsaal gingen, holte sich Lisa am Tresen noch einen Schokoriegel. Für später, wenn sie wieder Hunger bekam.

Plötzlich merkte sie, wie sich jemand an ihrer Tasche zu schaffen machte. Entsetzt tastete sie nach ihrem Portemonnaie.
Es war noch da, dazu ein blauer Briefumschlag. »Für Lisa – von Jean-Jacques«, stand in schwarzer Tinte auf der Vorderseite geschrieben.

Vereint im Taumel ...

Es wurde noch wärmer. Tagsüber kletterte das Thermometer auf 28 Grad, die Ozonwerte waren katastrophal.
Im Ballettsaal konnte es niemand mehr aushalten. Alle waren schlapp, schlecht gelaunt und aggressiv. Der Tag des Vortanzens rückte immer näher; trotzdem mußte wegen der unerträglichen Schwüle die eine oder andere Stunde ausfallen. Einmal kippte ein Mädchen mitten im Training um. Jean-Jacques fehlte mit einer Sommergrippe gleich eine ganze Woche. Auch Frau Wandruszka schien unter anhaltender Erschöpfung zu leiden. Sie hustete und mußte sich dauernd setzen.
An manchen Tagen war Lisa alles so egal, daß sie sich fragte, ob der Beruf der Ballerina überhaupt für sie in Frage kam.
Daß Jean-Jacques ihr selbstverfaßte Gedichte zugesteckt hatte, verschwieg sie ihrer Freundin. Gedichte! Das war doch was für Töchter aus gutem Haus, für ältere Damen oder verknöcherte Professoren!
Da war von »beißenden Abgasen am Nachthimmel« die Rede, vom »betörenden Duft gleißender Ölteppiche« und vom »graugemusterten Politikerwahn«. Nur ein Liebesgedicht war dabei, und das fand sie eher peinlich:

DU
Deine Schönheit
erstrahlt
im Angesicht des trüben Alltags,
im Angesicht deines Schweißes,
wenn du,
deine Füße zerschunden,
deinen Körper
wie eine Lilie biegst.
Adagio –
ich und du
vereint im Taumel
des anderen.

In der Schule hatte Lisa etwas von Versmaß und Reim und weiß der Himmel was gelernt, aber das hier? Das war doch kein richtiges Gedicht! Nichts reimte sich, alles hörte sich so verschroben an, und die Zeile »vereint im Taumel« war doch geradezu albern.
Was wollte Jean-Jacques damit bezwecken? Wie war er nur darauf gekommen, ihr diese schwachsinnigen Seelenergüsse zukommen zu lassen? Am schlimmsten fand Lisa die Vorstellung, sich bei ihm bedanken zu müssen. Womöglich, wenn Judith, Frau Wandruszka und all die anderen dabei waren.
Jean-Jacques kam ihr zuvor und rief sie eines Abends an.
»Na, wie geht's?« fragte er fröhlich ins Telefon.
»Danke, gut«, erwiderte Lisa ebenso unverbindlich, während ihr Magen gleichzeitig eine Rolle vorwärts und rückwärts machte. »Und dir?«
»Schon wieder besser. Hatte so eine dämliche Grippe mit allem Drum und Dran, aber morgen komm' ich wieder

zum Training.« Er machte eine kleine Pause, dann rückte er mit der Sprache raus: »Haben dir die Gedichte eigentlich gefallen?«
»Ach ja, die Gedichte, vielen Dank!« Lisa tat überrascht. »Die Gedichte waren prima …«
Jean-Jacques hüstelte ins Telefon.
»Hast du sie selbst geschrieben?« fragte Lisa mit gespieltem Interesse.
»Ja«, sagte er dann und, als müsse er sich rechtfertigen: »Gedichte find' ich einfach toll. Und manchmal schreibe ich eben selber welche – so zum Spaß.« Er hüstelte wieder. »Kennst du Celan oder die Kaschnitz? Bobrowski ist auch super.«
Lisa klingelten die Namen in den Ohren. Wollte Jean-Jacques ihr mit seinem Wissen imponieren?
»Na ja«, sagte er dann, ohne Lisas Antwort abzuwarten. »Wir sehen uns ja morgen.«
Genervt und erleichtert zugleich, legte Lisa auf, ging schnurstracks in ihr Zimmer und kroch ungewaschen ins Bett. Sie nahm sich vor, keinen weiteren Gedanken an Jean-Jacques und seine Gedichte zu verschwenden, aber je länger sie daran dachte, nicht an ihn zu denken, desto mehr spukte er in ihrem Kopf herum.
Nach einer unruhigen Nacht schlich Lisa am nächsten Morgen mit einem schlechten Gefühl ins Theater.
Als sie dann den erst halbvollen Ballettsaal betrat, winkte Jean-Jacques ihr überschwenglich zu. Auch das noch! dachte sie, sagte kurz: »Hallo!« und ging an ihren Platz, um ein par Grands pliés in der zweiten Position zu üben. Sie schaute nicht nach links und nicht nach rechts und hoffte inständig, Jean-Jacques würde nicht die Dreistigkeit besitzen, zu ihr zu kommen.

Da fühlte sie eine Hand auf ihrer Schulter. Unwillkürlich zuckte sie zusammen. Es war Judith.
»So schreckhaft?« fragte sie grinsend.
Bloß nicht rot werden! dachte Lisa. Aber es war zu spät. Schon fühlte sie das Blut in den Schläfen pochen, sah dabei aus den Augenwinkeln, daß Jean-Jacques sie mit melancholischen Blicken verfolgte.
»Warum glühst du denn so?« fragte Judith prompt.
»Sei still!« zischte Lisa ihr zu. »Und laß mich in Ruhe!«
»Schon gut, schon gut.« Judith zog sich zurück und begann ebenfalls mit dem Aufwärmtraining.
In der Pause deckten sich die Freundinnen mit Hamburgern ein und schleppten sich in den Park. Es war schwülwarm. Kein Lüftchen regte sich. Sie setzten sich ins Gras und schauten durch die Kastanienblätter in den tiefblauen Himmel. Im Schatten ließ es sich aushalten.
Lisa machte sich mit Heißhunger über ihren Hamburger her. Er schmeckte herrlich salzig und ungesund. Judith biß nur einmal von ihrem Hamburger ab. Sie behauptete, die »Fleischpampe« wäre verdorben.
»So'n Blödsinn!« meinte Lisa. »Mir schmeckt's jedenfalls.« Nach den unzähligen Fouettés und Arabesquen genoß sie es, in dieses Wabbelbrötchen zu beißen, ohne sich Gedanken um ihre Figur, Frau Wandruszka oder sonstwas zu machen. Am schönsten fand sie es, die herausquellende Ketchupsoße schmatzend abzulecken. Dabei kam sie auf den Gedanken, daß Jean-Jacques ein schwülstiges Gedicht übers Hamburger-Essen verfassen könnte, und mußte lachen.
»Warum lachst du?« Judith lag mit geschlossenen Augen da und rupfte Grashalme.
»Nur so«, sagte Lisa mit vollem Mund.

Dann wollte Judith wissen, was denn vorhin beim Training eigentlich los gewesen sei.
»Gar nichts, wieso?«
»Du lügst.« Judith richtete sich auf. »Komm, erzähl schon! Hat es etwas mit Jean-Jacques zu tun?«
Lisa nickte. Die Reste ihres Hamburgers wanderten zurück in die Schachtel. Ihr war der Appetit vergangen.
»Hat er dir einen Antrag gemacht?«
»Nein, er hat mir Gedichte geschenkt. Welche, die er selbst geschrieben hat.«
»Gedichte?« Judith lachte laut auf. »Der ist wohl noch von der alten Schule.«
Zögernd holte Lisa ein paar zusammengefaltete Zettel aus ihrer Tasche.
»Oh, zeig mal!« Ohne abzuwarten, riß Judith sie ihr einfach aus der Hand.
»Laß doch!« versuchte Lisa noch einzuwenden, aber Judith hatte die Bögen schon auseinandergefaltet und fing an zu lesen. Sie war ganz ernst, nur ab und zu ging ein breites Grinsen über ihr Gesicht. »Ist doch gar nicht so schlecht«, sagte sie nach einer Weile.
»Findest du?« fragte Lisa ungläubig.
»Ja, wirklich! Ich wäre vielleicht stolz, wenn mir ein Junge solche Gedichte schreiben würde!«
»Hm.« Lisa kratzte sich ausgiebig ihre juckenden Zehen.
»Und das Gedicht mit diesem Gefasel vom vereinten Taumel oder so ähnlich?«
»Ist doch großartig!« Judith wühlte in den Blättern. Dann las sie das Gedicht mit theatralischer Stimme vor.
»Großartig, wirklich großartig!« sagte sie immer wieder und hielt eine Lobesrede auf Jean-Jacques.
»Du verarschst mich!« sagte Lisa.

»Nein, wirklich nicht, ich schwöre, ich mein's ernst.«
Lisa war vollkommen durcheinander. Vielleicht hatte ihre Freundin doch recht, und die Gedichte waren etwas Besonderes. Immerhin hatte sich Jean-Jacques die Mühe gemacht, sich extra für sie etwas auszudenken, und war nicht einfach in ein Geschäft gelaufen, um irgendwelchen Krimskrams zu kaufen. Aber diese Sache mit dem »Taumel« und dem »sich vereinigen« – das war doch absoluter Blödsinn!
»Ich finde Jean-Jacques gar nicht so übel.« Judith richtete sich auf und strahlte Lisa an.
»Aber wie der aussieht ...«
»Gar nicht schlecht. Hat 'ne ziemlich gute Figur.«
»Bis auf die Pickel.«
»Du spinnst! Wo denn zum Beispiel?«
Lisa murrte. Sie verstand selbst nicht, warum sie Jean-Jacques unbedingt schlechtmachen wollte.
Judith strahlte immer noch. »Deutet alles darauf hin, daß du verliebt bist.«
Lisa hätte ihrer Freundin am liebsten die Hamburgerreste um die Ohren gehauen. Statt dessen lächelte sie milde und bohrte dazu provokativ in der Nase.

Patzer

Für Judith brach eine Welt zusammen. Sie hatte ein Kilo zugenommen. Ein ganzes Kilo! Und schuld daran waren nur der Geburtstag ihrer Mutter und eine verlockende Schwarzwälder Kirschtorte. Halb gierig, halb angewidert hatte sie zwei Stücke verdrückt und jetzt die Quittung bekommen.

Alles drehte sich in den nächsten Tagen ums Abnehmen. Beim Aufwachen war es ihr erster Gedanke, und bevor sie ins Bett ging, nahm sie sich vor, am nächsten Tag noch einen Apfel weniger zu essen. Dabei hatte sie immer entsetzlichen Hunger. Wenn sie nach dem Training zum Bus lief, blieb sie oft an Bäckereien stehen und starrte nervös in die Auslagen. Croissants, Baisers, Buttercremetorte – wie gerne hätte sie alles auf einmal verschlungen! Manchmal fingen ihre Hände richtig an zu zittern, und erst zu Hause merkte sie, daß sie die ganze Zeit auf ihrer Lippe herumgekaut hatte. Aber sie blieb standhaft, aß zum Abendbrot nur noch ein trockenes Knäckebrot und tischte ihrer Mutter die Geschichte von riesigen Bauernfrühstücken und fettigen Eintöpfen auf, die sie angeblich in der Kantine verzehrt hatte.
Am meisten quälten sie die Mittagspausen. Während Lisa Pommes, Pizza oder Schokoeis aß, hockte Judith vor ihrem spärlichen Salat und erfand irgendwelche Ausreden, warum sie keinen Hunger habe, warum es ihr diesmal nicht schmecke. Manchmal verachtete sie Lisa sogar für ihre Gefräßigkeit und wünschte ihr insgeheim quellende Fettrollen an den Bauch.
Wenige Tage vor dem Vortanztermin passierte es: Judith rutschte bei einem Glissade aus und landete mit lautem Gepolter auf dem Po. Ihr Knie schmerzte, den linken Fuß konnte sie kaum bewegen. Am Abend wurde der Knöchel blau und schwoll an, den nächsten Tag verbrachte sie zu Hause.
Abends nach dem Training kam Lisa zu Besuch. Judith lag auf dem Sofa und hatte ihren Fuß hochgebettet. Neben ihr auf dem Couchtisch lagen Papiertaschentücher, dahinter stand eine Tasse Pfefferminztee.

Sie hatte geweint. Ihre Augen sahen verquollen aus, ihre Nase war rot und dick. Lisa setzte sich auf einen der Stühle und betrachtete eine Weile ihre Fingernägel.
»Geht's schon besser?« fragte sie dann.
Statt auf die Frage zu antworten, fing Judith an zu schimpfen. Es sei eine Frechheit, daß ausgerechnet ihr so etwas passieren müsse. Gerade jetzt, kurz vor dem entscheidenden Tag.
»Tut mir leid«, sagte Lisa voller Mitgefühl. Sie wußte, wieviel ihrer Freundin am Vortanzen lag. »Meinst du nicht, daß es doch irgendwie geht?« fragte sie vorsichtig.
»Irgendwie?« Judith schrie dieses Wort. »Glaubst du, ich will mich denen als Krüppel präsenticren?«
»Warst du beim Arzt?«
»Nein, der kann doch sowieso nichts machen.«
»Dann bist du selber schuld.« Lisa wurde wütend. Wie konnte Judith nur hier zu Hause in Selbstmitleid baden, ohne überhaupt den Versuch zu machen, sich von einem Facharzt helfen zu lassen. »Du hast ein paar Tage Zeit«, versuchte Lisa es noch einmal. »Geh morgen ...«
»Ach, laß mich«, unterbrach Judith sie. »Es tut so weh, ich wüßte gar nicht, wie ich in meine Spitzenschuhe reinkommen sollte.«
»Aber du mußt vortanzen, Judith!« Am liebsten hätte Lisa ihre Freundin geschüttelt. In diesem Moment klopfte es zaghaft, und Christina kam herein.
»Hau bloß ab!« polterte Judith los.
»Dann eben nicht«, sagte Christina. »Wenn du nicht mit Frau Wandruszka sprechen willst!«
»Die Wandruszka?« Judith sprang mit einem Satz auf, vergaß dabei ganz ihren schmerzenden Fuß. »Bringst du mir das Telefon? Bitte, Chris!«

Christina war schon halb aus der Tür. »Ich denke, ich soll abhauen«, sagte sie zickig.
»Bist du blöd!« Judith humpelte hinter ihr her. Sie kam mit einem heiteren Gesichtsausdruck zurück.
»Und?« fragte Lisa. »Was war?«
»Sie hat gesagt, ich soll vortanzen.«
»Habe ich vielleicht die ganze Zeit was anderes behauptet?« Lisa war genervt.
Statt zu antworten, lachte Judith.
»Was macht es für einen Unterschied, ob ich dir das sage oder die Wandruszka? Ich denke, dein Fuß tut weh.«
»Ist schon besser«, sagte Judith und probierte vorsichtig ein winziges Tendu.

Blaue Augen

Lisa hatte eine Verabredung. Genauer gesagt, sie war verabredet worden.
Jean-Jacques hatte angerufen, um sie für den Sonntagnachmittag zu einem Spaziergang einzuladen.
»Ich hole dich um halb drei ab«, hatte er einfach bestimmt und dann schnell aufgelegt.
Den Sonntagmorgen verbrachte Lisa nägelkauend auf ihrem Bett. Sie war immer noch sauer, daß Jean-Jacques ihren Tag verplant hatte, ohne sie überhaupt nach ihrer Meinung zu fragen.
Beim Mittagessen erwähnte sie beiläufig, daß sie am Nachmittag mit einem Ballettschüler aus ihrer Klasse verabredet sei und daß er sie abholen würde.
»Eine neue Liebschaft?« Ihr Vater zwinkerte ihr kameradschaftlich zu.

»Keine neue Liebschaft!« brauste Lisa sofort auf. »Er hat Pickel und schreibt doofe Gedichte.«
Sie stand auf und verließ die Küche, ohne ihren Nachtisch aufzuessen. Warum mußte ihr Vater immer so blöd reagieren? Auch mit Tom hatte er sie den ganzen Urlaub über aufgezogen.
Lisa streckte sich auf dem Bett aus, wühlte sich tief ins Kissen. Am liebsten hätte sie noch jetzt die Verabredung rückgängig gemacht.
Gegen halb zwei klingelte das Telefon. Lisa schreckte hoch. Sie hörte, wie ihr Vater sich meldete.
»Lisa! Für dich!« rief er Sekunden später.
In der Hoffnung, es wäre Jean-Jacques, der absagen wollte, stürzte sie erwartungsvoll aus dem Zimmer. Ihr Vater stand schon mit dem Hörer in der Hand da und hatte einen ironischen Zug um den Mund.
»So viele Verehrer!« meinte er kopfschüttelnd.
Lisas Herz fing an zu rasen. Tom? Das konnte doch nur Tom sein! »Hallo?« sagte sie und hatte Mühe, ihre Stimme normal klingen zu lassen.
»Hallo, Lisa, hier Benni!« kam es aus dem Hörer.
Benni hatte ihr gerade noch gefehlt. Lisa war enttäuscht, auf der anderen Seite fast erleichtert, »nur« ihren alten Schulfreund am Apparat zu haben.
Benni schien guter Dinge zu sein. Er begann sofort, wie ein Buch zu reden. Daß sie jetzt in der Schule eine Theater-AG gegründet hätten und daß Ruth, Hans und er ganz groß eingestiegen seien. Im Moment würden sie Ionesco proben, ein irres Stück, und am fünfundzwanzigsten November sei Premiere in der Schulaula, und ob sie nicht kommen könne, die Vorstellung sei eine tolle Sache.
Lisa hing buchstäblich am anderen Ende der Leitung und

langweilte sich zu Tode. Was interessierte sie eine doofe, unprofessionelle Schüleraufführung? Seit Jahren trainierte sie täglich vier bis fünf Stunden, um irgendwann einmal in einer winzigen Rolle auf einer der großen Bühnen der Welt stehen zu dürfen, und ihre ehemaligen Schulkameraden wollten mal eben so ganz nebenbei ein Theaterstück auf die Beine stellen. Das war doch einfach lächerlich!

Aber Benni war Feuer und Flamme und ereiferte sich immer mehr. Lisa ärgerte es maßlos, daß es ihn anscheinend gar nicht interessierte, wie es ihr ging, und als er sie nach einer Weile bat, sich den Termin doch freizuhalten, erfand sie schnell einen »superwichtigen Ballettabend«, den sie nicht versäumen dürfe.

»Sorry«, sagte sie kühl, »aber es gibt eben Dinge, die bedeutender sind als Schüleraufführungen.«

Im gleichen Moment tat es ihr schon wieder leid, und sie fand sich selber arrogant.

»Ach so!« meinte Benni nur. Er klang enttäuscht. »Vielleicht läßt sich noch was dran drehen.«

»Vielleicht«, versuchte Lisa einzulenken, »aber versprechen kann ich nichts.« Als sie auflegte, fühlte sie sich hundsmiserabel und konnte nichts anderes tun, als sich wieder im Bett zu verkriechen.

Eine Minute nach drei klingelte es. Lisa hatte sich weder umgezogen noch geschminkt oder gekämmt. In aller Eile warf sie Taschentücher, Portemonnaie und Tampons in ihre Handtasche und rannte zur Haustür. Ihre Eltern waren so taktvoll, im Wohnzimmer zu bleiben.

Jean-Jacques stand auf dem Treppenabsatz und grinste verlegen. Er trug einen geschniegelten Leinenanzug, dazu eine Krawatte mit einem zerlaufenen Spiegelei dar-

auf, und hatte seine schwarzen Locken gegelt. In der Hand hielt er einen Strauß Gänseblümchen.
Gänseblümchen und Gigololocken! Lisa mußte lachen. Während Jean-Jacques ein paar Begrüßungsfloskeln daherstammelte, schob sie ihn schnell die Eingangsstufen hinunter und ließ die Haustür hinter sich zufallen. Das Schlimmste war überstanden. Jetzt hoffte sie nur noch, von niemandem gesehen zu werden.
Jean-Jacques in dieser grotesken Aufmachung! Wie Casanova auf Mädchenfang sah er aus! Zum Glück trug er wenigstens nicht mehr die Gänseblümchen wie ein Konfirmand vor sich her, und niemand wußte von seinen Vereinigungs- und Taumelgedichten.
Um nur ja kein peinliches Schweigen aufkommen zu lassen, redete er wie ein Wasserfall. Er sprach von der Wandruszka, vom Vortanzen, von Judiths Fuß, von irgendeiner dubiosen Schiffsreise zum Nordpol, von Tulpenzucht in Holland.
Lisa hörte nur mit einem Ohr hin. Sie mußte an die Spaziergänge mit Tom denken, die so süßlich wie in einem Kitschroman gewesen waren. Dabei gab es an Jean-Jacques nicht mal was auszusetzen. Er war die Höflichkeit in Person. Fragte hin und wieder, ob sie sich auch wohl fühle, ob sie lieber woanders hingehen wolle, ob sie jetzt Appetit auf Eis habe oder ob es doch lieber Kuchen sein solle. Trotzdem war Lisa dieses ständige Bemühen bald zuviel. Sie wünschte sich sehnlich, er würde nur ein einziges Mal wie neulich am Telefon etwas bestimmen oder seine Meinung sagen.
Als sie später eines der Cafés am Rathausmarkt ansteuerten, war es auf einmal so schwül, daß Jean-Jacques freiwillig seine Ei-Krawatte ablegte und seine Anzugjacke

auszog. Lisa ließ sich unter lautem Stöhnen auf einen der Gartenstühle fallen. »Puh, ist das eine Hitze!«
Jean-Jacques lächelte nur. Ihm schienen die Temperaturen nichts auszumachen. Dann kam es wie aus heiterem Himmel. »Du wirst es schon schaffen«, sagte er.
»Was?« fragte Lisa erstaunt.
»Das Vortanzen.« Sein Gesicht glühte. »Du bist gut, und du weißt es auch.«
»Ich bin nicht besser als die anderen«, sagte Lisa beinahe entschuldigend.
»Nicht besser, aber du hast das gewisse Etwas.«
»Pah! Das gewisse Etwas! Was heißt das schon? Ich bin mir nicht mal sicher, ob ich wirklich vortanzen will.«
»Was?« Jean-Jacques war sichtlich überrascht, fragte aber nicht weiter nach.
»Ich weiß es auch nicht, ob ich tanzen will«, sagte er nach einer Weile zögernd.
»Was?« fragte jetzt Lisa erstaunt. »Aber wozu machst du denn die Ausbildung?«
»Und du?« fragte Jean-Jacques zurück.
Lisa zuckte mit den Schultern.
»Na siehste!« Er lehnte sich zurück und fuhr sich lässig durch das gel-glänzende Haar. »Ich schreibe ..., vielleicht läßt sich da mal was draus machen.«
Lisa hatte Mühe, ein Grinsen zu unterdrücken. Wollte er etwa mit »taumelnden Vereinigungen« Geld verdienen?
»Vielleicht mach' ich auch das Abi nach«, fuhr er fort. »Und dann studier' ich Medizin.« Jean-Jacques sah jetzt so entschlußkräftig aus, als würde er im nächsten Moment aufspringen, um alles Versäumte nachzuholen.
»Aber bitte, behalt's für dich«, fügte er schließlich hinzu. »Ich hab's nicht mal meinen Eltern erzählt.«

Lisa fühlte sich geschmeichelt. Sie war also die erste, die von seinen Plänen erfuhr.
Außerdem fiel ihr auf, daß er sich offensichtlich doch »normal« unterhalten konnte. Gut gelaunt bestellte sie Kuchen, Eis und Limonade. Erst als alles vor ihr auf dem Tisch stand, fiel ihr siedendheiß die Audition ein, und daß sie sich nicht durch eine falsche Ernährungsweise alles verderben wollte.
»Ich glaub', du solltest mir helfen«, sagte sie. »Ich muß doch beim Vortanzen eine gute Figur machen.«
Daß Jean-Jacques sofort den Faden aufgriff und von ihrer »grazilen, feenhaften Gestalt«, von »ihren glänzenden Augen« und von »ihren sinnlichen Lippen« schwärmte, machte Lisa mehr wütend, als daß es sie freute.
Allmählich wurde die Schwüle unerträglich, während sich die Sonne hinter einer Wolke verkroch.
Jean-Jacques überredete Lisa zu einem Abstecher in den Stadtpark. »Dort ist es bestimmt kühler«, meinte er.
Lisa zuckte nur mit den Schultern. Ihr war es recht. Sie fühlte sich durch das Eis gestärkt, und Jean-Jacques schien nicht mehr unter dem Zwang zu stehen, dauernd etwas sagen zu müssen.
Langsam schlenderten sie durch die stickigen Straßen, dicht nebeneinander, so daß Jean-Jacques' Hand sie hin und wieder eher zufällig streifte.
An diesem Sonntagnachmittag schien ganz Lübeck unterwegs zu sein. Stolze Familienväter mit Kinderwagen, junge Paare, Arm in Arm, Rentner. Türkische Großfamilien lagerten auf dem Rasen, machten opulente Picknicke oder dösten im Schatten alter Eichen.
Jean-Jacques nahm Lisas Arm und schleuste sie durch die Menschenmenge quer über eine Wiese, auf der ein

paar Kinder Frisbee spielten. Schließlich ließen sie sich unter einer Birke nahe am Teich nieder. Jean-Jacques breitete sein helles Leinensakko auf dem Rasen aus und deutete Lisa an, sich zu setzen.

»Das gibt Grasflecken«, meinte sie.

»Ist doch egal«, entgegnete Jean-Jacques, sah sie an und wollte den Blick gar nicht mehr abwenden.

Lisa drehte schnell den Kopf weg und zupfte verlegen an ihren Zehen, die wie immer weh taten.

»Ist was mit deinen Füßen?« fragte Jean-Jacques.

»Die Spitzenschuhe, weißt du …«, murmelte sie.

Jean-Jacques nickte verständnisvoll.

»Darf ich mal?« fragte er und begann vorsichtig, ihre Zehen zu massieren.

Lisa war es peinlich, aber Jean-Jacques machte sich mit einer solchen Selbstverständlichkeit an ihren Füßen zu schaffen, daß es ihr bald völlig normal vorkam. Es kitzelte nur ein wenig, so daß Lisa lachen mußte. Jean-Jacques lachte zurück. Zum erstenmal fiel Lisa auf, daß er blaue Augen hatte. Blaue Augen zu dunklen Haaren.

Dann wurde es über ihnen rabenschwarz. Schon zerteilte ein Blitz den Himmel in zwei Hälften. Lisa raffte Tasche und Schuhe zusammen und sprang auf. Tropfen, so dick wie Erbsen, kamen vereinzelt herunter. Jean-Jacques warf seine Jacke über ihre Köpfe, und sie rannten quer über die Rasenfläche. Irgendwo in der Nähe mußte ein Café sein – das wußte Lisa.

Mittlerweile goß es in Strömen. Dazu Blitze im Abstand von wenigen Sekunden, ohrenbetäubender Donner. Lisa hatte Angst, und Jean-Jacques' Arm auf ihrer Schulter änderte auch nichts an diesem Gefühl.

Es kam ihr wie eine Ewigkeit vor, bis sie endlich das

Café erreichten. An einem Seiteneingang stellten sie sich unter. Lisa war bis auf die Haut durchnäßt. Sie fror plötzlich, obwohl der Regen warm war.
Jean-Jacques hatte seinen Arm nicht weggenommen. Er sagte keinen Ton. Ohne sie anzusehen, umfaßte er ihre Taille und drückte sie an sich. Lisa versuchte, tief durchzuatmen, aber ihr Brustkorb war wie zugeschnürt. Dann drehte sich Jean-Jacques zu ihr, nahm ihren Kopf in beide Hände und küßte sie. Lisa wehrte sich nicht. Sie ließ es geschehen und wußte bald gar nicht mehr, warum sie hier stand und jemanden küßte, den sie eigentlich gar nicht küssen wollte. Ihr Herz klopfte, und sie dachte weder an Pickel noch an komische Gedichte.

Kein bißchen verknallt

Judith lag, die Füße hoch, auf dem Sofa, als das Telefon klingelte. Lisa war dran.
»Hallo, Judith. Stör' ich gerade?«
»Wieso solltest du stören?«
»Hätte ja sein können.« Lisa machte eine lange Pause.
»Und? Was gibt's?« fragte Judith schließlich.
»Ach, nichts Besonderes.«
»Was hast du heute gemacht?«
»Nichts Besonderes«, kam es wieder zäh aus dem Hörer.
»Wollte dich nur fragen wie's dir geht.«
»Schlecht«, jammerte Judith. »Nicht mal die einfachsten Schritte kriege ich mit meinem Fuß hin, geschweige denn Fouettés oder eine vernünftige Tour piqué.«
»Das wird schon wieder«, tröstete Lisa. »Du hast doch noch Zeit.«

Judith antwortete nicht, Lisa schwieg jetzt ebenfalls.
»Also«, sagte Judith schließlich, »ich melde mich dann morgen bei dir.«
»Okay.«
Dann legte sie auf. Nach wenigen Minuten klingelte das Telefon wieder.
Es war Lisa.
»Du, ich muß dir noch was sagen«, fing sie an.
»Aha!« Judith mußte kichern.
»Ich hab' mich heute mit Jean-Jacques getroffen«, flüsterte Lisa.
»Aha!« machte Judith wieder. »Und wie war's?«
»Eigentlich, äh, ich mein', ganz nett ...«
»So. Und außer ‚ganz nett'?«
»Ach, nichts«, sagte sie beiläufig.
»Ich wette, du bist in ihn verknallt!« posaunte Judith in den Hörer.
»Quatsch.«
»Und warum rufst du mich dann zweimal an und verhaspelst dich ständig?« ereiferte sich Judith. »Wahrscheinlich wirst du auch noch rot.«
»Quatsch«, sagte Lisa noch einmal, monoton wie eine Sprechpuppe.
»Was hat er denn Großartiges angestellt, um dich weichzuklopfen?«
»Red doch nicht so blöd!«
»Ach, komm, erzähl schon!« bettelte Judith.
»Was weiß ich denn! Gar nichts hat er gemacht! Erst fand ich's ziemlich nervig, weißt du, der kommt doch tatsächlich im Anzug und bringt Gänseblümchen mit.«
Judith prustete ins Telefon.
»Und dann waren wir den ganzen Nachmittag zusam-

men. Spazieren, im Café, und plötzlich fand ich, daß er gar nicht so schlecht aussieht, seine Augen ...«
»... sind ganz schön blau, und dann hat er – vermute ich mal – dich einfach geküßt«, brachte Judith die Sache auf den Punkt.
»Woher weißt du das?« fragte Lisa überrascht. Die Pointe hätte sie doch gerne selber erzählt.
»Weil das immer so ist, und weil nach deiner langen Einleitung gar nichts anderes kommen konnte.«
»Was soll ich jetzt bloß tun?« jammerte Lisa und fragte sich immer noch, woher Judith denn eigentlich wußte, wie das »immer so ist«.
»Wieso fragst du mich das? Die Sache ist doch wohl klar, stell dich nicht doof!«
»Ist sie gar nicht. Ich bin nicht in ihn verknallt.«
»Das kommt schon noch«, meinte Judith altklug.
»Vielen Dank für den guten Tip«, sagte Lisa. »Auf die Idee wäre ich nie gekommen.«
»Nichts zu danken«, konterte Judith. »Sonst noch was?«
Sonst noch was! War es nicht schon genug, daß Lisa vollkommen durcheinander war, daß ihre Gefühle Karussell fuhren? »Dann bis morgen«, hörte sie Judith sagen, ohne den Sinn ihrer Worte zu begreifen.
Wie betäubt legte sie den Hörer auf die Gabel. Irgendwie war sie traurig und enttäuscht. Judith konnte doch gar nicht nachvollziehen, wie es in ihr drinnen aussah. Was wußte sie schon von Gefühlen, von Liebe und von Küssen! Judith blockte alles ab, was sie vom Tanzen abhalten könnte, ließ nichts und niemand an sich heran. Diese kurze Schwärmerei für Herrn Petro war doch nicht ernst zu nehmen. Im Grunde wollte Judith mit Jungs und Sex nichts zu tun haben.

Und sie selbst? Mit wem sollte sie jetzt über ihre Herzkaspereien reden?

Bratwürste

Am Montagmorgen war es merklich kühler. Der Himmel hatte eine einheitlich graue Farbe angenommen, es nieselte. Lisa mußte sich überwinden, überhaupt aus dem Haus zu gehen. Vor allem, weil es ihr unangenehm war, nach der Knutscherei am Sonntag Jean-Jacques gegenüberzutreten. Was sollte sie bloß sagen? Was würde er sagen? Am liebsten hätte sie den ganzen Tag einfach als Kalenderblatt abgerissen und von einem der Müllcontainer hinterm Haus verschlucken lassen.

Je näher sie der Ballettschule kam, desto schleppender wurden ihre Schritte. Am Eingang wartete bereits Jean-Jacques. Auf sie? Auf einen seiner Mitschüler? Bevor sie Zeit hatte, etwas zu sagen, umarmte er sie stürmisch, als wären sie schon jahrelang ein Paar. Lisa stieß ihn leicht weg. Auf keinen Fall wollte sie so von den anderen oder von irgendwelchen Lehrern gesehen werden. Aber Jean-Jacques nahm keine Rücksicht. Er lächelte sie verliebt an und konnte es nicht lassen, ihr immer wieder über ihre offenen Haare zu streicheln.

»Bitte, Jean-Jacques!« Lisa warf ihm einen flehenden Blick zu.

»Aber warum?«

»Darum!« Lisa schlüpfte schnell durch die Drehtür und verschwand in der Garderobe. Als sie gerade ihre Schuhe ausgezogen hatte, kam Estelle gickelnd herein. Da niemand reagierte, gickelte sie lauter. Es hörte sich furcht-

bar künstlich an. Einige Mädchen sahen verwundert zu Estelle rüber, ihre Freundin Annette fragte schließlich, was denn los sei.
Darauf schien Estelle nur gewartet zu haben. »Unser Nesthäkchen ist gar nicht so unschuldig, wie es immer tut«, prustete sie los. Dabei deutete sie auf Lisa, die augenblicklich einen roten Kopf bekam.
»Wieso?« fragte Annette jetzt so laut, daß alle Mädchen aufhorchten.
»Also, Lisa und Jean-Jacques, oh, là, là!« Estelle verdrehte dabei die Augen und verteilte Kußmünder in alle Richtungen. Alles lachte.
»Stimmt das wirklich, daß du und Jean-Jacques ...?« Barbara stand plötzlich hinter Lisa und schaute ihr neugierig über die Schulter.
Lisa überlegte noch, ob sie sich rechtfertigen sollte, da kam ihr schon wieder Estelle in die Quere. »Natürlich stimmt's! Ich hab' doch Augen im Kopf – und außerdem meine Informanten.«
»Blöde Ziege!« murmelte Lisa.
»Wie bitte?« Estelle baute sich vor Lisa auf. »Hab' ich richtig gehört?«
»Hast du«, bemerkte Lisa so gelassen wie möglich. »Und an deiner Story ist übrigens kein Wort wahr.«
»Habt ihr das gehört? Diese kleine, blöde Kuh will mir sagen, was wahr ist und was nicht!« Estelle klopfte mit ihrem Spitzenschuh wütend auf den Linoleumboden. »Diese blöde Kuh, die noch nicht mal tanzen kann!«
Lisa drehte sich um und tänzelte grazil davon. Innerlich kochte sie vor Wut. Das Getratsche wegen Jean-Jacques war ihr schon fast egal. Aber daß sie angeblich nicht tanzen konnte, das nahm sie Estelle sehr übel.

Im Ballettsaal roch es nach Putzmittel und altem Schweiß. Wahrscheinlich war wieder mal nicht gelüftet worden. Lisa glaubte, ersticken zu müssen.
»Demi plié, Relevé, ein Grand plié!« Lisa hörte nicht hin und führte ihre Bewegungen wie in Trance aus.
»Den Körper gerade halten – und strecken!« Frau Wandruszkas Stimme klang schrill, beinahe hysterisch. Dann stand sie neben Lisa und korrigierte grob ihre Handhaltung. »Diese Froschfinger!« sagte sie tadelnd. »Ich frage mich, wo ihr mir euren Gedanken seid.«
Lisa konnte nicht verhindern, daß sie rot wurde. Irgendwie schien sie bei der Wandruszka in der letzten Zeit kein Glück mehr zu haben. Immer schaffte sie es, in irgendeine Falle zu tappen. Und jetzt noch diese blöde Ziege Estelle, die sich so ungemein viel auf ihre französischen Vorfahren einbildete und sie vor allen blamiert hatte. Lisa wünschte, beim Vortanzen besser zu sein, sie an die Wand zu spielen und sie einmal, nur ein einziges Mal, kleinlaut zu sehen. Andererseits wußte sie, daß ihre körperliche Verfassung zur Zeit nicht die beste war und daß es mit der Technik einige Probleme gab. Vielleicht konnte sie durch Ausdruck, durch Grazie oder durch ihr ideales Körpermaß einiges rausholen. Estelle hatte vielleicht die längsten Beine aller Mädchen, aber im Tutu sah sie aus wie ein Storch im Salat. Lisa lachte bei der Vorstellung in sich hinein. Es tat richtig gut, so gehässig zu sein.
In der Mittagspause zog sie sich in Windeseile um und stürzte ins Freie. Bloß weg hier, bloß niemanden treffen!
Lisa hatte Pech. Jean-Jacques stand schon frisch geduscht am Eingang und schien auf sie zu warten.
»Woher wußtest du, daß ich rausgehe?« fragte sie ziemlich unfreundlich.

»Weil ich sicher war, daß du vor mir abhauen würdest.« Jean-Jacques grinste unverschämt.
Lisa stopfte wütend ihre Hände in die Jackentasche und zog den Kopf ein.
Als hätten sie sich abgesprochen, steuerten sie den Imbiß am Rathausmarkt an. Normalerweise war es hier um die Mittagszeit so voll, daß man Mühe hatte, einen Platz zu ergattern. Heute stand nur eine Frau an einem der Stehplätze und aß eine fetttriefende Bratwurst.
»Einen Salat?« fragte Jean-Jacques.
Lisa nickte. Jean-Jacques ging zum Tresen und kam mit einem Salat und zwei Bratwürsten wieder.
»Willst du lieber nicht?« fragte er unvermittelt zwischen zwei Bissen Bratwurst.
»Was denn?« fragte Lisa zurück.
»Mit mir zusammensein.«
Lisa antwortete nicht. Mit Jean-Jacques zusammensein? Das wäre noch vor ein paar Tagen völlig undenkbar gewesen, und es kam ihr auch jetzt absurd vor, darüber nachzudenken – zumal sie überhaupt nicht wußte, was sie wollte. Tanzen? Freundschaft? Liebe? Sie wußte nur, daß ihr dieses dämliche Vortanzen schwer im Magen lag und daß es auch sonst noch überall kribbelte. Und daß sie geküßt werden wollte. Jetzt, auf der Stelle, hier im Bratfettdunst.
Dann kam sie sich albern vor. Schließlich war sie nicht verliebt, wozu also diese blöde Küsserei? Wütend trommelte sie mit den Fingern auf den Tisch. Wie konnte man nur so widersprüchlich sein wie sie?
»Was ist los?« fragte Jean-Jacques.
»Nichts«, log Lisa.
Er lächelte, und in ihrem Magen kribbelte es gegen ihren

Willen weiter. Als er den letzten Bissen Wurst geschluckt hatte, war der Imbiß, abgesehen von ihnen beiden, menschenleer. Dann war es wie in einem Kitschroman. Jean-Jacques legte den Arm um sie und küßte sie. Er schmeckte nach Bratfett und Gier, und Lisa versank im Dunst brutzelnder Würste.

Schrille Klänge

Judith schminkte sich selbst. Erst kam die Grundierung, dann bestäubte sie das Gesicht mit hellem Puder. Den Moment, in dem sie den bauschigen Pinsel in den Puder eintauchte und der feine Staub aufgewirbelt wurde, mochte sie am liebsten. Erst wenn der Teint ebenmäßig und hell wie bei einer Porzellanpuppe aussah, legte sie das Rouge auf. Zum Schluß schminkte sie sich die Augen. Oben und unten zog sie einen feinen Lidstrich, dann tuschte sie die Wimpern schwarz.

Im Spiegel blickte ihr ein fremdes, maskenhaftes Wesen entgegen. Judith fand sich gut so. Das Make-up gab ihr die Sicherheit, die sie wegen ihrer Verletzung nicht in den Füßen hatte.

Judith sah auf die Uhr. Es war erst kurz nach elf. Das Training fiel heute aus. Um zwölf sollte der Choreograph zur Audition kommen.

In der Garderobe war es ungewohnt ruhig. Nur der Wasserhahn in der Ecke tropfte leise vor sich hin. Judith fror. Sie legte ihren Pullover um die Schultern und blickte in den Spiegel. Ja, sie sah wie eine richtige Ballerina aus. Zart und zerbrechlich – wie es eben sein sollte.

Dann zerrte sie mehrere Trikots aus ihrer Tasche und

breitete sie auf den Schminktischen der anderen Mädchen aus. Lange stand sie davor und wußte nicht, für welches sie sich entscheiden sollte. Für das rosafarbene? Oder für das hellblaue mit dem tiefen Rückenausschnitt? Ungeduldig trat Judith von einem Fuß auf den anderen. Sie war weder in Wölkchen- noch in Einstein- noch sonst einer Stimmung. Sie wollte einfach nur der schönste, der schwanenhafteste aller Schwäne sein. Schließlich entschied sie sich für das weiße ärmellose Trikot mit dem kurzen Röckchen. Es betonte ihre helle, durchsichtige Haut, und sie wußte, daß das Röckchen bei jeder Pirouette so schön um ihre schmalen Hüften flatterte. Nervös kramte sie eine Zigarette aus ihrer Handtasche. Zigaretten! Was für eine Sünde! Wenn Frau Wandruszka das sehen würde, gäbe es mit Sicherheit eine saftige Strafe.
Aber Judith war es heute egal. Ihre Hände zitterten beim Anzünden, und der erste Zug schmeckte fürchterlich. Der zweite schon besser. Langsam stieg ihr ein angenehmer Schwindel in den Kopf. Sie entspannte sich und hatte auf einmal vor nichts mehr Angst.
Nach und nach trudelten die ersten Mädchen ein. Sie sahen alle ein wenig käsig aus und hatten nichts Besseres zu tun, als sich gegenseitig anzugiften. Barbara war sauer, weil Judith geraucht hatte. Ihr werde übel von dem Geruch, und sie müsse sich überlegen, ob sie es nicht Frau Wandruszka melden werde. Judith zeigte ihr einen Vogel. Sie solle nicht so ein Theater machen.
Lisa kam erst kurz nach halb zwölf, gelassen und entspannt. Ihre einzige Sorge war Judith. Diese unvernünftige Kind, dieses Nervenbündel! Daß sie ausgerechnet jetzt rauchen mußte, am Vormittag und wahrscheinlich noch auf leeren Magen – das konnte doch nicht gutgehen.

Dazu ihre Aufmachung! Keines der Mädchen legte beim Vortanzen Theaterschminke auf. Damit machte man sich nur lächerlich.
Viertel vor zwölf war es dann soweit: Judith rannte plötzlich zur Toilette und kam erst nach einer Weile wieder zurück – käsebleich und mit verschmierter Wimperntusche. Einige Schülerinnen sahen sie verstört an, wendeten sich aber, um sich ja nicht ablenken zu lassen, gleich wieder den eigenen Vorbereitungen zu.
Lisa legte ihrer Freundin tröstend den Arm um die Schulter. Judith weinte.
»Ich mach' nicht mit«, flüsterte sie. »Ich nicht.«
»Natürlich machst du mit.« Lisa tupfte ihr mit einem Abschminktuch vorsichtig die Wimperntusche unter den Augen weg. »Du tanzt, so gut es eben geht.«
»Siehst du!« brauste Judith auf. »Du denkst also auch, daß es mit meinem Fuß nicht geht.«
»Hör auf!« Lisa verlor langsam die Geduld. »Wichtig ist doch der Ausdruck, die Interpretation einer Rolle und nicht, ob jemand im Moment gerade Schwierigkeiten mit dem Fuß hat.«
Aber Judith war nicht mehr ansprechbar. Sie fixierte sich im Spiegel und machte den Eindruck, als sei sie mit sich und dem Rest der Welt fertig.
Estelle und Barbara hingen derweil über ihren Garderobentischen und pinselten sich an. Dramatisch dunkler Lidschatten, blutrote Lippen. Vermutlich waren sie durch Judiths Aufmachung verunsichert und fürchteten, ohne Make-up schlechtere Chancen zu haben.
Nach und nach wurde es immer stiller. Einige Mädchen machten Dehnübungen, andere hockten mit ausdruckslosen Gesichtern auf ihren Stühlen.

Das war der Ernst des Lebens. Zum erstenmal waren sie alle in einer Situation, die für ihr berufliches Fortkommen wichtig war. Jedes Mädchen spürte die Konkurrenz wie einen Würgegriff an der Kehle. Entweder machte man gute Miene zum bösen Spiel, oder man hörte auf und überließ die Siegerrolle einer anderen.
Dann war es fünf vor zwölf. Nach und nach rafften die Mädchen ihre Taschen zusammen und schlichen auf wackeligen Beinen in den Probenraum. Lisa zog Judith wie einen störrischen Esel hinter sich her.
Frau Wandruszka war heute ausnahmsweise schon da. Gemeinsam mit dem Choreographen saß sie über einen winzigen Klapptisch gebeugt und schrieb in ihr Notizbuch. Schweigend gingen die Mädchen an ihnen vorbei auf ihre Plätze. Einige lächelten verkrampft, andere ließen sich sogar zu einem devoten Knicks hinreißen.
Seit Wochen wußten die Mädchen, was ihnen nun bevorstand. Erst kam das Exercice an der Stange, dann ein kleiner Part aus Schwanensee und zum Schluß eine Improvisation. Vor der Improvisation hatten sie alle am meisten Angst. Nicht mal Frau Wandruszka wußte, was für ein Musikstück Herr Langenwolff auswählen würde. Und das schlimmste an der ganzen Sache war, daß jedes Mädchen einzeln vortanzen mußte.
»Mesdames!« rief Frau Wandruszka ungewohnt freundlich und klatschte in die Hände. »On commence!«
Lisa spürte die Nervosität der anderen. Sie selbst war erstaunlicherweise immer noch gelassen und ruhig. Ob Tom sie jemals auf der Bühne sehen würde oder nicht, war ihr mittlerweile egal. Dieser Aufreißer mit seinem albernen Fahrrad!
Dann mußte sie an Jean-Jacques denken, wie er jetzt zu

Hause saß und ihr die Daumen drückte. Sie konnte sich nicht vorstellen. daß er sich jemals so schäbig verhalten würde wie Tom.

Das Training an der Stange zog sich heute wie Kaugummi in die Länge. Jedes Mädchen bemühte sich um die tiefsten Pliés, um die längsten Beine und um die gestrecktesten Füße. Dabei lächelten sie alle ein stupides Dauerlächeln.

Die Wanduhr zeigte erst zwanzig nach zwölf.

Lisa fühlte sich sicher und gut, und auch Judith holte das Beste aus sich heraus.

Ihre Beine, die anfangs stark gezittert hatten, schien sie jetzt im Griff zu haben; daß sie am Fuß verletzt war, merkte man kaum.

Nach den Grands battements durfte sich die Gruppe für ein paar Minuten setzen. Lisa stupste Judith an, um ihr vielleicht ein Lächeln oder eine Geste abzugewinnen, aber Judith taumelte wie unter Drogen auf die Bank, sah sie nicht, sah niemanden.

Vorne streckten Herr Langenwolff und Frau Wandruszka derweil die Köpfe zusammen, tuschelten, machten sich Notizen, tuschelten wieder. Obwohl es im Saal mucksmäuschenstill war, konnte niemand etwas verstehen. Als Frau Wandruszka schließlich mit den Fingern schnalzte, stellten sich die Schülerinnen sofort in Dreierreihen auf. Judith stand ganz vorne links, Lisa schräg hinter ihr.

Die Musik ertönte, zwölf Beine setzten gleichzeitig nach rechts ins Effacé zu einem Balancé an.

Lisa fühlte sich leicht, federleicht. Schwerelos vollführte sie die Pas de chat, Tour piqué und Walzerschritte. Ihre Freundin nahm sie nur wie einen flüchtigen Schatten aus den Augenwinkeln wahr.

Nach drei Minuten war der Spuk vorüber, die Gruppe durfte einen Moment lang verschnaufen. Dann wieder die gleiche Prozedur: Langenwolff machte sich Notizen, blickte ab und zu von einem Mädchen zum anderen, schrieb wieder.

Auf Frau Wandruszkas Stirn erschien in regelmäßigen Abständen eine steile Falte.

Im Probenraum stand die Luft. Es roch nach Schweiß und Deo, aber keines der Mädchen wagte es, ein Fenster zu öffnen. Die Spannung wuchs. Jetzt kam es darauf an. Herr Langenwolff blickte von seinem Notizblock auf, Frau Wandruszka schaltete das Tonband wieder ein. Einzelne Töne zischten und kreischten durch den Saal.

Die Mädchen sahen sich verstohlen an, ängstlich und eingeschüchtert. Estelle fing aus Unsicherheit hysterisch zu kichern an. Keine der Elevinnen hatte je gelernt, auf moderne Musik zu tanzen, keine wußte, wie man sich danach bewegen konnte. Frau Wandruszka schaltete wieder ab und spulte zurück.

»Judith Herzfeld!« ertönte Langenwolffs Baß. »Würden Sie bitte beginnen?«

Judith wurde kreidebleich, stand aber sofort auf. Daß ausgerechnet sie anfangen mußte! Warum nur, warum sie? Weil sie im Alphabet so weit vorne stand? Weil sie beim Exercice und beim Schwanenseepart sowieso schon versagt hatte? Judith hatte keine Zeit, weiter darüber nachzudenken. Wieder quietschten die Geigen, dröhnten die Posaunen. Ihre Bewegungen waren zögernd. Glissade jeté, Tant levé, Assemblé, Jeté, Tant levé, sehr klassisch, sehr sittsam. Sie lächelte, als würde sie gleich als Prinzessin vom Ballettolymp steigen, derweil die Geigen immer schriller fiedelten.

Langenwolff sah ihr aufmerksam zu, Frau Wandruszka hantierte nervös am Tonbandgerät.
Dann war es plötzlich still. Judith machte eine grazile Verbeugung, rannte einfach hinaus und kam bis zum Ende der Audition nicht mehr wieder.
Den anderen Mädchen erging es ähnlich. Auch ihnen fielen nur die bekannten klassischen Schrittkombinationen ein. Lisa wagte immerhin ein paar Jazzschritte, hatte aber trotzdem das Gefühl, die Musik in keiner Weise auszufüllen.
Nur die kleine, pummelige Nina, die im Klassischen immer hinterherhinkte, entpuppte sich als Überraschung des Tages. Sie riß die Arme ungeniert und gegen alle klassischen Regeln in die Luft, bog ihren Körper vor und zurück, provozierte mit ungestreckten Zehenspitzen und einem geradezu erotischen Schwung in den Hüften. Frau Wandruszka saß mit offenem Mund da. Niemand hätte Nina so etwas zugetraut.
»Vielen Dank, meine Damen«, näselte Herr Langenwolff, als auch das letzte Mädchen vorgetanzt hatte. »In einer knappen Stunde sehen wir uns wieder.«
Lisa traf Judith in der Garderobe. Sie hockte genauso unbeweglich auf ihrem Stuhl wie vor zweieinhalb Stunden und hatte sich nicht einmal abgeschminkt.
»Komm duschen«, sagte Lisa bestimmt. »Und dann gehen wir was essen.«
Judith reagierte nicht. Im Zeitlupentempo griff sie in den Topf mit dem Abschminkfett und wischte so lange in ihrem Gesicht herum, bis es nur noch eine häßliche schwarze Fratze war.
»He! Wir haben's hinter uns!« Lisa klopfte ihr auf die Schulter. »Das ist das wichtigste.«

»Meinst du?« erwiderte Judith kühl.
»Ja!« Mit einer wütenden Geste packte Lisa Handtuch und Waschlotion und verschwand im Duschraum. Judith kam wenige Minuten später nach.
Ohne mit der Wimper zu zucken, stellte sie sich unter die kalte Dusche.
»Bist du völlig verrückt geworden?« fragte Lisa, als die anderen Mädchen außer Reichweite waren.
»Nein, nicht verrückt, aber realistisch.«
Lisa sah ihre Freundin verwundert an. »Was meinst du damit?«
»Ich bin aussortiert. Das ist alles.«

Das Urteil

Kurz vor vier wurden die Elevinnen wieder hereingerufen. Alle trugen ihre Straßenkleidung und sahen mehr oder weniger mitgenommen aus. Judith hatte sich als einzige nicht in der Kantine blicken lassen und auch nichts gegessen. Sie war so schwach, daß sie kaum die vier Stufen zum Probenraum schaffte.
Frau Wandruszka und Herr Langenwolff hatten ernste Mienen aufgesetzt. Profimienen, undurchsichtig und unbestechlich.
»Ja, meine Damen«, begann der Choreograph. »Die Wahl ist getroffen.« Er lächelte einmal kurz in die Runde, während zwölf Mägen gleichzeitig wegsackten.
»Aber bevor ich die vier Schwäne aufrufe, möchte ich Ihnen noch ein paar allgemeine Dinge sagen.«
Jetzt folgte ein halbstündiges Blabla. Die Mädchen zappelten vor Nervosität auf ihren Sitzen, aber das schien

Herrn Langenwolff nur zu reizen, noch mehr Allgemeinplätze von sich zu geben.
Er sprach über den »kulturpolitisch anspruchsvollen Beruf des Tänzers«, über »körperliche Risiken« und »die schrecklich kurze Laufbahn«.
»Ja, meine Damen«, sagte er schließlich mit betont wichtigem Gesicht, »überlegen Sie sich gut, ob Sie diesen Beruf wirklich ergreifen wollen. Ich kann zwar mit gutem Gewissen sagen, daß Sie alle mehr oder weniger begabt sind, aber vor Ihnen liegt ein schwerer Weg, lassen Sie sich das gesagt sein.« Er griff sich an die Nasenwurzel, massierte sie kräftig und blickte dann bedeutungsvoll über den Rand seiner Brille. »Was ich Ihnen noch zur Improvisation sagen wollte«, fuhr er fort, »also, ich war, ehrlich gesagt, ein wenig enttäuscht, meine Damen, wie wenig Sie offensichtlich in der Lage sind, sich von ihren gelernten Bewegungsmustern zu lösen und frei zu moderner Musik zu tanzen.«
Er machte wieder eine Pause, in der er diesmal umständlich seine Brillengläser putzte. »Aber Sie haben ja noch Zeit, zu wachsen und zu gedeihen – jung, wie Sie sind, und bei Ihrer guten Lehrerin.« Er lächelte Frau Wandruszka an, die einen roten Kopf bekam. »Und nun bitte ich Nina Abel, Lisa Breuer, Estelle Lefrange und Barbara Schmidt, zu mir zu kommen. Wir haben noch einiges wegen der Schwanenseeproben zu besprechen.«
Die Bekanntgabe der auserwählten vier kam so überraschend, daß niemand darauf reagierte. Nina, Estelle, Lisa und Barbara wagten nicht, offen ihre Freude zu zeigen; die anderen konnten noch nicht glauben, daß sie das Spiel endgültig verloren hatten.
Erst als Frau Wandruszka ihren zukünftigen Schwänen

aufmunternd zulächelte, erhoben sie sich langsam von ihren Sitzen. Die übrigen acht verließen grußlos den Saal, Tränen in den Augen.
Lisa war auch nicht gerade zum Lachen zumute. Warum hatte Langenwolff statt Judith die pummelige Nina genommen? Nur weil sie bei der Interpretation so gut war? Hatte er nicht gesehen, wie durchschnittlich sie im Klassischen war? Oder die blöde Estelle mit ihren Storchenbeinen? Was hatte die überhaupt auf einer Bühne zu suchen? Natürlich fühlte sich Lisa geschmeichelt, daß man sie ausgewählt hatte, sicher, aber letztendlich hätte sie auch eine Absage verkraftet. Nicht so ihre Freundin. Für sie brach doch gleich eine ganze Welt zusammen, und es gab auch keine Möglichkeit mehr, Langenwolffs Entscheidung zu ändern. Lisa fühlte sich so, wie wenn man nach einem guten Essen übel aufstoßen muß – gesättigt und angeekelt zugleich.
Nina, Barbara und Estelle lachten sich unverhohlen an, während sie dem Choreographen ins Büro der Ballettschule folgten. Dort schüttelte Frau Wandruszka jeder einzeln die Hand und gab zu verstehen, daß sie zwar stolz auf ihre Schülerinnen sei, daß aber absolut kein Grund bestehe, sich auf seinen Lorbeeren auszuruhen.
Herr Langenwolff machte es diesmal kurz. Es ging um Probentermine, Organisatorisches. An Lisa rauschten die Worte nur so vorbei. Immerzu mußte sie an ihre Freundin denken. Wie es ihr jetzt wohl gehen mochte? Nach der Besprechung eilte sie in die Garderobe, packte ihre Ballettasche und stürzte nach draußen.
Jean-Jacques wartete geduldig im Nieselregen, in der Hand rote Rosen. Warum konnte er um Himmels willen nicht mal drinnen warten! Warum lauerte er ihr immer

hier vor der Schule auf? Als hätte er ahnen können, daß man sie nehmen würde.
Lisa warf ihm nur ein kurzes »Hallo« zu, lief dann an ihm vorbei, direkt in die nächste Telefonzelle. Enttäuscht trottete Jean-Jacques hinter ihr her. Die Begrüßung hatte er sich anders vorgestellt.
Nach zweimaligem Tuten war Judith sofort am Apparat. »Laß mich in Ruhe«, sagte sie mit heiserer Stimme. Dann legte sie einfach auf.
Lisa wählte gleich noch mal ihre Nummer, fragte sich dabei immer wieder, warum sie sich hier eigentlich zum Kasper machte.
Diesmal war Christina dran. »Judith ist nicht zu Hause«, flötete sie ins Telefon.
»Red doch nicht so einen Unsinn!« Lisas Mitleid kippte langsam in Wut über.
»Tschüs«, sagte Christina jetzt und legte ebenfalls auf.
»Ist Judith ausgeschieden?« fragte Jean-Jacques, als Lisa aus der Telefonzelle kam. Die Rosen hatte er vorsichtshalber wieder ins Papier eingewickelt und ließ sie lustlos baumeln.
»Ja.«
»Trotzdem herzlichen Glückwunsch!«
»Woher weißt du, daß ich genommen bin?«
»War doch klar!«
Lisa ließ sich ein Küßchen aufdrücken, obwohl ihr gar nicht danach zumute war. »Aber Judith ...«
»Irgend jemand mußte doch ausscheiden«, sagte Jean-Jacques und erntete für diese Bemerkung einen bitterbösen Blick.
Schweigend gingen sie dann durch die Fußgängerzone. Jean-Jacques hatte Lisa noch irgendwohin einladen wol-

len, aber er traute sich nicht, sie darauf anzusprechen. Lisa vergrub ihr Gesicht in dem riesigen Kragen ihrer Jacke und tapste durch jede Pfütze. Sie sah aus, als würde sie keinen gesteigerten Wert auf Unterhaltung legen. Als der Regen stärker wurde, flüchteten sie in einen Hauseingang. Lisa fing an zu schimpfen. Daß die dicke Nina eine unmögliche Figur mache und daß sie den bescheuerten Langenwolff nicht verstehen könne. Jean-Jacques äußerte sich nicht dazu. Er fand die kleine Nina gar nicht übel. Andererseits tat ihm Judith leid. Sie würde sehr daran zu knapsen haben.

In Sekundenschnelle verwandelte der Regen die Straße in einen See. »Mist!« sagte Lisa. Als ob die Welt davon unterginge, daß sie Glück gehabt hatte und ihre Freundin ein Pechvogel war.

Jean-Jacques war es langsam leid, ihre schlechte Laune ertragen zu müssen. Sie sollte sich doch freuen, ihrem Ziel endlich ein Stückchen nähergekommen zu sein, sich nicht mehr als eine unter vielen hundert namenlosen Elevinnen abstrampeln zu müssen.

»Hier«, sagte er und überreichte Lisa die eingewickelten Rosen. Ohne sich noch einmal umzudrehen, watete er über die schwimmende Straße davon.

Das Komplott

Judith stand vorm Spiegel und schob ihren Bauch so weit wie möglich heraus. Voller Verachtung streckte sie ihrem Spiegelbild die Zunge raus. Ja, sie war dick, häßlich und unfähig. Langenwolff hatte schon recht, wenn er sie nicht als Schwan engagierte. Sie war eben einfach keine Tän-

zerin und würde als Schlußlicht aller Schlußlichter auch nie auf einer Bühne stehen. Recht so – sie hatte es nicht anders verdient!
Leise schlich sie ins Bad, zog sich bis auf den Slip aus und stellte sich auf die Waage. Dreiundvierzig Kilo.
Judith trampelte wütend auf der Waage herum. Nicht ein einziges Gramm hatte sie bei dem Streß abgenommen. Nicht mal das! Aber im Grunde war es auch egal. Denn was spielte ihr Gewicht für eine Rolle, wenn sie doch niemals Tänzerin werden würde!
Rasch zog sie sich an und ging in die Küche. Zum Glück waren ihre Eltern im Wohnzimmer und sahen fern. Durch die geschlossene Tür drang der monotone Singsang eines Nachrichtensprechers. Judith schloß die Küchentür. Dann riß sie den Kühlschrank auf, nahm Butter, Käse und Aufschnitt heraus. Im Brotkorb lagen noch einige Scheiben Brot vom Frühstück. Sie waren schon leicht angetrocknet, aber noch genießbar. Judith bestrich sie dick mit Butter, dann stapelte sie Käse, Wurst, Putenbrust wahllos übereinander.
In kaum einer Minute hatte sie die Brote verdrückt, aber ihre Gier auf Essen ließ nicht nach. Im Gegenteil – sie machte sich jetzt nicht mal mehr die Mühe, Brot aus dem Schrank zu holen, aß statt dessen den restlichen Käse und Aufschnitt gleich aus der Hand. Danach kamen zwei oder drei Joghurts dran, die ganz hinten im Kühlschrank aufgereiht waren, zum Schluß schob sie noch eine halbe Packung Mandelkekse und ein paar Riegel Schokolade hinterher.
Judith war es gleichgültig, daß sie zunehmen könnte, daß sie sich außerdem vor ihrer Mutter würde verantworten müssen. Ihre Gier war stärker als ihre Moral und der Ekel

vor sich selbst. Wie im Delirium durchsuchte sie die Küche weiter nach Eßbarem, fieberhaft, fand schließlich eine angebrochene Packung Schaumgebäck und verschlang, was noch davon übrig war. Sie genoß dieses klebrige Gefühl im Mund, und daß ihr schon schlecht war, hinderte sie nicht daran, noch zwei Pralinen zu vertilgen, die wie verloren in einer Schale auf dem Küchenregal lagen. In ihrem Magen rumorte es jetzt gewaltig, und sie hatte nur noch einen Wunsch: sich ins Bett zu legen und die Augen zu schließen.

Auf dem Weg in ihr Zimmer klingelte das Telefon. Automatisch nahm sie ab, hängte aber gleich wieder ein, als sie Lisas Stimme vernahm. Diese blöde Ziege! Hatte doch nur darauf gewartet, sie auszutricksen, und spielte ihr nun Anteilnahme vor. Daß ihr das Tanzen gar nichts bedeute, sollte sie anderen Dummköpfen erzählen! Plötzlich hatte Judith es doch nicht mehr so eilig, in ihr Bett zu kommen. Zaghaft klopfte sie bei Christina und öffnete, ohne abzuwarten, gleich die Tür. Christina lag in voller Karatemontur auf dem Boden und verrenkte sich auf sonderbare Weise.

»Hau ab!« sagte sie. Sie genoß es offensichtlich, den Spieß mal umdrehen zu können.

»Kannst du mir helfen?« fragte Judith kleinlaut.

»Was krieg' ich dafür?«

»Zwei Tafeln Schokolade.«

»Okay.« Christina zog die Knie dicht an die Nase und sah ihre Schwester erwartungsvoll an.

»Wenn Lisa anruft, dann bin ich nicht da, kapiert?«

Wie auf Bestellung klingelte in diesem Moment draußen das Telefon.

»Los! Das ist sie.«

Christina rappelte sich hoch und rannte auf den Flur. Judith schlich in ihr Zimmer. »Judith ist nicht zu Hause«, hörte sie ihre Schwester sagen. Sie schloß die Tür und hielt sich die Ohren zu. Das Leben war ungerecht, grausam, entsetzlich …

Auf dem Nachttisch lag eine Packung Abführmittel. Judith schüttete sich vier der dunkelbraunen Pillen in den Mund. Es gelang ihr nur schwer, die unglasierten Pillen mit ihrem Speichel hinunterzuschlucken. Sie schmeckten bitter und klebten eine Sekunde lang wie Kreide im Rachen.

Judith streckte sich auf dem Bett aus, erschöpft, beinahe benommen, und wartete auf die Wirkung des Abführmittels. Während es in ihrem Darm immer stärker zu grummeln anfing, beschloß sie, nicht morgen, nicht übermorgen, vielleicht nie mehr, auch nur einen einzigen Bissen anzurühren. Sie wollte sich für die Freßorgie, für ihre maßlose Disziplinlosigkeit bestrafen.

Ohne sich vorher auszuziehen, wickelte sie sich in ihre Decke und schloß die Augen. Im selben Moment ging die Tür auf, und Christina sprang Grimassen schneidend an ihr Bett.

»Raus!« schrie Judith. »Laß mich bloß in Ruhe!«

Christina rührte sich nicht von der Stelle.

»Ich will dich doch nur trösten«, sagte sie. Ihre Stimme klang enttäuscht.

»Deinen Trost kannst du dir an den Hut stecken!« schnauzte Judith sie an.

Um nicht weinen zu müssen, preßte sie ihre Augenlider krampfhaft zuammen.

Christina setzte sich aufs Bett. Sie wollte ihrer Schwester irgend etwas Nettes sagen, aber ihr fielen nur blöde, ab-

gedroschene Sprüche ein. Deshalb hielt sie lieber den Mund und wischte der Schwester ein paar Tränen ab.
»Chris«, begann Judith nach einer Weile.
»Ja?« Christina sprang schnell auf und machte eine galante Verbeugung.
Aber Judith war nicht zum Spaßen zumute.
Sie druckste erst eine Weile herum, bis sie endlich mit der Sprache rausrückte.
»Kannst du mir vielleicht noch einen Gefallen tun? Kriegst auch noch 'ne Tafel Schokolade mehr.«
Christina nickte.
»Weißt du, ich muß unbedingt ein paar Kilo abnehmen«, erklärte sie wichtigtuerisch. »Sonst hab' ich überhaupt keine Chance, Tänzerin zu werden.«
»Und?« fragte Christina. »Was hab' ich damit zu tun?«
Judith zögerte, dann sagte sie: »Mutti bringt mir doch nach dem Training immer was zu essen aufs Zimmer, weil sie meint, daß ich sonst verhungere. Aber ich will das nicht essen, ich brauch' das auch gar nicht. Kannst du nicht ... Ich meine, stell dir vor, wie Mutti reagiert, wenn ich den Teller einfach so, wie er ist, wieder in die Küche stelle ...«
Christina sah Judith mit großen Augen an.
»Also, könntest du nicht vielleicht meinen Teil mitessen, mußt ja nicht gerade alles ...«
»Klar«, unterbrach sie Christina. Natürlich hatte sie nichts dagegen, hin und wieder zwei Portionen Pizza oder Pommes zu verdrücken.
»Und wenn es Grützwurst oder Spinat gibt?« fragte Judith ängstlich.
»Dann schmeiß' ich es eben heimlich ins Klo, okay?«
Judith ließ sich erleichtert ins Kissen sinken und fühlte

sich auf der Stelle besser. Sie würde abnehmen, richtig abnehmen, und dann würde sie allen zeigen, was in ihr steckte. Keiner würde mehr übersehen können, daß sie eben doch die schlankste, die grazilste, die beste Tänzerin war. Auch Lisa nicht.

Theaterluft

Er war alles zugleich, Lehrer, Vater, Diktator, Freund und Feind. Manchmal sah er aus, als würde er jeden Moment brüllend den Saal verlassen, manchmal war sein Gesicht über Stunden friedlich und entspannt. An anderen Tagen wieder spielte er den Clown und brachte die Elevinnen derart zum Lachen, daß sie kaum noch tanzen konnten.
Langenwolff kam jetzt jeden Abend in die Ballettschule und probte mit den vier Wandruszka-Schülerinnen. Die anderen Schwäne, Tänzerinnen aus dem Corps de ballet des Stadttheaters, hatten schon im letzten Jahr »Schwanensee« getanzt und sollten erst in ein paar Wochen zu den Proben dazustoßen.
Für Lisa, Estelle, Nina und Barbara hatte eine harte Zeit begonnen.
Tagsüber nahmen sie wie üblich am Unterricht teil, abends kamen noch die Schwanenseeproben hinzu.
Lisa fand es zwar spannend, mit einem richtigen Choreographen für ein richtiges Theater zu arbeiten, aber sie litt unter der körperlichen Anstrengung. Jeder Tag war von morgens bis abends verplant; für Jean-Jacques, für einen Einkaufsbummel oder fürs Essen blieb keine Zeit. Abends nach der Probe fiel sie todmüde ins Bett, und morgens stand sie um halb zehn schon wieder schwit-

zend an der Stange. Hinzu kam, daß sie Judith vermißte. Zwar verbrachte sie viel Zeit mit ihr im Trainingssaal, aber es hätte keinen Unterschied gemacht, wenn sie nicht dagewesen wäre. Früher waren sie in jeder Mittagspause zusammengewesen, hatten miteinander gegessen, gelacht und getratscht. Seit dem Vortanzen behandelte Judith ihre Freundin wie Luft, und in der Pause verschwand sie einfach, ohne zu sagen, wohin sie ging. Daß Judith sie halb schüchtern, halb kriecherisch zu ihrem Geburtstag eingeladen hatte, überraschte Lisa nur im ersten Moment. Wahrscheinlich wußte sie einfach nicht, wen sie sonst noch einladen sollte.

Für den Abend war die erste Probe im Stadttheater angesetzt. Den ganzen Tag über verspürte Lisa ein unbestimmtes Kribbeln im Magen. Noch nie zuvor hatte sie auf einer großen Bühne gestanden, noch nie zuvor richtige Bühnenluft geschnuppert.

Voller Stolz passierte sie zwanzig vor sieben den Bühneneingang. Sie kam sich unglaublich wichtig vor und verharrte – in der Hoffnung, von Spaziergängern gesehen zu werden – ein paar Sekunden lang an der Tür.

Der Pförtner hockte hinter seiner Glasscheibe wie ein Affe im Zoo und schaute sie grimmig durch beschlagene Brillengläser an. Lisa fühlte sich genötigt, etwas zu sagen, brachte stockend hervor, daß sie zur Schwanenseeprobe wolle. Ein Stirnrunzeln, ein Nasehochziehen, dann zischte der Mann ein paar unverständliche Worte durch seine bräunlichen Schneidezähne und nickte.

Erleichtert lief Lisa die wenigen Stufen nach oben in den zweiten Stock. Als sie die Tür zur Garderobe der Gruppentänzerinnen öffnete, mußte sie erst mal einen Moment lang stehenbleiben: Stühle, Schuhe, Straßenkleidung, Kostüme – alles stapelte sich über- und durcheinander. Dazwischen die Tänzerinnen, Ankleiderinnen, ein einziges Tohuwabohu. Niemand nahm Notiz von ihr, niemand grüßte. Sie, die Auserwählte, schien hier ein Nichts und Niemand zu sein.

Barbara, Estelle und Nina waren schon da. Sie hatten zu dritt gerade noch einen freien Stuhl ergattert, auf dem sie nun abwechselnd saßen.

An einen eigenen Schminkplatz mit Spiegel war überhaupt nicht zu denken.

Lisa fühlte sich miserabel. Sie hatte sich die Räumlichkeiten im Stadttheater ganz anders vorgestellt, großzügiger, heller, komfortabler. Auch diese Garderobe hier war noch kleiner als der provisorische Verschlag in der Ballettschule. Auf jeder Seite des Raumes befand sich ein winziges Waschbecken; der Fußboden war an einigen Stellen aufgerissen.

»Bißchen eng hier, was?« Estelle lächelte Lisa zuckersüß an und zeigte auf den übervollen Stuhl. Lisa lächelte gezwungenermaßen zurück. Niemals hätte sie zugegeben, wie unwohl sie sich fühlte. Als sie sich dann beim Umkleiden an einem Stuhlbein stieß und ihre Haare blind hochstecken mußte, da Diva Estelle die ganze Zeit den Spiegel blockierte, sank ihre Laune auf den Nullpunkt.

Doch wenig später war es soweit: Sie stand auf der Bühne, auf einer richtigen Bühne. Zum erstenmal in ihrem Leben sah sie ein Theater aus dieser Perspektive, und ihr stockte einen Moment lang der Atem.

Vor ihr lag der Zuschauerraum, eine Sinfonie aus rubinroten Sitzen, verschnörkelten Balustraden und Lichtern. Wie oft hatte sie davon geträumt!

Auch Estelle, Nina und Barbara standen mit offenen Mündern da und starrten in die Ränge, während sich die Profitänzerinnen schon warm machten. Dann erschien Langenwolff, und der Theaterzauber verflog. Jetzt war harte Arbeit gefragt, und die Bühne war nichts weiter als ein Probenraum.

»Meine Damen, können wir beginnen? Mitte zweiter Akt, bitte!«

Die Tänzerinnen nickten und stellten sich in den hinteren Gassen in Position.

»Mist!« zischelte Lisa. »Wieder ohne Solisten!« Aber da setzte die Musik schon ein, und ein Mädchen nach dem anderen trat auf, die vier Wandruszka-Schülerinnen zuletzt. In großen Kurven bewegten sie sich auf die Rampe zu, umkreisten einen roten Klappstuhl, der Benno, den Freund des Prinzen, darstellen sollte, und tanzten schließlich wie ängstliche Vögel mit flatternden Armen um ihn herum.

»Immer dieser blöde Stuhl!« raunte Estelle Barbara zu. »Ich will endlich mal einen richtigen Tänzer sehen!«

Nach zwölf Wiederholungen war Lisa mit ihren Kräften am Ende. Weniger vom Tanzen als vor Enttäuschung. Die Mädchen aus dem Corps de ballet erschienen ihr allesamt schlaff und ausdruckslos. War so das Leben einer Profitänzerin? Routine und Langeweile statt Herzklopfen und Begeisterung?

Traurig verließ sie das Theater. Dem Pförtner warf sie nur ein unfreundliches »Wiedersehen!« hin.

Im Bus war es kalt, so kalt, daß Lisa ihre Arme fest um ihren Körper schlang und dennoch eine Gänsehaut bekam. Nach fünf Stationen stieg sie aus. Es hatte zu nieseln begonnen, und Lisa rannte das letzte Stück bis zu

Jean-Jacques' Wohnung. Als er endlich öffnete, überfiel sie ihn gleich mit ihrem Gejammere von schrecklichen Garderoben, miesen Pförtnern mit beschlagenen Brillengläsern und farblosen Tänzerinnen.
»Na und?« Jean-Jacques zeigte keine Überraschung. »Hast du vielleicht was anderes erwartet?«
»Allerdings!«
Jean-Jacques zog Lisa in sein Zimmer, machte die Tür zu und stellte ihr ein handwarmes Glas Wasser vor die Nase. »Ich will dir mal was sagen«, fuhr er sie an. »Du bist eine ganz schöne Traumtänzerin. Hast überhaupt keine Ahnung, wie es auf der Bühne zugeht.«
»Du vielleicht?« Lisa trank das Glas in einem Zug aus und schüttelte sich dabei vor Ekel.
»Vielleicht schon«, sagte Jean-Jacques mit einem bitteren Zug um den Mund. »Ehrlich gesagt, halte ich es für das Vernünftigste, früher oder später ganz aufzuhören.« Er sah Lisa an. »Oder hast du Lust, mit dreißig zum alten Eisen zu gehören und später arbeitslos zu sein?«
»Ach, Mist!« murmelte Lisa.
»Was denn?«
»Manchmal hab' ich zu überhaupt nichts Lust.«
Jean-Jacques nahm sie in den Arm. »Das gibt sich wieder.« Nach einer Weile fragte er: »Kommst du am Samstag zu mir? Nach der Fete bei Judith?«
»Wie bitte?« Lisa guckte verdutzt. »Du auch?«
»Ja, ich auch.«
»Ach so«, sagte Lisa tonlos. Als wäre es plötzlich selbstverständlich, daß Judith ihn zum Geburtstag einlud.
»Also?« Jean-Jacques sah sie erwartungsvoll an.
»Ich muß aber noch vor zwölf zu Hause sein.«
»Geht in Ordnung.«

Herzklopfen

Am frühen Nachmittag ging Lisa in ihr kleines Eiscafé am Rathausmarkt. Drinnen war es fast leer. Nur in der hinteren Ecke saßen ein paar Mädchen in Petticoats und vertilgten riesige Eisbecher.

Lisa setzte sich an ihren Stammplatz am Fenster, bestellte einen Früchtebecher und fühlte sich pudelwohl.

Zwar fürchtete sie sich ein wenig vor dem bevorstehenden Frauenarzttermin, dem ersten in ihrem Leben, aber sie ließ es sich dennoch nicht nehmen, die kostbaren freien Minuten zu genießen. Eine Stunde Kostümgeschichte versäumte sie, wenn sie Glück hatte, vielleicht auch noch eine weitere Stunde Schinderei an der Stange.

Es war ein schöner Tag. Die Sonne schien durch die hohen Glasfenster, die Cappuccinomaschine hinter dem Tresen machte vertraute Zischgeräusche, und das Eis schmeckte nach Ferien und Sonnencreme.

Lisa träumte sich davon. Sie spazierte durch ein kleines Dorf irgendwo in Frankreich oder Italien. Es war warm, und ein Geruch von frischem Gebäck lag in der Luft. Sie ging vorbei an weißgetünchten Häusern, vorbei an Straßencafés, in denen alte Männer saßen und ihren Rotwein tranken. Der Kies prickelte wohlig unter ihren Fußsohlen.

Plötzlich drangen Gitarrenlaute an ihr Ohr. Ein junger, dunkelhäutiger Mann saß mit seinem Instrument in einem Hauseingang, und die Dorfmädchen tanzten barfuß zu den einfachen Klängen im Kreis. Wie magisch wurde Lisa von den Klängen angezogen, fing an, sich langsam zu bewegen, tanzte mit den Mädchen, erst noch zaghaft, dann immer wilder, immer ekstatischer … Frau Wan-

druszka, Spitzenschuhe und schmerzende Zehen waren weg, als hätte es das alles nie gegeben.
Lisa starrte in ihren Eisbecher und bemerkte, daß das Eis schon fast geschmolzen war. Als sie wenig später aufbrach, war sie in Gedanken noch so weit weg, daß sie beinahe an der Arztpraxis vorbeigelaufen wäre.
Hausnummer dreizehn, roter, unauffälliger Klinkerbau. Gerade noch rechtzeitig bemerkte sie das Schild: »Dr. Moritz – Frauenheilkunde und Geburtshilfe«.
Das Wartezimmer war fast leer. An den Wänden Babyfotos, lauter lachende Gesichter.
Lisa wurde immer nervöser. Sie hatte keine Vorstellung davon, wie so eine Untersuchung ablaufen würde. Unruhig knetete sie ihre Hände, blätterte in einer Aids-Broschüre, betrachtete heimlich das blonde Mädchen in der Ecke gegenüber.
Als Dr. Moritz sie nach zwanzig Minuten endlich in sein Zimmer rief, wurden ihr die Knie weich. Dabei sah der Arzt sympathisch aus, groß und blond, und er hatte schöne grüne Augen.
»Hallo!« begrüßte er sie freundlich. »Frau Breuer?«
Lisa nickte. So hatte sie noch niemand angesprochen.
»Ich vermute mal, es geht um die Pille«, fuhr Dr. Moritz fort. Lisa nickte wieder und wurde rot. Gerne hätte sie gefragt, woher er das wußte, aber sie schwieg.
Ohne ihr weitere Fragen zu stellen, begann der Arzt, einen kleinen Vortrag über die Wirkungsweise der Pille, über Gebrauch und Risiken zu halten. Lisa saß zurückgelehnt in ihrem Sessel und hörte klopfenden Herzens zu. In regelmäßigen Abständen nickte sie oder brachte ein schüchternes »Ja« über die Lippen. Nach ein paar Minuten schwirrten die Fakten nur so in ihrem Kopf herum.

Eisprung, Ovulationshemmer, Libido – wie sollte sie sich das alles merken können?
Aber Dr. Moritz kam ihr erneut zuvor, indem er ihr ein kleines Heft in die Hand drückte.
»So, hier haben Sie noch mal alle Fakten zusammengefaßt«, sagte er.
Lisa hielt die Sache damit für beendet, wollte schon aufstehen und gehen, aber Dr. Moritz drückte sie zurück in ihren Stuhl und bombardierte sie mit Fragen. Ob sie ihre Tage regelmäßig bekomme, wie stark die Blutung sei, wie lange sie dauere und, und, und ... Lisa antwortete brav und schielte dabei ängstlich auf den Untersuchungsstuhl. Sie hoffte inständig, nicht doch noch auf dieses Ding zu müssen.
»Dann machen Sie sich jetzt bitte mal frei«, sagte der Arzt, als er mit seiner Fragerei zu Ende war. Dabei klopfte er ihr kumpelhaft auf die Schulter.
Lisa verschwand hinter dem Paravent, aufgeregt und mit Schwitzhänden.
Als sie ungeschickt auf den Stuhl kletterte, wäre sie am liebsten davongelaufen. Sie schämte sich entsetzlich und fürchtete die metallisch glänzenden Gegenstände, die überall herumlagen.
Nach wenigen Minuten war alles vorbei. Lisa atmete auf. Es hatte kein bißchen weh getan, und sie fragte sich, warum sie überhaupt Angst gehabt hatte.
Dr. Moritz lachte sie freundlich an. »Na, war's denn wirklich so schlimm?«
Lisa schüttelte den Kopf. Sie verkroch sich hinter dem Paravent und zog sich wieder an.
»Versuchen Sie es erst mal mit einem niedrig dosierten Einphasenpräparat!« rief Dr. Moritz, während Lisa ihre

Jeans zuknöpfte. »Und wenn es irgendwelche Probleme gibt, melden Sie sich sofort, in Ordnung?«
»Ja«, sagte Lisa und kam hinter dem Paravent hervor.
Dr. Moritz übergab ihr eine Pillenschachtel. »Hier, zum Ausprobieren.«
»Danke«, sagte Lisa und vermied es, dem Arzt in die Augen zu sehen.
Nach einem flüchtigen Händedruck stürzte sie Hals über Kopf aus der Praxis und rannte zur Bushaltestelle. Die kleine quadratische Schachtel hatte sie tief in der Innentasche ihrer Jeansjacke vergraben. Im Bus sah sie sich erst nach allen Seiten um, holte dann den Pillenstreifen aus der Schachtel. Die Pillen waren winzig klein und gelb wie Kinderbonbons. Ihr Herz klopfte wild, und sie fühlte sich auf einmal erwachsen.

Armer Schokokuß

Als Lisa gegen vier Uhr die Wohnung verließ, hatte sich die Sonne hinter dicken Wolken verkrochen. Ein kühler Wind schlug ihr entgegen. Lisa klappte den Jackenkragen hoch und stiefelte mißmutig in den naßkalten Nachmittag hinein. Eine Geburtstagsparty bei Judith! Was hatte sie da zu suchen, wenn ihre Freundin nicht mehr mit ihr sprach? Wozu die Statistin spielen?
Judith ließ sich Zeit, bevor sie die Tür öffnete. Ihr Lächeln wirkte verkrampft; vielleicht lag es aber auch nur an ihren knallrot geschminkten Lippen.
Außer Lisa schien niemand dazusein. Es war totenstill in der Wohnung. Nicht mal Christina kam wie sonst aus irgendeinem Zimmer geschossen.

»Herzlichen Glückwunsch!« sagte Lisa förmlich, wie zu einer fernen Verwandten, und überreichte ihr das Geschenk, ein Buch über den frühverstorbenen Tänzer Heinz Bosl. Sie überlegte noch, ob sie die Freundin umarmen sollte, aber Judith machte so ein abweisendes Gesicht, daß sie es lieber unterließ. Statt dessen zog sie ein Taschentuch aus ihrer Jeans und putzte sich umständlich die Nase, wartete ab, bis Judith das Geschenk endlich ausgewickelt hatte.
»Danke«, preßte Judith hervor. Das war alles.
Die Geburtstagparty fand in Judiths Zimmer statt. Auf ihrem Schreibtisch war das Büfett aufgebaut: zwei Obstkuchen, eine Sahnetorte mit vielen kleinen Kerzen, Schokoküsse und Waffeln, Cola und Limonade. Dazu war der ganze Tisch mit Konfetti übersät, Luftschlangen rankten sich bis auf den Fußboden. Irgendwie erinnerte Lisa die Dekoration an Geburtstagsfeste von früher, wo sich eine ihrer Cousinen regelmäßig auf der guten Wohnzimmercouch übergeben hatte.
Christina thronte mitten im Raum auf einem Sitzkissen und lächelte wie eine mißratene Mona Lisa. Judith hatte sie zum Getränkeausschank angeheuert.
»Hallo, Chris, geht's gut?«
Christina nickte und bot Lisa ein Glas Cola an.
Da war sie nun schon extra zu spät gekommen, hatte statt einmal mindestens fünfmal die Haare gebürstet, und nun saß sie hier dennoch als erster und einziger Gast. Krampfhaft überlegte sie, was sie sagen könnte, aber ihr fiel beim besten Willen nichts Gescheites ein.
Christina brach endlich das Schweigen. »Ich geh' mal gucken, ob Mutti den Saft kalt gestellt hat«, sagte sie leichthin und verschwand.

Lisa fühlte das Blut in den Schläfen pochen. Es war das erste Mal, daß sie sich davor fürchtete, mit ihrer Freundin allein zu sein. Judith tat so, als wäre alles völlig normal. Mit gelangweilter Miene hockte sie auf einem Stuhl und bearbeitete ihre Fingernägel.

»Mir reicht's!« Lisa sprang von ihrem Stuhl auf.

»Was hast du denn?« fragte Judith gedehnt.

»Was ich habe? Mir reicht's mit dir! Seit Wochen führst du dich auf ... Das ist ja nicht zum Aushalten!«

»Ach was!« Judith stand ebenfalls auf. »Unsere große Primaballerina kann mich nicht ertragen«, höhnte sie und fragte dann scharf: »Hast du dir mal überlegt, wie ich mich bei der ganzen Sache fühle?«

»Und ob ich mir das überlegt habe! Aber du läßt mich ja gar nicht mehr an dich ran – egal, was ich sage und wie ich mich verhalte!«

Judith schwieg. Sie stand unbeweglich da – abwartend, wie es schien. Lisa spielte das Spiel mit. Sie lehnte sich gegen den Schreibtisch und lauschte dem Ticken des Weckers. Warum klingelte es nicht endlich, warum wollte sie niemand erlösen? Schließlich stand sie auf, nahm sich einen Schokokuß vom Büfett und biß hinein. Im selben Moment war Judith hinter ihr und schlug ihr den Schokokuß aus der Hand. Blitzschnell hob sie ihn wieder auf, legte ihn zurück aufs Büfett, um ihn dann mit der Faust zu zermanschen.

Das war zuviel. Lisa nahm ihre Jacke und ging zur Tür. Als sie die Klinke hinunterdrückte, hörte sie Judith sagen: »Brauchst dich hier nicht wieder blicken zu lassen, du blöde Ziege!«

Lisa ging, ohne ein weiteres Wort zu verlieren. Langsam, wie in Trance. Sie verabschiedete sich nicht von Christi-

na, nicht von Frau Herzfeld, die ihr aus der Küche etwas zurief. Daß ihre Freundin enttäuscht und neidisch war – okay. Aber daß sie sich solche Unverschämtheiten herausnahm, das konnte Lisa nicht akzeptieren. Erst auf der Straße lösten sich ihre starren Bewegungen. Sie fing an zu laufen. Tränen rannen ihr übers Gesicht. Sie war traurig. Traurig und wütend.
Zu Hause legte sie sich gleich ins Bett. Daß sie mit Jean-Jacques verabredet war, hatte sie vergessen. Am Abend rief ihre Mutter sie zweimal ans Telefon. Lisa ging nicht ran. Sie fragte sich immer noch, was der arme Schokokuß verbrochen hatte.

Omas Geburtstagsgeschenk

»Nein, laß mich!« sagte Lisa.
Jean-Jacques richtete sich auf und legte brav seine Hände in den Schoß. Er schien nicht beleidigt zu sein. Dann neigte er sich Lisa zu, die auf dem Bett lag, und knöpfte ihr den obersten Blusenknopf zu. Er lächelte. »Warum denn nicht?« fragte er. »Ich fress' dich schon nicht.«
»Darum nicht«, antwortete Lisa, während sie sich auf den Bauch wälzte. »Außerdem komme ich noch zu spät zur Probe.«
»Als wenn das ein Grund wäre!« Jean-Jacques beugte sich zu ihr runter, um sie aufs Ohr zu küssen.
Es ging ihr durch und durch. Ohne es eigentlich zu wollen, drehte sie sich halb auf die Seite und begann, langsam Jean-Jacques' Hemd aufzuknöpfen. Seine Haut erschien ihr wunderbar samtig, und sie fragte sich, wo sie jemals Pickel gesehen hatte.

Da wollte sie es plötzlich. Sie wollte, daß er es tat. Jetzt, in diesem Zimmer. Die Gelegenheit war günstig. Ihre Eltern würden so bald nicht nach Hause kommen.
Jean-Jacques lächelte immer noch, als er erneut Lisas Bluse aufknöpfte. Er tippte vorsichtig ihre Brüste an, als habe er Angst, ihnen weh zu tun. Dann nahm er sie in beide Hände.
Lisa lag unbeweglich da. Sie genoß das Gefühl, etwas Verbotenes zu tun, und als Jean-Jacques in sie eindrang, tat es nicht mal weh.
Später lagen sie noch eine ganze Weile nackt beieinander, Arm in Arm, und redeten über Gott und die Welt. Jean-Jacques kam auf Judiths Party zu sprechen. Daß es ganz nett gewesen sei und daß man Judith nichts angemerkt habe. Nichts von hysterischen Anfällen und auch nichts von mißhandelten Schokoküssen.
»Allerdings hat sie nicht einen Bissen angerührt«, meinte Jean-Jacques verwundert.
»Das ist ihre neueste Masche«, sagte Lisa. »Ist dir nie aufgefallen, wie dünn sie ist?«
»Doch.« Jean-Jacques rollte sich auf sie und zwickte sie in die Seite. »Immerhin ist sie nicht so fett wie du.«
Lisa drehte sich weg. »Das kommt von der Pille.«
»Ein Glück!« flüsterte Jean-Jacques ihr ins Ohr. »Du bist so süß …«
»Nein!« Lisa zog sich lachend die Decke bis über beide Ohren. »Sag mir lieber, ob Judith noch über mich gelästert hat.«
»Hat sie nicht.«
»Das glaub' ich nicht.«
»Also gut. Ich hab' aber nur am Rande mitbekommen, wie sie sich mit Estelle über dich unterhalten hat.«

Lisa horchte auf. »Mit Estelle?«
»Ja.«
»Was hat sie gesagt?« bohrte Lisa.
Jean-Jacques druckste herum. »Sie meint, daß du dein Fähnchen nach dem Wind hängst.«
»Ach so!« Lisa winkte ab. »Hätte ich mir denken können, daß sie irgendwas dahinplappert – nur um mich schlechtzumachen.«
Jean-Jacques streichelte Lisas Bauch und schnurrte wie ein Kätzchen. Dann küßte er ihren Bauchnabel.
»Nicht jetzt!« Lisa richtete sich ohne Rücksicht auf Jean-Jacques' Kopf auf und tastete nach der Uhr.
»Die Probe hat schon angefangen. Und du bist schuld, daß ich zu spät komme.«
Jean-Jacques grinste unverschämt anzüglich. »Bestell dem Langenwolff 'nen schönen Gruß, und sag ihm, du mußtest noch ein Geburtstagsgeschenk für deine Oma kaufen.«

Anorexia nervosa

Schon morgens um neun war das Wartezimmer voll. Die Frau neben ihr hatte mindestens fünf Zeitschriften auf ihrem Schoß und blätterte sie sorgfältig der Reihe nach durch. Ein Baby krabbelte zwischen ihren Füßen auf dem Fußboden herum. Es hatte wenig Haare, und aus seinem Mund tropfte der Speichel.
Judith zwang sich wegzusehen. Ihr war sowieso schon schlecht. Zusammengekauert saß sie da und fand alles abstoßend: das sabbelnde Baby, den Krankenmief. Judith haßte sich dafür, daß ihr gestern beim Fernsehen schwarz

vor Augen geworden war. Warum hatte das nur passieren müssen, ausgerechnet jetzt, wo sie nach ein paar Fastentagen endlich wieder achtunddreißig Kilo wog! Dabei war ihr das Hungern mit der Zeit immer leichter gefallen, so leicht, daß sie an manchen Tagen ganz auf ihr trockenes Knäckebrot verzichtet hatte und nur mit ein paar Äpfeln oder Birnen über die Runde gekommen war. Auch beim Training lief alles gut, und sie wartete insgeheim immer noch darauf, daß Langenwolff sie gegen die pummelige Nina austauschen würde. Vielleicht würde er sie auch gar nicht erst im Corps de ballet tanzen lassen, sondern ihr gleich eine Solistenrolle geben. Gut war sie in letzter Zeit gewesen, sehr gut. Und manchmal hatte sie das Gefühl, den anderen um Längen überlegen zu sein.
Sie fand sich geschmeidiger, technisch besser, einfach brillanter. Wahrscheinlich hatte es auch Frau Wandruszka bemerkt und dem Choreographen längst einen Wink gegeben. Daß er sich geirrt habe und um jeden Preis Judith nehmen müsse. Vielleicht kam er gerade in diesem Moment, um sie zu engagieren, gerade jetzt, wo sie in diesem Wartezimmer saß. Ein Arztbesuch wegen einer solchen Lappalie!
Judith sah auf die Uhr: Kurz nach zehn. Wenn sie jetzt gleich drankäme, würde sie es noch zur Folklorestunde schaffen. Ungeduldig trommelte sie mit den Fingern auf der Stuhllehne herum. Vor ihr waren noch drei Patienten dran. Sie selbst würde sicherlich nur ein paar Minuten im Sprechzimmer bleiben. Eine kleine Routineuntersuchung. Dann würde der Arzt ihr ein paar Tropfen für den Kreislauf verschreiben – und fertig. Ihre Eltern wären beruhigt, und sie hätte endlich wieder ihre Ruhe.
Nervös rutschte Judith auf ihrem Stuhl hin und her. Dann

sah sie noch einmal in ihrer Ballettasche nach, ob sie auch nichts vergessen hatte. Obenauf lag das neue Trikot, ein enganliegendes, sehr tief ausgeschnittenes in einem schönen Knallrot. »Klatschmohn« hatte sie es getauft und sofort in ihr Herz geschlossen. Es erinnerte sie an Frühlingswiesen, an Sonne und Baden im See.

Endlich. Judith wurde aufgerufen. Sie nahm ihre Tasche und stolperte hinter der Arzthelferin ins Sprechzimmer.

»Judith Herzfeld? Guten Tag.« Dr. Bollig reichte ihr seine große, warme Hand. »Lange nicht gesehen, was? Da muß ich ja schon ‚Sie' sagen!«

Judith grinste unsicher und setzte sich auf einen weißen Plastikstuhl. Sic hatte das Gefühl, von dem riesigen Schreibtisch vor ihrer Nase verschluckt zu werden. Während der Arzt ihre Karteikarte durchsah, schaute Judith sich um: ein Schrank voller Medikamente, ein mit dicken Wälzern beladenes Bücherregal, eine Untersuchungsliege – alles in diesem sterilen Weiß.

»Und was fehlt Ihnen?« Der Doktor sah sie über den Rand seiner Brille erwartungsvoll an.

»Ach, eigentlich gar nichts weiter«, sagte Judith möglichst beiläufig. »Ich bin neulich nur mal umgekippt.«

»Umgekippt?« Der Arzt zog seine linke Augenbraue hoch. »Einfach so?«

Judith ließ den Kopf hängen und nickte. Dann fragte der Arzt sie nach weiteren Symptomen, nach ihrem Tagesablauf, nach ihren Eßgewohnheiten. Judith schummelte sich schuldbewußt von Frage zu Frage. Als Dr. Bollig sie dann noch abhorchte, ihr in den Rachen sah, ihre Drüsen betastete und sie schließlich auf die Waage steigen ließ, fühlte sie einen faustgroßen Kloß im Magen. Angespannt beobachtete sie Dr. Bolligs Mimik, aber sie konnte keine

Reaktion erkennen. Während sie sich wieder anzog, vergrub sich der Doktor hinter seinem Schreibtisch und machte sich Notizen. Judith setzte sich wieder auf den Plastikstuhl. Wartete. Ängstlich umklammerte sie den Griff ihrer Tasche. Sollte er doch endlich mit dem Theater aufhören, seinen Block herausnehmen und ihr ein Medikament verschreiben. Immerhin hatte sie auch nicht alle Zeit der Welt.

»Tja«, sagte Dr. Bollig nach einer Ewigkeit und blickte stirnrunzelnd über den Rand seiner Brille. »Zur Sicherheit kommen Sie im Laufe der Woche noch mal zur Blutabnahme vorbei.« Judith wollte protestieren, aber der Arzt fuhr fort: »Es tut mir leid, Ihnen das sagen zu müssen, aber ich bin mir sicher, daß Sie an Anorexia nervosa leiden. Zu deutsch: Sie sind magersüchtig.«

Judith starrte ungläubig in Dr. Bolligs wäßrige Augen und schüttelte impulsiv den Kopf. Wie konnte er ihr nur so etwas unterstellen!

»Ich glaube«, fuhr er leise fort, »wir müssen uns darüber noch einmal in Ruhe unterhalten. Nur so viel sollten Sie wissen: Magersucht ist unter jungen Mädchen eine weitverbreitete Krankheit. Bei Ihnen scheint es noch nicht so schlimm zu sein, aber sie sollten sich klarmachen, daß sich viele Patientinnen tatsächlich zu Tode hungern. Deshalb plädiere ich dafür, daß Sie sich rechtzeitig in psychotherapeutische Behandlung begeben ...«

Judith versuchte, die Worte zu begreifen, aber es gelang ihr nicht. Sich zu Tode hungern, psychotherapeutische Behandlung! Ihre Zunge klebte wie ein aufgequollener Schwamm im Mund.

»Ich hab' das nicht«, versuchte sie sich zu wehren.

»Die meisten Betroffenen wollen ihre Krankheit am An-

fang nicht wahrhaben«, dozierte Dr. Bollig. »Aber Sie können mir glauben, Sie sind magersüchtig. Die Symptome sind eindeutig.«
Judith stiegen die Tränen in die Augen.
»Sie wollen doch Tänzerin werden?«
Sie nickte.
»Dann müssen Sie wieder anfangen zu essen. Wenn Sie nicht einige Kilos zulegen, dann steht es schlecht um Ihre Karriere.«
»Nein! Nein!« schrie Judith plötzlich. Sie nahm ihre Tasche und rannte aus der Praxis. Blind vor Tränen. Blind vor Angst.

Draußen regnete es. Die Tropfen prasselten an die Fensterscheibe, der Wind fegte durch die Bäume.
Judith saß auf ihrem Schreibtischstuhl. Sie hatte nichts anderes zu tun, als die vielen Rinnsale am Fenster zu beobachten. Von Zeit zu Zeit versuchte sie herauszubekommen, wie viele der winzigen Bäche gleichzeitig die Scheiben hinunterschossen und am Fensterrahmen zerliefen, aber es war unmöglich, sie zu zählen. Es machte auch keinen Sinn. Es war sinnlos wie alles. Sinnlos wie Arztbesuche, wie Essen, auch sinnlos wie Tanzen.
Nicht einmal weinen konnte sie. Es wollten keine Tränen kommen. Sie fühlte sich vollkommen leer.
Das Leben war so ungerecht. Erst hatte sie sich im entscheidenden Moment den Fuß verletzt, und jetzt, wo sie gerade auf dem Weg war, es doch noch zu schaffen, war dieser alberne Arztbesuch dazwischengekommen.
Magersucht! Allein schon dieses Wort! Wütend kaute Judith auf ihren Fingernägeln herum, bis es am Daumennagel zu bluten anfing. Sie selbst mußte doch wohl am be-

sten wissen, ob sie nach irgend etwas süchtig war oder nicht. Nur weil sie nicht so fett wie die meisten Menschen war, bezeichnete man sie gleich als magersüchtig. Dabei waren sie doch alle nur neidisch – einschließlich Dr. Bollig samt Trommelbauch.
Als ihre Mutter am späten Abend klopfte und mit ungewohnt ernster Miene ihr Zimmer betrat, wußte sie sofort Bescheid. Dr. Bollig. Sicher hatte er sich mit den Eltern in Verbindung gesetzt.
Judith erwartete eine Strafpredigt, zumindest irgendwelche mütterlichen Belehrungen. Aber Frau Herzfeld strich ihr nur übers Haar und schwieg. Auch Judith gab keinen Ton von sich. Schließlich war sie sich keiner Schuld bewußt. Es dauerte ziemlich lange, bis ihre Mutter endlich aufstand und sagte: »Wir reden noch darüber. Aber wenn Doktor Bollig meint, daß es ernst ist, dann ist es ernst. Sehr ernst.«

Benni

»Meine kleine Ballerina, warum meldest Du Dich nie? Was ist passiert? Bist Du vielleicht verliebt? Geht's mit dem Tanzen voran?
Ich möchte Dich so gerne wiedersehen. Weißt Du, ich find' Dich immer noch ganz prima und werde bestimmt kein Mädchen kennenlernen, das genauso prima ist wie Du. Wahrscheinlich nervt es Dich nur, daß ich Dir öfter so was schreibe, aber ich muß es tun, ich kann's doch nicht immer für mich behalten. Weißt Du noch, wie wir uns damals geküßt haben – an der Alster? Das war toll, das werd' ich nie vergessen.

Jetzt aber Schluß mit dem Gelaber. Endgültig! Will Dir ja nicht auf den Wecker fallen.
Die Sache mit dem Theater ist übrigens ganz schön den Bach runter gegangen. Irgendwie haben sich bei den Proben immer nur alle gestritten, jeder wollte es besser wissen, ja, und eins, zwei, drei war die Gruppe aufgelöst. Schade! Hatte mich so auf die Aufführung gefreut.
Aber wahrscheinlich wärst Du sowieso nicht gekommen, na ja …
Unsere Clique besteht noch wie eh und je, und wir fragen uns oft, was Du wohl treibst. Stell Dir vor, Klara und Hans sind jetzt zusammen. Es wär' so schön, wenn wir auch zusammen wären und wenn Du wieder zu unserer Clique gehören würdest. Aber ich weiß ja, daß das nicht geht und daß Du nur Deine Tänzerkarriere im Kopf hast und daß Du stinknormale Gymnasiasten sicherlich langweilig findest und daß ich ein bekloppter Traumtänzer bin, ach, was red' ich denn für einen Blödsinn! Trotzdem: Ich hoffe, daß Du mal eine große Tänzerin wirst!
Tausend Küsse, Dein Benni.«

Lisa las den Brief ein zweites Mal und verschloß ihn dann in ihrem Kästchen mit Erinnerungsstücken.
Benni tat ihr leid. Daß er immer noch so an ihr hing! Daß er immer noch in sie verknallt war! Damals, beim Umzug, hatte sie fest geglaubt, Benni würde sie in kurzer Zeit vergessen haben, und nun war es umgekehrt. Hamburg, die Clique – das alles war Lichtjahre entfernt und paßte einfach nicht mehr in ihr Leben.
Nur, wie sollte sie Benni denn klarmachen, daß sie bei ihm kein Herzklopfen bekam? Daß da erst Tom und jetzt Jean-Jacques war? Seufzend warf sie sich aufs Bett und

schloß die Augen. Sie wollte vergessen, sich nicht noch zusätzlich mit blöden Gedanken und einem unnötig schlechten Gewissen belasten.
In einer Stunde ging wieder der Ernst des Lebens los: erst Repertoire, dann Kostümgeschichte, um achtzehn Uhr Schwanenseeprobe. Sie mußte neue Bänder an ihre Spitzenschuhe nähen, ihre Füße verarzten, ein paar Trikots auswaschen ... Und in ein paar Wochen würde sie endlich zum erstenmal in einem Theaterkostüm auf der Bühne, im Rampenlicht, stehen.
Lisa drehte sich auf den Bauch und atmete schwer ins Kissen. Irgendwie konnte sie sich nicht richtig freuen. Je länger sie in der Theaterklasse trainierte, je länger sie mit Jean-Jacques zusammen war, desto mehr zweifelte sie an ihrem Tänzerdasein.
Die Ballettschule war wie ein Ghetto, und wer in ihr lebte, verlor den Blick für die Außenwelt. Den ganzen Tag über ging es nur um Pliés, wunde Füße und Diät, und was sich im richtigen Leben außerhalb der vier Wände abspielte, hatte nicht zu interessieren.
Was kümmerte es die Wandruszka, daß Lisa nicht mal Zeit fand, Zeitung zu lesen, daß sie nicht wußte, wer Gustave Flaubert war oder wie Integralrechnen ging, und daß sie darunter litt?
Jean-Jacques hatte sich entschieden. Vor ein paar Tagen hatte er ihr zwischen Küssen mitgeteilt, daß er aufhören werde. Endgültig. Seitdem war Lisa vollkommen durcheinander. Judith hatte sie verloren; Jean-Jacques war noch ihr einziger Halt in der Schule. Was sollte sie dort ohne ihn anfangen? Weitermachen? Ebenfalls aufhören? Einerseits glaubte sie, daß sie das Zeug zu einer durchschnittlich guten Tänzerin hatte, andererseits wußte sie

aber auch, daß sie nicht hundertprozentig bei der Sache war. Es fehlte ihr an Leidenschaft und Hingabe. Ja, Judith war immer voll und ganz da und würde es wahrscheinlich auch immer sein, aber ihr schwirrten viel zu viele andere Dinge im Kopf herum. Zum Beispiel Küsse, Ferien, Pizza – und natürlich Nougatbecher mit Sahne.
Lisa stand auf und holte sich ihre neuen Spitzenschuhe, um endlich die Bänder anzunähen. Warum konnte sie nicht so mutig wie Jean-Jacques sein und alles einfach hinschmeißen? Weil dann die Schmerzen und Strapazen der vielen Jahre umsonst waren? Oder weil sie ihren süßen Mädchentraum von staubig-schöner Bühnenluft noch nicht ausgträumt hatte?
Kurz entschlossen griff Lisa zum Hörer und wählte Bennis Nummer. Er war gleich am Apparat und klang so fröhlich, daß Lisa es erst nicht übers Herz brachte, ihm die Wahrheit zu sagen. Andererseits wußte sie, daß es keinen Sinn hatte, die Sache hinauszuzögern.
»Weshalb ich anrufe ...«, begann sie mit wackeliger Stimme. Pause, Schweigen. Dann spuckte sie es aus, Hals über Kopf, wie einen ausgelaugten Kaugummi: »Ich habe einen Freund.« Nur vier Wörter, nur ein Satz. Als gäbe es nicht mehr zu sagen.
Benni atmete geräuschvoll, reagierte nicht.
Lisa hörte ihr Herz klopfen.
»Sag doch was, Benni! Bitte!«
»Ich hab' mir schon so was gedacht«, kam es leise und sehr traurig aus dem Hörer.
»Es tut mir leid, aber ...«
»Na, dann ist ja alles geklärt.« Bennis Stimme klang jetzt gefaßt. »Würde mich trotzdem freuen, wenn du dich mal wieder meldest ... Irgendwann.«

Dann machte es klick. Benni hatte eingehängt.
Lisa mußte sich erst mal setzen. Sie konnte nicht begreifen, warum sie plötzlich in Tränen schwamm.

Pas de deux

Seit einer Woche regnete es ununterbrochen. Im Ballettsaal war es so feucht und kalt, daß die Elevinnen in dicken Jogginganzügen trainierten.
»Ronds de jambe par terre!« kommandierte Frau Wandruszka. Unermüdlich zogen die Mädchen mit den Fußspitzen ihre Kreise auf dem Parkett, während der Regen laut gegen das Fenster prasselte.
Judith konnte sich heute kaum aufrecht halten. Ihr Körper fühlte sich klamm und steif an, ihr Magen rebellierte. Trotzdem arbeitete sie mit aller Gewalt dagegen an, biß die Zähne zusammen und gestattete sich nicht die geringste Nachlässigkeit. Aus den Augenwinkeln beobachtete sie die anderen Mädchen.
In der zweiten Unterrichtsstunde waren ihre Schmerzen wie verflogen, nur dieses seltsame Brennen in der Magengegend blieb. Und ausgerechnet heute mußte sie mit Jean-Jacques eine Solopartie aus »Giselle« vortanzen. Warum hatte die Wandruszka es nicht Lisa überlassen, sich mit dieser tänzerischen Null abzugeben?
Jean-Jacques lachte ihr aufmunternd zu, als sie in die Mitte des Saales gingen.
Judith deutete es als pure Ironie und nahm sich vor, ihn keines weiteren Blickes zu würdigen. Da flüsterte er ihr ins Ohr: »Vertrag dich wieder mit Lisa. Bitte!«
»Pah!« machte Judith und kehrte ihm den Rücken zu.

Was maßte er sich an, sich da einzumischen? Wider Erwarten klappten die Hebefiguren ausgezeichnet. Judith war überrascht, daß sich Jean-Jacques als guter Partner entpuppte. Er hielt sie so sicher, als wären sie schon lange ein eingespieltes Team.

Doch dann passierte es. Während Judith abschließend eine schnelle Tour piqué drehte, wurde ihr plötzlich schwarz vor Augen. Sie fing an zu taumeln, nahm noch undeutlich wahr, daß Jean-Jacques auf sie zustürzte. Was dann geschah, blieb im Dunkeln.

Als sie wieder zu Bewußtsein kam, wurde sie von grellem Licht geblendet, und ihr Kopf schmerzte. Sie wußte, daß sie geradc noch auf der Probe gewesen war, und konnte sich nicht erklären, was sie hier in diesem fremden Bett zu suchen hatte. Die Bettwäsche fühlte sich gestärkt an, die Matratze war steinhart.

Dann bemerkte sie die Kanüle in ihrem Arm. Ihr Herz fing an zu rasen, in ihrem Kopf pochte es. Sie lag im Krankenhaus, schlimmer noch, sie hing wehrlos am Tropf und wußte noch nicht mal, warum.

Kein Arzt, keine Krankenschwester war in Sicht, und dazu dieser stechende Kopfschmerz. Judith wälzte sich mühsam auf die andere Seite.

Im Nebenbett lag ein Mädchen mit eingegipstem Bein und sah sie unverwandt an.

»Na? Wieder auferstanden aus Ruinen?« Das Mädchen lachte jetzt. »Schwächeanfall, Unterernährung, Magersucht«, spulte es mit monotoner Stimme ab. »Mußt mindestens 'ne Woche hierbleiben.«

»Wer sagt das?« fuhr Judith das Mädchen an.

»Der Arzt natürlich. Wer denn sonst? Ich heiße übrigens Andrea.«

Judith starrte fassungslos auf die Kanüle, die in ihrem Arm steckte. Das alles mußte ein Irrtum sein.

»Und du?« meldete sich das Mädchen wieder zu Wort.

»Was?«

»Wie du heißt?«

»Judith«, antwortete Judith abwesend.

»Ich muß insgesamt vier Wochen hierbleiben«, fuhr Andrea unbeirrt fort. »Komplizierter Beinbruch. Ist beim Abgang vom Stufenbarren passiert – ausgerechnet eine Woche vor der Endausscheidung von ‚Jugend trainiert für Olympia'.«

Judith reagierte nicht. Was gingen sie alberne Stufenbarren und Endausscheidungen an? Turnen hatte sie sowieso nie ausstehen können.

Sie drehte sich einfach um, schlief auf der Stelle ein und wachte erst am frühen Abend wieder auf. Ihre Mutter saß an ihrem Bett und strich unentwegt die Decke glatt. Ihr Vater stand am Fußende.

»Kind, du machst Sachen!« waren die ersten Worte, die sie von ihrer Mutte zu hören bekam.

»Sachen?« Judith versuchte sich halb aufzurichten, sank aber matt wieder zurück. »Gar nichts hab' ich gemacht, das ist alles ein Irrtum.«

»Nein, Judith«, schaltete sich ihr Vater ein. »Der Arzt hat gesagt, damit ist nicht zu spaßen.«

»Was heißt das, damit ist nicht zu spaßen?« Judith war den Tränen nahe.

»Später, mein Kind, später.« Ihre Mutter tätschelte ihr den Kopf.

»Nicht später, jetzt!« schrie Judith und richtete sich so ruckartig auf, daß sie sich beinahe die Kanüle aus dem Arm riß.

Frau Herzfeld machte eine hilflose Geste. Herr Herzfeld suchte stockend nach Worten. »Wenn du nicht wieder zu essen anfängst«, sagte er schließlich, »dann ist es mit dem Ballett aus.«
Judith drehte sich bei dem Gedanken an Essen fast der Magen um. Sie ekelte sich vor Essen, sie ekelte sich vor Leuten, die aßen.
Andererseits wollte sie tanzen, aber sie konnte absolut nicht begreifen, was das eine mit dem anderen zu tun haben sollte.
In ihrem Hals saß ein dicker Kloß, aber sie zwang sich, nicht loszuheulen. Nicht vor den Eltern, nicht vor dieser neunmalklugen Andrea.
Erst später, als überall schon die Lichter gelöscht waren und das Mädchen mit dem gebrochenen Bein schlief, weinte sie lautlos ins Kissen.

»Ich will tanzen!«

Lisa erfuhr davon erst am nächsten Tag. Magersucht! Wie ein Lauffeuer ging die Neuigkeit durch die Ballettklasse. Niemand wußte Genaues. Es hieß nur, daß es Judith den Umständen entsprechend gutgehe, daß sie aber vorerst nicht zum Unterricht kommen könne.
Lisa machte sich entsetzliche Vorwürfe. Wochen-, monatelang hatte sie mit angesehen, wie Judith immer dünner wurde, und nie ernsthaft darüber nachgedacht. Warum hatte sie nicht besser achtgegeben, warum war ihr bloß nie ein Licht aufgegangen?
Erst eine Woche später fand Lisa Zeit, Judith zu besuchen. Zwischen Folklore und einer Schwanenseeprobe

raste sie ins Krankenhaus. Daß sie sich mit ihrer Freundin verkracht hatte, war vergessen. Erst als sie die Klinke zu Zimmer 204 hinunterdrückte, fühlte sie am ganzen Körper ein komisches Kribbeln.

Judith lag am Fenster und war kaum wiederzuerkennen. Die Haare fielen ihr strähnig ins bleiche Gesicht, ihre schmalen Hände lagen kraftlos auf der Decke.

Das Bett auf der gegenüberliegenden Seite an der Wand war zwar leer, aber die Decke zerwühlt. Auf dem Beistelltisch stapelten sich unzählige Comics.

»Hallo!« sagte Lisa und versuchte mühsam ein fröhliches Lächeln.

Zögernd überreichte sie einen Stapel Ballettbücher, den sie mitgebracht hatte.

»Danke.« Judith versuchte sich aufzurichten. Lisa half ihr dabei und setzte sich dann aufs Bett. Angestrengt suchte sie nach Gesprächsstoff.

»Hast du schon was gegessen?« fragte sie nach einer Weile und bereute im selben Moment, daß ihr nichts Klügeres eingefallen war.

Judith schüttelte den Kopf.

»Ich kann nicht. Außerdem hing ich bis gestern noch am Tropf«, sagte sie.

Dann wollte Judith wissen, wie es beim Balletttraining gewesen sei.

»So là là«, sagte Lisa und kramte in ihrem Gedächtnis nach irgendwelchen Episoden aus dem Ballettsaal. Sie war froh, daß ihre Freundin es ihr nicht so schwer machte wie beim letztenmal.

»Und wie geht's Jean-Jacques?« fragte Judith, als auch die letzte Geschichte von Estelle und ihrer unmöglichen sexy Plastikunterwäsche erzählt war.

»Prima.«
Damit war das Gespräch wieder erschöpft.
Judith verschwand in ihren vielen Kissen. Es dauerte einige Minuten, bis sie wieder auftauchte. Ihre Augen sahen verheult aus.
»Verdammt!« sagte sie und schluchzte. »Verdammt!«
Zögernd nahm Lisa ihre Hand und streichelte sie. Irgendwann war Judith still.
Sie schnaubte kräftig ins Taschentuch und blickte Lisa hilfesuchend an.
»Bestimmt denkst du, ich spinne«, sagte sie.
»Nein, aber ich finde, du solltest wieder essen.«
»Warum?« fragte Judith teilnahmslos.
»Ich denke, du willst wieder tanzen.«
»Hat doch sowieso alles keinen Sinn.« Sie krallte sich an ihrer Überdecke fest.
»Man muß nur dran glauben.«
»Woran?«
»Daß alles wieder gut wird.«
Da fiel die Entscheidung. Plötzlich und wie aus heiterem Himmel. Aber Lisa hatte lange darüber nachgedacht – lange genug, um nichts Unüberlegtes zu sagen. Die Frage war nur, wie sie es Judith beibringen sollte.
»Ich muß dir was sagen«, fing sie an.
Judith rückte umständlich ihre Kissen zurecht. »Was denn?« fragte sie. Es klang nicht wirklich interessiert.
»Ich höre bei der Wandruszka auf«, platzte Lisa heraus.
Judith schien nicht überrascht zu sein. »Gehst du zurück nach Hambug? Oder nach München?«
»Nein, du verstehst nicht, ich höre ganz auf.«
»Was?« Judiths Stimme überschlug sich fast. »Willst du mich verkohlen?«

»Nein, ich meine es ernst.«

»Du spinnst! Du kannst doch nicht einfach alles hinschmeißen.« Judith kräuselte die Nase. »Hat dir etwa Jean-Jacques diesen Blödsinn in den Kopf gesetzt?«

In diesem Moment ging die Tür auf, und die Krankenschwester kam mit dem Mittagessen herein.

»Guten Tag, die Damen!« rief sie fröhlich. »Judith, wo ist denn deine Bettgenossin?«

»Unten beim Kiosk, Lakritze kaufen. Weiß der Himmel, wie die es immer wieder schafft, in den Fahrstuhl zu kommen!«

Angewidert betrachtete Judith das Essen vor ihrer Nase. Brühe und gedünstetes Gemüse.

»Brav essen!« mahnte die Krankenschwester und stellte eine Hähnchenkeule mit Buttererbsen und Kartoffeln auf Andreas Tisch.

»Ja, ja.« Judiths Stimme klang genervt. Sie haßte diese Seniorennahrung. Was die Krankenschwester wohl glaubte? Natürlich würde sie wieder das meiste ins Klo kippen und einen unauffälligen Rest zerstochert auf dem Teller liegenlassen. Als sie wieder allein waren, schob Judith den Teller weit von sich.

»Also?« fragte sie Lisa.

»Jean-Jacques hört auch auf«, gab sie zu. »Aber das ist nicht der Grund. Ich hab' mich allein dazu entschlossen.« Sie machte eine Pause, betrachtete konzentriert die Innenseiten ihrer Handflächen. »Ich weiß, daß ich keine richtige Tänzerin bin.«

»Blödsinn!« sagte Judith mit wegwerfender Handbewegung. »Das denkt jede mal von sich.«

»Kann sein, aber ich hab's eigentlich erst richtig bei den Schwanenseeproben gemerkt.«

Judith sah sie fragend an.
»Es bedeutet mir eben nicht alles. Ich will auch mal abends freihaben, ausgehen können, keine Fußschmerzen haben …«
»Wenn du fürs Ballett nicht alles opfern willst, hat's natürlich keinen Sinn«, stellte Judith im typischen Wandruszka-Tonfall fest.
»Sag' ich ja die ganze Zeit.«
Judith gab sich geschlagen. Es hatte wohl doch keinen Sinn, ihre Freundin vom Gegenteil zu überzeugen.
»Hast du keinen Hunger?« Lisa schob Judith das Gemüse vor die Nase.
»Nein. Ich hasse Blumenkohl. Und Möhren auch.« Judith richtete sich auf. »Und was willst du nun tun?«
»Weiß ich noch nicht. Das wird sich schon finden.« Damit schien das Thema abgehakt.
»Willst du nicht auch aufhören?« fragte Lisa nach einer Weile provozierend.
»Nein! Ich will tanzen!«
»Tja«, bemerkte Lisa ganz nebenbei. »Wenn du nicht wieder ißt, wird daraus wohl nichts mehr werden.«
»Blöde Kuh!« murmelte Judith undeutlich ins Kissen.
»Also, ich muß dann mal wieder los …« Lisas Lächeln war voller Spott.
»Okay.«
Lisa ging durch das halbe Zimmer. Dann drehte sie sich um und sagte: »Schade, daß du nicht wieder essen willst. Ich dachte, du könntest vielleicht meinen Schwanenseepart übernehmen. Ich wollte Langenwolff heute oder morgen ansprechen. – Na ja, kannst dir's ja noch überlegen. Tschüs!« Lisa zog schnell die Tür hinter sich zu. Fröhlich ging sie zur Bushaltestelle.

Nur ein Mettwurstbrot

Der erste Bissen schmeckte so fürchterlich wie der erste Zug einer Zigarette. Verzweifelt kaute Judith auf dem glitschigen Gemüse herum und hatte das Gefühl, daß es in ihrem Mund zu einer schwammigen Masse aufquoll. Gemüse, Gemüse, Gemüse! Erst heute mittag, und jetzt schon wieder zum Abendbrot!

Tapfer schluckte Judith den Brei hinunter, nahm dann noch eine Gabel voll und noch eine, bis der Teller fast leer war. Später schob sie ein paar Löffel Joghurt nach. Ganz automatisch zählte sie die Kalorien: vielleicht dreihundert fürs Gemüse, siebzig für den Joghurt. Judith stöhnte.

Dreihundertsiebzig Kalorien hatte sie früher über den ganzen Tag verteilt zu sich genommen. Während sie ihren vollen Bauch abtastete, spukten ihr immer wieder Lisas Worte im Kopf herum.

Wenn es tatsächlich stimmte, daß ihre Freundin aufhörte, wenn sie an ihrer Stelle die Rolle bekäme … Vielleicht wäre das die Chance.

Andererseits sah Judith ein, daß sie so schwach, wie sie im Moment war, nicht an die Stange konnte.

»Na, hat's geschmeckt?« Andrea biß in eine saftige Scheibe Vollkornbrot, dick mit Mettwurst belegt. Auf ihren Comic-Heften lagen verführerische Gummibärchen und Schokolinsen vom Kiosk.

»Nee.« Judith drehte sich zur Wand und versuchte abzuschalten.

»Riecht lecker, was?« Andrea ließ nicht locker. »Möchtest du auch 'ne Scheibe?«

»Nee.«

Andrea ließ sich von Judiths dahingemuffeltem »Nee« nicht beeindrucken.
Sie bestrich ein Brot mit Butter, belegte es mit Wurst und sagte: »Holen mußt du es dir schon selber. Ich kann mit meinem Gips schließlich nicht wegen jeder Kleinigkeit aus dem Bett steigen.«
Wie in Zeitlupe drehte sich Judith wieder um und starrte auf das Brot. Beim Gedanken an ein herzhaftes Wurstbrot lief ihr das Wasser im Mund zusammen.
»Ich bin doch auf Schonkost«, fing sie zaghaft an.
»Papperlapapp! Was Deftiges wird dir schon nicht schaden. Hast doch selber gehört, was die Schwestern sagen.«
Ohne zu antworten, sprang Judith aus dem Bett, schnappte sich das Brot und schlang es in wenigen Bissen runter. Wie lang war es her, daß sie ein Wurstbrot gegessen hatte! Genüßlich leckte sie auch noch die Finger ab. Mettwurst – dieser Geschmack bedeutete ihr plötzlich alles: Kindheit und Sommer, im Sand spielen, einfach – das Leben.
»Schmeckt geil, was?« fragte Andrea.
»Ja, echt geil«, sagte Judith und schämte sich nicht einmal, das ihr verhaßte Wort in den Mund zu nehmen.
»Morgen kriegst du wieder was ab, okay?«
Judith wollte gerade nicken, als ihr plötzlich schlecht wurde. Sie schaffte es gerade noch bis zum Waschbecken und erbrach sich. Andrea klingelte nach der Schwester.
»Was ist denn das?« fragte die, als sie wenig später das Waschbecken säuberte.
Judith versteckte sich unter der Decke. Ihr war hundeelend. Andrea legte ihre Unschuldsmiene auf.
»Das ist doch nicht nur das Gemüse«, fuhr die Schwester fort. »Haben Sie etwa bei Ihrer Nachbarin genascht?«

Judith nickte, ohne ihren Kopf zu zeigen.
»Kindchen, Kindchen, erst monatelang nix essen und dann gleich alles auf einmal. Was muten Sie da nur Ihrem Magen zu?«
Judith war dem Weinen nahe. Nicht mal ein dämliches Mettwurstbrot konnte sie mehr vertragen.

Ohrklipps für Lisa

Frau Wandruszka war die erste, die es erfuhr.
»Hast du es dir wirklich gut überlegt?« fragte die Ballettlehrerin nach einer längeren Schweigepause.
»Ja.« Lisa schaute weg.
Dann bat sie Frau Wandruszka, noch so lange trainieren zu dürfen, bis sie etwas anderes gefunden habe.
Frau Wandruszka nickte. »Schade«, sagte sie dann. »Du bist eine sehr gute Schülerin.«
»Es bedeutet mir nicht alles.« Lisa hatte das Gefühl, sich entschuldigen zu müssen.
Frau Wandruszka nickte wieder.
»Aber Judith«, fuhr Lisa unsicher fort. »Ich dachte ...«
»...daß sie dann deinen Schwanenseepart übernehmen könnte?«
»Ja.« Lisa merkte, wie sie rot wurde.
Frau Wandruszka ging im Saal auf und ab, trommelte mit den Fingerspitzen aufs Klavier.
»Judith ist gut«, sagte sie endlich. »Aber sie ist leider völlig entkräftet. Ich frage mich, ob sie es in so kurzer Zeit schaffen kann.«
»Sie schafft es!« Lisa klang so überzeugt, daß Frau Wandruszka lachen mußte.

»Ich kann Herrn Langenwolff fragen«, sagte sie dann.
»O ja! Bitte, tun Sie das!« Lisa wäre ihrer Lehrerin am liebsten um den Hals gefallen. Statt dessen flüsterte sie nur ein schüchternes »Danke!« und ging leichtfüßig zum Ausgang.
»Ach, noch was.« Lisa drehte sich um. »Wenn es klappt, könnten Sie es Judith selber sagen? Auf Sie hört sie mehr als auf irgend jemand anderen.«
Frau Wandruszka lächelte. »Geht in Ordnung.«

Lisa staunte über ihren eigenen Mut. Sie hatte sich gegen eine Sache entschieden, ohne eine richtige Alternative zu haben. Sicher, da war erst mal die Schule, aber was danach kam, wußte sie nicht. Sie wußte nur, daß sie das Richtige tat, und dieses Gefühl machte ihr Mut.
Breuers erfuhren ganz nebenbei von dem Entschluß ihrer Tochter – zwischen Rinderbraten und Obstsalat am Sonntagmittag. Herr Breuer freute sich sehr, daß seine Tochter nun doch noch das Abitur machen wollte. Frau Breuer bekam erst rote Flecken im Gesicht, dann schaute sie eine ganze Weile traurig vor sich hin und sagte nichts. Erst später gab sie zu, daß eine gute Schulausbildung sicher eine vernünftige Sache sei.
Alles nicht wahr! Lisa wußte genau, was ihre Mutter in Wahrheit dachte. Daß nämlich erst ihr eigener Traum von einer Bühnenkarriere wie eine Seifenblase geplatzt war und nun auch noch der ihrer Tochter.
Jean-Jacques sollte es als letzter erfahren, so richtig feierlich, mit allem Drum und Dran.
Bei nächster Gelegenheit lud Lisa ihn zu selbstgebackenem Kuchen und Sekt ein, arrangierte alles in ihrem Zimmer und zog ihr schönstes Trikot an.

Als Jean-Jacques gegen vier kam, begrüßte sie ihn mit einer Soloeinlage aus »Schwanensee«.
Jean-Jacques applaudierte lange und nahm sie in den Arm. »Du tanzt wunderbar«, sagte er.
Lisa lachte. »Aber du weißt, daß eine Ballerina auf dem Höhepunkt ihrer Karriere aufhören sollte.«
»Was meinst du damit?«
»Daß ich aufhöre.«
Jean-Jacques sah sie mit offenem Mund an. »Lisa! Das ist ja Wahnsinn! Dann kommst du mit zur Schule?«
»Vielleicht.«
»Vielleicht? Ganz bestimmt!« Jean-Jacques hüpfte um Lisa herum, hob sie übermütig in die Luft, freute sich wie ein Kind. »Komm, das müssen wir begießen«, sagte er dann und reichte ihr ein Glas Sekt.
Lisa nippte vorsichtig, Jean-Jacques trank sein Glas fast in einem Zug aus. Er beugte sich über sie und nestelte an ihrem Trikot.
Lisa wand sich aus seinen Armen.
»Laß mal«, sagte sie. »Das wird mir bald ein bißchen viel mit deinem Vereinigungstaumel. Außerdem muß ich noch zu Judith.«
»Kein Geschenk für deine Oma?« fragte Jean-Jacques mit unschuldiger Miene.
»Nein.«
»Darf ich denn wenigstens mitkommen?«
Lisa nickte. Jean-Jacques trank noch ein halbes Glas, Lisa stopfte sich auf die Schnelle ein Stück Kuchen in den Mund und zog sich um.
Punkt fünf kamen sie im Krankenhaus an. Judith lag mit rosigen Wangen im Bett und lächelte.
»Unsere Ballerina hat heute mittag ihren Teller leerge-

gessen«, posaunte ihnen das Mädchen mit dem gebrochenen Bein entgegen. »Ohne zu kotzen!«
»Halt doch die Klappe!« fuhr Judith sie an.
Lisa und Jean-Jacques hatten ihr ein Stück Kuchen mitgebracht. Judith verschlang es mit den Augen.
»Wie geht's?« fragte Jean-Jacques.
»Gut geht's! Der Arzt hat gesagt, ich kann bestimmt in einer Woche raus.« Judith stockte. »Wenn ich so weitermache, jedenfalls.«
»Und dann?« fragte Lisa. Sie traute sich nicht, Judith direkt zu fragen, ob sich Frau Wandruszka schon bei ihr gemeldet habe.
»Dann steige ich ein.«
»Hat Langenwolff zugestimmt?«
»Ja.« Judith strahlte. Lisa lachte, obwohl ihr die Endgültigkeit der Entscheidung doch einen kleinen Stich versetzte. Es war das erstemal seit langem, daß sie ihre Freundin so zufrieden sah. Ohne Ringe unter den Augen, ohne diesen verbitterten Zug um den Mund.
»Lisa?« fragte Judith nach einer Weile. »Glaubst du, ich kapier' die Rolle schnell?«
Lisa nickte. »Mach dir keine Sorgen. Die meisten Schrittkombinationen haben wir schon mal gehabt. Das Schwierigste an der Sache ist, synchron mit den anderen zu tanzen.«
Judith machte ängstliche Augen.
»Du stehst schräg hinter Estelle«, fuhr Lisa fort. »An der kannst du dich gut orientieren – auch wenn sie eine Ziege ist. Außerdem hast du bis zur Premiere noch eine ganze Menge Zeit.«
»Ja.« Judith lachte. Sie hob ihr mageres weißes Bein aus dem Bett und machte ein paar Streckübungen.

»Wenn ich sicher bin, daß die Schwester nicht gleich reinkommt, trainiere ich manchmal an diesem Stuhl.« Sie seufzte. »Du hast keine Ahnung, wie schnell man aus der Übung kommt.«
Als das Abendbrot serviert wurde, gingen die beiden. Sie waren schon halb aus dem Zimmer, da rief Judith ihre Freundin noch einmal zurück und zog sie ganz dicht zu sich heran. »'tschuldige, daß ich so blöd war«, flüsterte sie. »Und danke für alles.« Dann steckte sie ihr zwei wunderschöne Ohrstecker zu.
Draußen mußte Lisa ein kleines bißchen weinen. Sie wußte nicht, ob vor Freude oder aus Kummer.

Therapie

Judith wurde nach zehn Tagen entlassen. Sie hatte gerade ihre Sachen gepackt und wartete in der Eingangshalle auf ihre Mutter, als sie von der Schwester ins Zimmer des Oberarztes gerufen wurde.
Ihr klopfte das Herz bis zum Hals, aber sie tappte brav hinter dem weißen Kittel her. Wenn sie nun doch noch länger hierbleiben mußte? Dann konnte sie »Schwanensee« endgültig begraben.
»Um es kurz zu machen«, begann der Arzt, »ich möchte Sie bitten, sich noch ein wenig zu schonen.« Er machte eine bedeutungsvolle Pause. »Damit man Sie nicht gleich wieder einliefern muß.«
Judith nickte gehorsam.
»Außerdem wäre es für Sie das beste, wenn Sie sich einer Therapie, vielleicht einer Gruppentherapie mit anderen Mädchen Ihres Alters, unterziehen würden.«

Judith sackte der Magen weg. Therapie? Was dachte sich der Doktor eigentlich dabei? War sie etwa verrückt?
Aber der Oberarzt fuhr in ruhigem Ton fort: »Nicht, daß Sie glauben, Sie hätten ihre Krankheit schon besiegt, nur weil Sie ein paar lächerliche Kilos zugenommen haben. Wenn Sie nicht wirklich noch mehr zunehmen wollen, sind Sie ganz schnell wieder beim alten Gewicht, das kann ich Ihnen schwarz auf weiß geben.«
»Ich …«, begann Judith, brachte aber kein weiteres Wort hervor. Der Arzt schaute sie so bestimmt an, daß sie keinen Sinn darin sah, ihm zu erklären, wieviel eine Tänzerin zu wiegen habe und daß es für sie nicht in Frage kam, noch dicker zu werden.
»Ich gebe Ihnen Ihre Essensrichtlinien für die nächsten Wochen mit. Da steht alles drin. Wie viele Kalorien Sie täglich zu sich nehmen müssen, Rezeptvorschläge, na ja, Sie werden schon sehen. Und in einem Monat kommen Sie wieder. Dann müssen Sie auf die Waage, und vielleicht habe ich bis dahin schon was in Sachen Therapie erreicht.« Er preßte ihre Hand und kniff die Augen zu engen Schlitzen zusammen. »Ich hoffe, ich kann mich auf Sie verlassen.«
Wie betäubt taumelte Judith aus der Tür. Was bildete sich dieser Mensch eigentlich ein, sie wie ein kleines Dummerchen zu behandeln! Ihre Entlassung aus dem Krankenhaus hatte sie sich anders vorgestellt. Daß damit die Sache endgültig erledigt wäre, daß man sie in Ruhe lassen würde. Wütend stapfte sie über den Flur und rannte fast ihre Mutter um, die am Eingang auf sie wartete.

Der Aushang

Langenwolff lief wie ein aufgescheuchtes Huhn auf der Bühne herum und dirigierte die Mädchen von einem Platz auf den andern.
Estelle sah neben Nina zu lang aus, Judith neben Barbara zu dünn. Der Choreograph fluchte. Was das für ein Laienhaufen sei, jedes Mädchen anders proportioniert, keines mit dem Gardemaß einer Tänzerin.
»Auf die Plätze!« rief er endlich und schaltete das Tonbandgerät ein.
Lisa saß in der dritten Reihe. Sie fand, daß Judith ihre Sache schon ganz gut machte – abgesehen davon, daß sie mit ihren dünnen Beinen neben den anderen gar nicht mehr wie ein menschliches Wesen aussah, eher schon überirdisch. Vielleicht könnte sie Judith dazu bringen, doch noch ein paar Pfund zuzunehmen.
Jetzt kam die schwierigste Stelle: Ein Mädchen nach dem anderen fegte mit einem Grand jeté über die Bühne, eins von links, eins von rechts – wie bei einem Reißverschluß. Keines durfte seinen Sprung zu früh oder zu spät ansetzen, sonst kam es zu einem heillosen Durcheinander. Lisa spannte automatisch ihren Körper, konzentrierte sich, als stünde sie selbst auf der Bühne. Das waren Momente, in denen sie ihre Entscheidung bedauerte. Manchmal waren es nur ein paar Sekunden, manchmal Minuten, aber dann war es auch schon wieder vorbei, und sie freute sich, daß sie sich weder über Blasen noch über schwierige Fouettés Gedanken machen mußte.
Zum wiederholtenmal sah sie an diesem Abend dem Tanz der Schwäne zu. Von Mal zu Mal berührte sie die Musik weniger, von Mal zu Mal nahm sie Abschied.

Dann war die Probe zu Ende, und die Mädchen stoben auseinander. Lisa lief schnell durch die Orchestertür auf die Seitenbühne und bekam Judith gerade noch zu fassen. Sie war schweißüberströmt und lächelte selig.
»Ich warte am Bühnenausgang«, sagte Lisa.
»Okay.« Judith ging auf unsicheren Beinen davon. Die große Ballettasche erdrückte fast ihren zarten Körper.
Lisa nahm den Weg durch das Gängelabyrinth zum Bühnenausgang. Dort lungerte sie eine Weile herum, machte unsinnigerweise einige Pliés und studierte den Probenplan für den kommenden Tag. Die Schwäne waren um zehn Uhr dreißig auf der Hauptbühne eingeteilt. Dann fiel ihr Blick auf einen winzigen handgeschriebenen Zettel an der Pinnwand:
»Praktikant/in für Theaterproduktion gesucht. Bitte melden unter 406. Schmitt, Dramaturgie.«
Lisa schoß das Blut in den Kopf. Ihre Gedanken machten Purzelbäume. Sie hatte das Gefühl, als wäre sie es, die angesprochen war, sie und niemand anderes – auch wenn sie sich unter dem Job nicht besonders viel vorstellen konnte. Aber vielleicht war es eine wirkliche Alternative zum Tanzen: eine Arbeit hinter den Kulissen.
Lisa kribbelte es so heftig in den Beinen, daß sie nicht mehr still stehen konnte.
Hastig stürzte sie nach draußen und atmete in tiefen Zügen die kühle Luft ein. Ein Praktikum bei einer Theaterproduktion! Warum war sie nicht eher darauf gekommen, daß es am Theater auch Berufe gab, die nichts mit zerschundenen Zehen und unerbittlichen Ballettmeisterinnen zu tun hatten?
In diesem Moment kam Judith nach draußen. Ihre Haare klebten noch feucht am Kopf.

»Was ist denn mit dir los?« fragte sie.
»Ach, nichts«, sagte Lisa. Sie wollte in diesem Moment mit niemandem über ihren Plan reden. Nicht mal mit ihrer besten Freundin.

Nur Kaffee kochen?

Montag morgen stand Lisa Punkt zehn Uhr vor Schmitts Tür im dritten Stock. Sie holte noch einmal tief Luft, starrte wie hypnotisiert auf die Zimmernummer 406.
Das ganze Wochenende hatte sie auf diesen Moment gewartet, hatte gebangt, gehofft und Mühe gehabt, sich nicht bei Jean-Jacques oder ihren Eltern zu verplappern. Schließlich nahm sie ihren ganzen Mut zusammen und klopfte zaghaft.
Nichts rührte sich. Sie klopfte noch einmal, etwas energischer – und wieder nichts. Dann drückte sie die Klinke herunter: Es war abgeschlossen.
»Mist!« Eine Weile stand sie unschlüssig herum.
Als sie gerade gehen wollte, steckte eine junge Frau ihren Kopf aus der Nebentür und sagte: »Kann ich dir vielleicht helfen?«
»Ich ..., ich möchte gerne zu Herrn Schmitt«, stotterte Lisa verlegen.
»Zu Herrn Schmitt?«
»Ja.« Lisa wurde rot.
»Herr Schmitt kommt heute erst gegen Mittag. Worum geht's denn?«
»Um den Aushang am Bühneneingang ... Ich interessiere mich für das Praktikum.«
Die junge Frau stutzte einen Moment, dann sagte sie:

»Ach so, ja. Ich werd's ihm sagen. Komm doch gegen zwei Uhr wieder.«
»Ja, danke.«
Enttäuscht verließ Lisa das Theater.
Daß sie schon wieder warten mußte; daß jetzt die ganze Aufregung von vorn losging!
Ziellos bummelte sie durch die Stadt, setzte sich in ein Café, ging wieder. Von Minute zu Minute wurde sie nervöser und bedauerte es auf einmal, nicht zum Training gegangen zu sein.
Schließlich kehrte sie zum Theater zurück und setzte sich mit einer Limonade in die Kantine. Wenn sie das Gespräch mit dem Dramaturgen nur schon hinter sich hätte! Alle paar Minuten sah Lisa auf die Uhr. Die Zeit verfloß wie ein zäher Brei.
Kurz vor zwei stieg sie zum zweitenmal die vier Treppen zur Dramaturgie hoch. Die Sekretärin vom Vormittag fing sie gleich ab und bat sie, sich noch ein wenig zu gedulden.
Lisa setzte sich ins Vorzimmer und blätterte nervös in einer Theaterfachzeitung, konnte sich aber auf keinen Artikel konzentrieren. Sie dachte darüber nach, wie sie sich Schmitt am besten präsentieren sollte.
Gegen halb vier erschien ein riesengroßer, grauhaariger Mann in der Tür und winkte Lisa in sein Büro.
»Du bist also das Mädchen, das bei mir hospitieren möchte?« fragte er mit einer Mickymausstimme, die so gar nicht zu seiner Erscheinung passen wollte. Um seine Augen bildeten sich lustige Lachfältchen.
»Ja«, sagte Lisa und versuchte dieses dumme Gefühl loszuwerden, nur ein Nichts und Niemand zu sein. Unbeholfen erzählte sie dann, daß sie eigentlich Ballettschüle-

rin sei, aber demnächst aufhöre und gerne mal eine Arbeit hinter den Kulissen kennenlernen wolle.

»Hm, hm«, machte der Dramaturg und kratzte sich am Kinn. »Um ehrlich zu sein: Ich habe mir jemanden vorgestellt, der etwas älter ist als du.«

Aus, dachte Lisa, aus und vorbei!

»Andererseits«, fuhr Schmitt fort, »haben wir bislang keinen einzigen Bewerber mit Theatererfahrung. Du bist die erste …« Er stockte, schien angestrengt nachzudenken und fragte dann: »Wie alt bist du eigentlich?«

»Siebzehn.«

»Schulbildung?«

Auch das noch! dachte Lisa, erklärte ihm dann aber hastig, daß sie wegen der Tanzausbildung zwar die Schule abgebrochen habe, zum nächsten Schuljahr aber wieder aufs Gymnasium gehen werde, um auf dem schnellsten Weg das Abitur zu machen.

»Warum willst du denn überhaupt aufhören?« fragte Schmitt geradeheraus.

Lisa schluckte. »Weil, weil …«

»Ist schon gut«, unterbrach er sie gleich wieder. »Du wirst schon deine Gründe haben. Ach, übrigens, hast du schon mal von dem Stück ‚Herr Puntila und sein Knecht Matti' gehört?«

Lisa schüttelte den Kopf. Es war ihr peinlich.

»Ist von Brecht«, sagte er. Seine Lachfältchen waren plötzlich verschwunden. »Ich inszeniere das Stück demnächst in diesem Theater.«

Lisa sah ihn interessiert an und hoffte, auf diese Weise ihre Unwissenheit wiedergutmachen zu können.

»Hast du eine Vorstellung davon, was eine Praktikantin so alles zu tun hat?«

»Hab' ich leider nicht«, murmelte Lisa und wurde endgültig rot. Sie war sich mittlerweile sicher, auf ganzer Linie verloren zu haben.
»Kannst du auch nicht«, sagte Schmitt väterlich. »Das ist sowieso überall anders.« Er beugte sich vor, um sich eine Zigarette anzuzünden. »Also«, sagte er dann gedehnt, »bei mir gehen die Praktikanten in erster Linie den Regieassistenten zur Hand, sind aber möglichst immer dann zur Stelle, wenn sie irgendwo gebraucht werden. Das kann Kaffee kochen bedeuten, das kann bedeuten, bei der Requisite zu helfen, das heißt auf jeden Fall, immer Augen und Ohren offen zu halten.«
Lisa klingelte es in den Ohren.
Kaffee kochen? Requisiten schleppen? Das konnte ja heiter werden.
»Du wirst als Praktikantin nichts verdienen«, fuhr Schmitt fort, »aber eins kann ich dir versprechen: Wenn du auf Draht bist, kriegst du viel mit, das lernst du in keiner Schule, in keinem Studium.« Während er noch sprach, stand er auf und dirigierte sie vor die Tür. Als sie ihm die Hand reichte, sagte er: »Also, kann ich mich auf dich verlassen?«
Lisa nickte mechanisch wie eine Marionette.
»Du bekommst Bescheid, wann es losgeht.«
Draußen mußte sich Lisa erst mal setzen.
Sie hockte sich auf die Stufen zum Theater und merkte nicht, wie kalt sie waren.
Sie war genommen worden, sie durfte am Theater arbeiten! Sie, die kleine unerfahrene Maus ohne Abitur und ohne Studium!
Dann wieder mußte sie an Schmitts Worte denken, und ihre Freude wurde gedämpft.

Sie sah sich Gummischwerter durchs Treppenhaus schleppen, Kaffee kochen, abwaschen, die Bühne schrubben – während Judith und die anderen Elevinnen in zarten Tutus übers Parkett schwebten.
Alles Blödsinn! Lisa versuchte den Gedanken wie Staub auf einem Regal einfach wegzuwischen. Schmitt hatte sie engagiert, und das war das wichtigste.

Nougatbecher mit Sahne

Der Applaus donnerte durch den Zuschauerraum. Judith stand vor dem Vorhang und verbeugte sich so, wie sie es bei Frau Wandruszka gelernt hatte. Vor ihr ein einziges Meer aus Augenpaaren.
In der dritten Reihe glaubte sie, die Brille ihres Vaters zu erkennen, zwei Plätze weiter Lisas rote Haare, die heute besonders zu leuchten schienen. Oder war es doch ein anderes Mädchen, vielleicht irgendeine Elevin aus der Kinderklasse?
Nur Frau Wandruszka konnte Judith ganz deutlich sehen. Sie war gerade aufgestanden, klatschte und lachte, wie es sonst gar nicht ihre Art war.
Der Beifall wollte und wollte kein Ende nehmen. Judith und die anderen Schwäne bekamen ein Zeichen, wieder abzugehen, um die Solisten ein weiteres Mal vor den Vorhang zu lassen.
Judith wartete mit klopfendem Herzen in der Seitengasse. Sie spürte ein Kribbeln am ganzen Körper. Es war ein Gefühl zwischen Erschöpfung und Glück.
Gleichzeitig fühlte sie sich so schwach, daß sie Angst hatte, jeden Moment ohnmächtig zu werden.

Den ganzen Tag über hatte sie nicht einen einzigen Bissen runterbekommen.
Bravorufe, dann traten die Solisten ab. Noch einmal mußten sich die Schwäne verbeugen. Judith tänzelte als erste nach draußen. Die ganze Welt hätte sie in diesem Moment umarmen können, und sie wußte, daß sich die Schinderei der letzten Tage und Wochen gelohnt hatte. Ein letztes Mal kamen die Solisten vor den Vorhang. Dann verebbte der Applaus, hallte nur noch lange in Judiths Ohren nach. Sie wollte einfach nicht glauben, daß alles schon zu Ende war. Am liebsten wäre sie im Tutu geblieben und hätte sich die ganze Nacht nicht mehr abgeschminkt.
In der Garderobe zögerte sie noch ein Weilchen, bis sie ihr Papiertuch in die Fettcreme tauchte, um den Glanz der letzten Stunden wegzuwischen. Im Spiegel starrte ihr dann schließlich eine fettglänzende Fratze mit schwarzumränderten, geröteten Augen entgegen.
Kaum vorstellbar, daß sie noch vor wenigen Minuten ein wunderschöner Schwan gewesen war.
Lisa und Jean-Jacques, ihre Eltern und Christina warteten am Bühneneingang. Alles lachte und schwatzte durcheinander, jeder wollte Judith umarmen, ihr zum ersten kleinen Erfolg gratulieren.
Gemeinsam marschierten sie dann durch den Zuschauerraum und durch das Foyer in den zweiten Stock, wo die Premierenfeier stattfand.
Erst jetzt nahm Lisa ihre Freundin in den Arm, um sie zu beglückwünschen.
Dann verzogen sie sich mit zwei Gläsern Sekt und ein paar Lachshäppchen in eine stille Ecke.
»Du warst wirklich toll«, sagte Lisa. »Prost!«

»Du wärst bestimmt viel toller gewesen.«
»Quatsch!« Beide Mädchen mußten lachen.
»Soll ich dir mal was verraten?« fragte Lisa. Judith nickte. »Du warst von allen am besten.«
»Quatsch!« sagte jetzt Judith und lehnte sich an ihre Freundin.
»Alles in Ordnung?« fragte Lisa.
»Hm«, machte Judith.
»Bist du zufrieden?«
»Ja. Und du?«
»Ich auch.«
»Wirklich?«
»Glaub' schon.«
Nach einer Weile sagte Lisa: »Mach dir keine Gedanken, ich habe bestimmt das Richtige getan.«
Dann erzählte sie Judith von ihren ersten Praktikumstagen, was sie schon alles gelernt hatte, daß der Regisseur sie bei einer kleinen tänzerischen Einlage sogar um Rat gefragt habe und daß sie nicht ein einziges Mal habe Kaffee kochen müssen.
Judith hatte Mühe zuzuhören. Der Sekt, den sie auf leeren Magen getrunken hatte, war ihr zu Kopf gestiegen. Sie fühlte sich seltsam aufgekratzt und gleichzeitig ungeheuer schläfrig.
»Und hast du wirklich Lust auf die blöde Schule?« fragte sie beinahe lallend.
Lisa nickte. Damit war für sie das Thema Schule beendet. Sie hatte keine Lust, es Judith heute abend zu erklären. Daß sie das Abitur brauchte, um später einmal Regieassistentin zu werden oder Theaterwissenschaften zu studieren. Den Floh hatte ihr Schmitt ins Ohr gesetzt.
»Komm, iß was«, sagte sie statt dessen fürsorglich.

»Hab' keinen Hunger.«
»Geht das schon wieder los?«
Judith versprach, daß es nicht wieder losgehen würde, wußte aber, daß sie es nicht versprechen konnte.
»Judith?«
»Ja?«
»Gehen wir morgen nachmittag Eis essen?«
»Ja.«
»Ißt du dann auch einen Nougatbecher?«
»Klar! Aber nur mit Sahne.«
»Versprochen?«
»Versprochen.« Diesmal meinte Judith es ernst.
Dann gab es nicht mehr viel zu sagen. Der Sekt hatte sie beide müde gemacht.

Fachwortverzeichnis

Adagio: 1. Langsame Übungen im Exercice. 2. Teil des Pas de deux. 3. Zusammenwirken von Tänzer und Tänzerin. Der Tänzer hebt, hält oder stützt seine Partnerin.

A la barre: (An die Stange.) Das Exercice wird im Ballett an der Stange durchgeführt.

Arabesque: Die Tänzerin (der Tänzer) steht auf einem Bein und streckt das andere Bein gerade nach hinten.

Assemblé: Ein Sprung, bei dem mit einem Bein abgesprungen wird und auf beiden geschlossenen Füßen gelandet wird.

Attitude: Die Tänzerin (der Tänzer) steht auf einem Bein und streckt das andere geknickt nach hinten oder nach vorne.

Audition: Offizielles Vortanzen.

Au milieu: Übungen, die in der Mitte des Ballettsaales ohne Halt an der Stange durchgeführt werden.

Ballerina: Solistin im klassischen Ballett.

Ballerina Assoluta: Allgemein gebräuchlich als Bezeichnung der ersten Ballerina bei mehreren Ballerinen in einer Compagnie.

Battement frappé double: Der Spielfuß liegt am Fußgelenk des Standbeins, das Knie ist leicht gebeugt. Durch das Strecken des Knies wird der Unterschenkel entweder nach vorne, zur Seite oder nach hinten rausgeschlagen.

Bolschoi-Ballett: Das dem Bolschoi-Theater in Moskau angegliederte Ballettensemble.

Chassé: Ein Fuß schleift vor, im Sprung kommen beide Füße in der fünften Position zusammen.

Choreograph: Ende des 17. Jahrhunderts, als dieser Terminus zum erstenmal verwendet wurde, bedeutete Cho-

reograph »Tanzschreiber«. Das Wort machte den Sinnwechsel zum Gestalter von Tänzen durch.
Compagnie: Bezahlte Gruppe von Berufstänzern.
Corps de ballet: Ballettgruppe, Gruppentänzer ohne solistische Aufgaben.
Demi plié: Halbe Beuge (Kniebeuge).
Développé: Heben eines Beines mit abgebogenem Knie nach vorn (En avant), seitwärts oder zurück.
Dramaturg: Künstlerisch-wissenschaftlicher Mitarbeiter bei Theater, Film, Hörfunk und Fernsehen. Arbeitet u. a. an der Aufstellung des Spielplans mit, an den Programmheften und Theaterzeitschriften, unterstützt den Regisseur, berät Bühnenbildner und Kostümbildner. An kleinen Theatern übernimmt er z. T. auch die Regie.
Dramaturgie: Kurzbezeichnung für das dramaturgische Büro, die dramaturgische Abteilung.
Echappé: Das mit beiden Füßen gleichzeitig unternommene Aufschwingen aus einer geschlossenen Position und Rückfall in eine offene Position.
Elevin: Ballettschülerin.
En dehors: Auswärts (vom Körper weg).
Exercice: Training des Balletttänzers.
Fouetté: Drehung des Standbeins (meist auf Spitze), wobei das freischwingende Spielbein als »Propeller« dient. Eine besonders schwierige Übung, die in der Regel der Tänzerin vorbehalten ist.
Glissade: Ein gleitender Schritt, der als Vorbereitung oder Verbindung für andere Schritte oder Sprünge gebraucht wird.
Grand battement: Eine Bewegung an der Stange oder im Raum, bei der das Spielbein aus der Hüfte sehr hoch in die Luft geworfen wird.

Grand jeté: Herauswerfen eines Beines. Ein besonders weiter und hoher Sprung nach vorn (Spagat in der Luft).
Grand plié: Eine Beugung der Knie, bis die Oberschenkel waagerecht zum Boden zeigen.
Jeté: Sprung.
Pas de deux: Tanz für zwei.
Plié: Kniebeuge.
Position: Stellung und Bewegung der Füße. Im klassischen Ballett gibt es fünf Positionen.
Primaballerina: Erste Solotänzerin.
Relevé: Sich auf die Spitze erheben.
Rond de jambe en l'air: Kreisbewegung des Beines in der Luft.
Rond de jambe par terre: Kreisbewegung des Beines mit der Fußspitze am Boden.
Schläppchen: Weiche Lederschuhe für das Training.
Sissonnes simples: Kleine Sprünge von beiden Füßen auf einen Fuß.
Spitzenschuhe: Tanzschuhe für die Tänzerin mit verstärkter Spitze.
Tant levé: Das Bein langsam in einem Winkel von 90 Grad anheben.
Tendu: Die Fußspitze wird aus der geschlossenen Position nach vorn, zur Seite oder nach hinten gestreckt und bleibt dabei am Boden.
Tour en l'air: Sprünge, bei denen man eine Drehung oder mehrere Drehungen in der Luft ausführt.
Tour piqué: Drehungen in der Diagonale, wobei das eine Bein gebeugt wird.

2. Teil

Vielleicht wird es ein schöner Sommer

ENSSLIN & LAIBLIN VERLAG REUTLINGEN

Popcorn und feuchte Hände

Auf meiner Fensterbank steht ein Spielzeug aus Kindertagen, eine kleine Holzente auf Rädern. Wenn man sie am Stiel packt und über den Fußboden schiebt, klappen ihre Flügel mit einem schnatternden Geräusch zusammen. Ich liebe sie über alles und könnte es nie übers Herz bringen, sie wegzuwerfen. Vorsichtig nehme ich die Ente von ihrem Platz und fahre mit den Fingerspitzen sanft über das rauhe Holz. So, als wollte ich vermeiden, ihr weh zu tun.

Nebenan geht die Klospülung. Endlich! Schon seit gut zwanzig Minuten blockiert Pele unser Bad. Jetzt höre ich, wie er am Wasserhahn hantiert. Dann wird es still. Ich frage mich, was er so lange auf der Toilette macht.

Pele geht in die zwölfte Klasse und ist sozusagen mein Freund. Nein, eigentlich ist er nicht mein richtiger Freund, nicht mit allem Drum und Dran. Nur manchmal ist er es ein bißchen, dann nämlich, wenn er mich in den Arm nimmt oder wir händchenhaltend spazierengehen. Pele ist in mich verliebt. Er lädt mich ins Kino ein, macht mir Geschenke und möchte am liebsten jeden Nachmittag mit mir verbringen. Ich habe ihn wirklich gern, aber niemand kann von mir verlangen, daß ich mich in ihn verliebe. Ich bekomme einfach kein Herzklopfen.

Meine beste Freundin Sabine sagt, sie könne mich nicht verstehen, denn Pele sieht sehr gut aus.

Immerhin hat er keine Pickel, und Mutti sagt immer: »Aus Pele wird mal ein schöner Mann.«
Außerdem ist er nicht dumm.
»Warum verliebst du dich nicht in ihn?« fragt Sabine und nervt ständig damit. Sie selbst hat bei Pele kein Glück gehabt. So ist das: Pele will mich, Sabine will Pele, und ich will niemanden.
Mit einem Lächeln auf den Lippen, eingehüllt in eine Aftershave-Duftwolke, kommt er in mein Zimmer.
»Was spielst du denn schon wieder mit dieser blöden Ente?« fragt er und zieht eine Grimasse. »Kommst du dir nicht albern vor?«
Statt zu antworten, stelle ich die Ente wieder an ihren Platz. Pele macht es sich auf meinem Sofa bequem, legt die Füße hoch und blättert in der Tageszeitung. Er lacht zufrieden in sich hinein. Die Uhr zeigt zehn nach sechs. Am liebsten wäre mir, Pele würde mich allein lassen.
»Hey, Susa!« sagt er und blickt von seiner Zeitung auf. »Was hast du heute noch vor?«
»Gar nichts – das heißt, eigentlich wollte ich meine Bücher ordnen.«
»Bücher ordnen? Wenn du sonst keine Sorgen hast ...« Pele kratzt sich am Kopf. »Laß uns noch was unternehmen, vielleicht ins Kino gehen oder so.«
Jetzt werde ich ihn bestimmt nicht mehr los, denke ich, so hartnäckig wie er ist. Hätte ich mir nur eine andere Ausrede als »Bücher ordnen« einfallen lassen. »Ich weiß nicht ...«, sage ich möglichst gelangweilt.
»Ach komm, Susa, es sind doch noch Ferien. Das muß man ausnutzen.« Hastig blättert Pele die Zeitung durch. »Hier ist das Kinoprogramm. Hm ... hast du schon den neuen Indiana Jones gesehen?«

»Nein.«
»Hast du Lust?«
»Hm.«
»Nun komm schon.«
»Na okay.«
Als wir unsere Jacken anziehen, schleicht mein kleiner Bruder Andreas durch den Flur.
»Wo geht ihr hin?« fragt er unterwürfig und bohrt seinen großen Zeh in den Teppich.
Mir ist klar, daß die Nervensäge mitwill. Aber heute bin ich dankbar, daß ich nicht mit Pele allein gehen muß.
»Ins Kino«, sage ich. »Indiana Jones.«
Er bohrt weiter angestrengt mit seinem Zeh.
»Du kannst mit, wenn du willst.«
Andreas strahlt. Pele verzieht säuerlich den Mund, sagt aber nichts.
»Mutti, wir nehmen Andreas mit ins Kino!« rufe ich, während ich den Hausschlüssel suche. Mutti kommt aus der Küche. Sie sieht bleich und abgespannt aus.
»Und wann seid ihr wieder zurück?« fragt sie. »Ich hab' das nicht so gerne, wenn ihr noch spät abends mit der U-Bahn unterwegs seid.«
»Machen Sie sich keine Sorgen, Frau Berger«, sagt Pele. »Ich bringe die beiden nach Hause.«
Vor Mutti spielt er gern den charmanten Kavalier. Fehlt nur noch der Handkuß, denke ich.
Die Innenstadt ist an diesem Abend brechend voll. Menschen wuseln wie Ameisen durcheinander. In Schwärmen schieben sie sich in die Passagen und werden wenig später mit einem Eis in der Hand wieder ausgespuckt. Es ist sieben Uhr abends und noch so warm, daß ich meine Jacke wieder ausziehe.

An der Kinokasse wartet an diesem schönen Spätsommertag ausnahmsweise mal keine Schlange. Eigentlich würde auch ich lieber an der Alster spazierengehen – aber mit Pele und Andreas im Schlepptau?
Ohne uns zu fragen, bezahlt Pele die Kinokarten.
Andreas ist überglücklich.
Ich ärgere mich eher darüber, mit welcher Selbstverständlichkeit Pele den großen Gönner aus wohlhabenden Verhältnissen demonstriert.
Bis zum Beginn des Films haben wir noch eine gute halbe Stunde Zeit. Mit einem Stück Pizza und einer Cola setzen wir uns ans Lessingdenkmal auf dem Gänsemarkt und beobachten die Leute. Andreas brabbelt etwas von Hamburger und Müsliriegel. Ich höre gar nicht hin. Pele ist ungewöhnlich schweigsam. Vielleicht ist er mir böse, weil ich Andreas mitgenommen habe.
»Hör mal«, flüstert er mir zu. »Morgen sind meine Eltern nicht da.«
»Na und? Die sind doch öfter nicht da.«
Pele reibt sich verlegen sein Kinn. »Ich meine ja nur … Was machst du denn morgen?«
»Och, ich weiß noch nicht, irgendwas halt.«
Eine alte Frau mit dicken Beinen und einer Plastiktüte unterm Arm schlurft an uns vorbei. Um sie herum trippeln fünf abgemagerte Hunde. »Guck mal, die Alte!« ruft Andreas so laut, daß die Frau es verstehen kann.
Ich knuffe ihn hart in die Seite. Die Frau schlurft weiter, den Blick auf ihre Füße gerichtet. Einer ihrer Hunde macht mitten auf den Gänsemarkt einen Haufen. Die Frau holt eine Papierrolle aus ihrer Tasche, reißt ein Stück ab und sammelt den Kot ein.
Im Kino sind wir fast die einzigen. Andreas hat es sich

mit einer Tüte Popcorn ein paar Reihen vor uns bequem gemacht. Ich wette, Pele hat ihn damit bestochen. Als das Licht ausgeht und die Werbung beginnt, rückt er ein Stück an mich heran.

»Loulou, c'est moi!« Ein Deodorant wird angepriesen. Sanfte Töne säuseln von der Leinwand herab in den dunklen Zuschauerraum. Beiläufig legt Pele seine warme, feuchte Hand in meine. Ich halte still und denke, irgendwann wird er sie auch wieder wegnehmen. Von Andreas ist nur sein hochstehendes Haar zu sehen. Ab und zu hört man ihn mit der Popcorntüte rascheln.

Harrison Fords markantes Gesicht füllt jetzt die ganze Leinwand aus – ein schöner Mann.

Pele schmiegt sich an mich.

»Bequem so?« fragt er.

»Ja.«

»Vielleicht komm' ich morgen vorbei.«

»Wenn du meinst ...«

»Weißt du, das mit meinen Eltern ...«

»Könnt ihr nicht mal ruhig sein?« tönt es aus der vorderen Reihe. »Ich bin hier, um den Film zu sehen, und nicht, um mir euer Gerede anzuhören.«

»Ich auch«, flüstere ich Pele zu.

Auf dem Nachhauseweg sind wir alle drei bester Laune. Andreas macht fortwährend irgendwelche blödsinnigen Kampfbewegungen, Pele und ich essen den Rest Popcorn auf.

»Geht ihr morgen wieder ins Kino?« fragt Andreas mit bettelndem Unterton.

»Kann schon sein«, antwortet Pele. »Aber bestimmt nicht mit dir.«

»Wieso? Ihr könnt froh sein, daß ihr mich habt.«

»Werd bloß nicht frech!« Pele gibt meinem Bruder einen angedeuteten Tritt in den Hintern und lacht.
Zu Hause ist alles still und dunkel. Mutti schläft wahrscheinlich schon. Andreas verschwindet in seinem Zimmer, Pele und ich stehen unschlüssig und etwas verloren auf dem Flur herum.
»Kann ich noch mit reinkommen?« fragt Pele schließlich leise.
»Du spinnst wohl! Was soll Mutti denken!«
»Die ist doch schon im Bett.«
»Das heißt aber nicht, daß sie schon schläft. Besser, du gehst jetzt.«
Pele nimmt mich sanft in den Arm und küßt mich. Er schmeckt nach Knoblauch und Popcorn. Irgendwann werde ich mit ihm schlafen, denke ich. Aber nur, um es endlich hinter mich zu bringen.

Die Verlobung

Heute wird es noch einmal warm, vielleicht zum letztenmal in diesem Jahr. In zwei Tagen geht die Schule wieder los, und ich komme in die elfte Klasse. Langsam beginnt der Ernst des Lebens, Abivorbereitung und so. Ich habe mir absichtlich nichts Besonderes vorgenommen. Ich will einfach nur in den Park gehen. Vielleicht lese ich ein schönes Buch. Sabine kommt ja erst morgen aus Timmendorf wieder.
Am Klosterstern steige ich in die U-Bahn und fahre eine Station zur Hallerstraße. Dann bin ich schnell auf der großen Wiese an der Alster. Noch schneller wäre ich natürlich mit dem Fahrrad.

»Fahrrad? Was willst du denn mit einem Fahrrad in der Stadt?« hat Mutti mich neulich entgeistert gefragt.
Ist ein Fahrrad wirklich zuviel verlangt? Ich würde sogar die U-Bahn-Karte sparen und wäre viel schneller in der Schule. Das versteht Mutti nicht. Weiß der Teufel, warum sie dagegen ist.
Die weißen Holzstühle auf der Alsterwiese liegen wie hingetupft da. Man muß früh kommen, sonst sind alle Plätze besetzt – zumindest bei schönem Wetter. Heute morgen ist noch wenig los. Ich belege einen Stuhl ganz nah am Wasser und döse in der klaren Vormittagssonne vor mich hin. Ich stelle mir vor, am Meer zu liegen. Kinder kreischen, und ich schmecke fast das Salz auf meinen Lippen. Verschlafen blinzele ich später in die Sonne und weiß nicht, ob ich geschlafen habe oder nicht. Im ersten Moment kann ich nur einen riesigen Schatten erkennen, der sich über mich beugt. »Susa! Schläfst du?« brüllt mir Pele ins Ohr.
»Ach, hallo, du bist's.«
»Wie siehst du denn aus? Du bist ja knallrot!«
Mein Gesicht glüht.
»Das hat mir gerade noch gefehlt«, sage ich. »Du hättest ein bißchen eher kommen können.«
»Sag bloß, ich bin schuld, daß du wie 'ne Tomate aussiehst!« Pele grinst mich frech an und gibt mir einen feuchten Kuß auf die Wange.
»Komm, rück erst mal deinen Stuhl in den Schatten. Hängst du schon den ganzen Vormittag hier rum?«
»Wieso? Wie spät ist es denn?«
»Nach eins.«
»Was? Das gibt's doch nicht. Ich dachte, ich wär' erst 'ne halbe Stunde hier.«

»Tja, wer sich's leisten kann …«
Pele hat Glück, daß er gerade wie Mickey Rourke dreinschaut – sonst würde ich ihm eine kleben.
»Hast du was dagegen?« entgegne ich patzig.
Am meisten ärgere ich mich darüber, daß ich offensichtlich wieder kein bißchen braun geworden bin.
Pele hockt sich neben mich in den Schatten und zwickt mich in den Arm. »Warum so zickig, Kleines?«
»Nenn mich verdammt noch mal nicht immer Kleines! Hornochse, du!« Manchmal kann Pele ganz schön nerven. Es ist ja nicht so, daß ich ihn grundsätzlich nicht mag, keineswegs, aber ich kann es einfach nicht ausstehen, wenn er mich wie ein Dummerchen behandelt.
»Susa, meine sehr verehrte Susa, würdest du die Güte haben, dein entzückend verschwitztes Handtuch einzupacken, um mir mit deinen ach so glühenden Wangen zu folgen?«
»Haha, sehr witzig! Mußt du denn immer deine Show abziehen?«
»Komm, ich lade dich in die Eisdiele ein. Laß uns nur schnell bei mir zu Hause vorbeifahren. Ich hab' mein Geld vergessen.«
Etwas widerwillig schäle ich mich aus meinem Holzstuhl und packe meine Sachen ein. Pele hat sein Fahrrad dabei. Ich fahre auf dem Gepäckträger mit.
Das machen wir immer so.
In fünf Minuten sind wir bei ihm zu Hause. Seine Eltern sind stinkreich und haben eine Traumwohnung in der Hochallee: fünf riesige Räume und einen Balkon von mindestens zehn Meter Länge.
Pele hat einen dieser Räume für sich. Mittendrin liegt eine Matratze – ansonsten ist sein Zimmer ziemlich leer. In

einer Ecke ein kleiner Schreibtisch, am Fenster stehen zwei Stühle verloren herum. Er kommt sich höchst modern vor und läßt keine Gelegenheit aus, stolz sein Zimmer zu präsentieren.

»Du hast ja mal aufgeräumt«, sage ich. Sonst liegen immer Klamotten und Zeitschriften verstreut herum, manchmal sogar angegammelte Essensreste.

»Ja, für dich.«

»Wieso für mich?« frage ich verdutzt.

»Ach, nur so.«

Pele legt mir den Arm um die Schulter und streichelt mit der freien Hand meine Haare.

»Du hast die blondesten Haare der Welt«, sagt er. »Allerdings könntest du sie dir länger wachsen lassen.«

»Und du könntest dir ruhig mal einen Bart stehenlassen, oder wächst da immer noch nichts?«

»Susa! Sei doch nicht immer gleich so aggressiv.«

Pele beißt mir leicht in die Nase, dann küßt er mich auf den Mund.

»Du, meine Eltern sind übrigens nicht zu Hause.«

»Na und? Das hast du mir doch gestern schon gesagt.«

»Ich meine …« Pele zieht mich ganz nah an sich heran. »Wir könnten doch …«

»Nein, Pele, nicht heute«, sage ich und winde mich aus seinen Armen.

»Heißt das, daß du grundsätzlich willst?« Pele strahlt übers ganze Gesicht.

»Ich weiß nicht, vielleicht.«

»Susa!« Pele küßt mich stürmisch. »Das wär' wunderbar. Das wär' einfach großartig.«

Freu dich nicht zu früh, denke ich, sage aber: »So etwas kann man doch nicht versprechen.«

»Natürlich kann man das, zum Beispiel, wenn man sich verlobt.«
In der Eisdiele bestellt Pele den »Liebesbecher Blue« für zwei Personen, obwohl ich lieber ein Spaghetti-Eis gegessen hätte. »Und bitte noch zwei Gläser Sekt.«
»Sekt? Bist du verrückt? Am hellichten Tag und bei der Hitze?«
»Haben wir denn keinen Grund zum Feiern?«
»Ich wüßte nicht, welchen.«
»Du hast zugegeben, daß du in mich verliebt bist.«
Ich sage nichts und zucke nur mit den Schultern.
»Anders kann es doch gar nicht sein. Wenn du grundsätzlich dazu bereit bist, mußt du mich auch mögen. Das ist doch logisch, oder?«
Pele macht sich zufrieden über den Eisbecher her. Ich ziehe nur eine sahneverklebte Waffel aus unserem »Liebesbecher Blue« und kaue lustlos darauf herum. Wie soll ich Pele klarmachen, daß ich nicht in ihn verliebt bin, aber trotzdem diese verflixte Jungfräulichkeit loswerden möchte? Immer höre ich die typischen Fragen und Kommentare von Klassenkameraden: »Hast du schon?« »Was? Immer noch nicht?« »Na, bei dir wird das wohl nie was.« Wenn es also sein muß, dann doch lieber mit einem guten Freund als mit einem Fremden. Auch, wenn ich nicht verliebt bin.
Nach einer Weile stecke ich den Rest der aufgeweichten Waffel wieder in den Becher. Pele nimmt ihn, leckt ihn demonstrativ ab und steckt ihn in den Mund.
»Hallo, ihr beiden! Was gibt's denn hier zu feiern?«
Ein kleinwüchsiger Junge mit blonden Haaren steht vor uns. Mit dem Zeigefinger langt er ungeniert in die Sahnehaube. »Sagt mal, stör' ich vielleicht?«

»Quatsch, setz dich«, sagt Pele. »Susa, das ist Joschi. Joschi, das ist Susa. Wir feiern gerade unsere Verlobung.« Pele prostet mir mit seinem Sektglas zu. Ich proste zurück und lächle mein schönstes Lächeln. Einfach die Komödie mitspielen, denke ich. In einem Zug leere ich mein Glas und lehne mich wie betäubt zurück.
»Na dann, herzlichen Glückwunsch«, sagt Joschi und grinst. »Deine hübsche Braut geht ja ganz schön ran!«
»So ist sie eben, meine Susa.«
Langsam wird mir dieses Männlichkeitsgebaren zuviel. Ich möchte aufstehen und gehen, aber ich fühle mich benommen. Mein Kopf fährt Karussell.
»Kleines! Was ist mit dir los? Soll ich dich nach Hause bringen?«
»Ja«, sage ich matt.
Glücklicherweise wohne ich nur ein paar Minuten von der Eisdiele entfernt. Pele und Joschi haken mich unter. Mir ist übel, und ich hoffe, mich nicht übergeben zu müssen. Ich schaffe es gerade noch bis nach Hause.
Als ich vom Klo komme, stehen Mutti, Pele und Joschi betreten auf dem Flur herum.
Pele sieht schuldbewußt drein.
»Na ja, das mit dem Sekt war wohl keine gute Idee.«
»Offensichtlich«, sagt Mutti mit aufgesetzt strenger Miene. Sie kann sich ein Grinsen nicht verkneifen.
»So, Susa, dann mal ab ins Bett.«
Pele versucht, mich kurz an sich zu ziehen, aber mir steht nicht der Sinn nach Zärtlichkeiten.
Als ich im Bett liege, ist mir immer noch hundeelend. Ein rundum gelungener Ferientag, denke ich.

Spätfolge

Draußen laufen Passanten gegen den Sturm. Die Regenwolken hängen tief.
In der Nacht hat es wie aus Eimern gegossen, und es ist richtig kalt geworden – gestern noch Sommer, heute schon Herbst. Pele hat nicht angerufen und sich nach mir erkundigt.
Ein Mann mit einer merkwürdig bunten Krawatte sitzt im Café. Er hat seinen Hut neben sich auf einen Stuhl gelegt und breitet eine Zeitung vor sich aus. Aber anstatt zu lesen, starrt er in den Blätterwirbel hinaus. Keine Taube sitzt mehr auf dem Winterhuder Marktplatz.
Für den Schulbeginn habe ich letzte Besorgungen gemacht: Hefte gekauft, einen neuen Füller – und eine Hose, sozusagen als Entschädigung für gestern. Tatsächlich habe ich endlich eine schwarze Hose im Stil der sechziger Jahre gefunden.
Hastig trinke ich meine Schokolade aus. In einer halben Stunde beginnt das Balletttraining. Der Regen schlägt mir ins Gesicht, als ich zur U-Bahn gehe. Hoffentlich bin ich nicht wieder zu spät. Frau Rotluff wird schnell ärgerlich, und ich kann sie ja auch verstehen.
Entweder macht man das Training von Anfang an mit oder gar nicht.
Ich komme gerade noch rechtzeitig. Als ich den Ballettsaal betrete, haben sich die Mädchen schon an der Stange aufgestellt.
»Susa, mach schnell!« faucht mir Frau Rotluff entgegen. »Erste Position. Allez, les enfants!«
Die Übungen machen mir heute zu schaffen. Ich fühle mich schlaff und lustlos, wahrscheinlich noch wegen ge-

stern. »Susa, was ist heute los mit dir? En dehors, nicht en dedans!«
Die Rotluff steht neben mir und drückt mein Bein in schwindelnde Höhen.
Bei den Sprungfolgen in der Diagonale mache ich dann schlapp. Sternchen tanzen vor meinen Augen, ich muß mich augenblicklich setzen.
Das ist mir noch nie passiert.
Frau Rotluff nimmt mich zur Seite.
»Was ist mit dir? Hoffentlich nichts Ernstes. Besser, du gehst nach Hause und ruhst dich aus.«
»Danke, Frau Rotluff, es ist nichts weiter. Machen Sie sich keine Sorgen. Vielleicht das Wetter ...«
Kann ich ihr sagen, daß ich gestern in der Mittagshitze ein Glas Sekt in einem Zug ausgetrunken habe und daß mir danach schlecht geworden ist?
»Ja, gestern war es noch so warm, heute ist es plötzlich kalt, da klappen viele einfach zusammen.« Frau Rotluff sieht mich mitfühlend an. »Das kann jedem mal passieren. – Inga, kümmerst du dich bitte um Susa? Es wäre nett, wenn du sie begleiten würdest.«
»Du bist weiß wie die Wand«, sagt Inga in der Garderobe und tätschelt mir den Rücken.
Tatsächlich blickt mir im Spiegel ein weißes Monster mit schwarzen Ringen unter den Augen entgegen. Ich sehe schlecht, sehr schlecht aus.
Die Dusche tut gut. Lange lasse ich das warme Wasser über meinen Körper laufen.
»Du brauchst mich aber nicht nach Hause zu bringen, Inga. Ich fühl' mich schon besser.«
»Quatsch! Natürlich begleite ich dich ein Stück. Ich hatte sowieso keine Lust mehr auf Pirouetten und Adagio.«

Inga seift sich von Kopf bis Fuß ein.
»Sag mal, was ist denn eigentlich mit dir los? Mir kannst du doch nicht erzählen, daß das Wetter schuld ist.«
»Ich hab' mir den Magen verkorkst.«
»Was Schlechtes gegessen?«
»Nein, nur gestern nachmittag in der Hitze ein Glas Sekt auf ex getrunken.«
Inga fängt an zu kichern.
»Machst du so was öfter?«
»Quatsch, natürlich nicht. Pele hat mich eingeladen.«
»Nur so?«
»Er hat offiziell unsere Verlobung bekanntgegeben.«
»Was? Das ist doch nicht dein Ernst!«
»Natürlich nicht. Pele meinte es auch nur im Spaß. Aber er scheint sich jetzt tatsächlich Hoffnungen zu machen, daß wir ein richtiges Liebespaar werden.«
»Wie? Ich denke, das seid ihr schon lange?«
»Nein, eben nicht. Und ich will das auch nicht. Vorläufig jedenfalls nicht.«
»Mensch, Susa, und deshalb machst du ein Gesicht wie drei Tage Regenwetter?«
»Na, immerhin regnet es schon fast einen Tag.«
Wir müssen beide lachen. Eigentlich hat Inga recht. Warum mache ich mir das Leben unnötig schwer?

Die Kaulquappe

Im Flur riecht es verlockend nach Essen. Erwartungsvoll komme ich in die Küche, aber die Begeisterung bleibt mir im Halse stecken: Heinz-Günther ist da. Normalerweise beehrt er uns nur am Wochenende, wenn Mutti

nicht in die Redaktion muß. Deshalb also mitten in der Woche das Festessen.
Heinz-Günther ist Muttis Freund. Er ist um die fünfzig und hat ein fröhliches, bellendes Lachen, jedenfalls wenn er mit Mutti zusammen ist. Wenn er mich sieht, guckt er immer nur blöd aus der Wäsche. Manchmal habe ich den Verdacht, daß er mich nicht besonders mag. Ich kann ihn aber auch nicht leiden. Neulich, als Mutti abends zum Töpfern mußte, war ich Heinz-Günther in unserer Wohnung ausgeliefert. Er sagte, es sei meine Schuld, daß wir nicht miteinander auskommen. Ich sei immer so abweisend, sogar aggressiv, und dabei sei er doch die Friedlichkeit in Person. Friedlich! Daß ich nicht lache! Natürlich ist er friedlich, wenn er bei Mutti auf dem Schoß hockt, nachdem er sich mit unseren Rouladen den Bauch vollgeschlagen hat. Nur wenn ich mal mit Mutti alleine sein möchte oder einfach meine Meinung sage, ist bei ihm der Ofen aus. Schade, ich hätte Mutti einen besseren Geschmack zugetraut.
»Komm, Susa, es gibt gleich Essen. Setz dich.«
»Hallo!« sage ich tonlos und beschließe, mich nicht weiter am Gespräch zu beteiligen.
Das Essen ist gut und üppig: Tortellini in Sahnesauce mit Schinken, Pilzen und Erbsen, dazu Salat. Endlich habe ich wieder Appetit.
»Andreas ist übrigens bei Martin, er kommt erst heute abend wieder«, sagt Mutti.
»Ach so, interessiert mich brennend.«
»Susa!«
Wir essen schweigend.
»Wie war's beim Ballett?«
»Och, ja …«

»Du bist immer noch ganz käsig um die Nase. Iß mal tüchtig.«
»Morgen fängt die Schule wieder an?« schaltet sich Heinz-Günther ins Gespräch ein, während er hastig die Nudeln in sich hineinschaufelt.
»Hm«, sage ich nur.
Ich pfeife auf seine gespielte Anteilnahme.
»Susa, nun antworte mal vernünftig.«
»Was gibt's denn da vernünftig zu antworten? Jeder halbwegs intelligente Mensch weiß doch, daß morgen die Triezerei wieder losgeht.«
Mutti starrt betreten in ihre Nudeln. Heinz-Günther legt sein typisches Griesgramgesicht auf.
Vielleicht geben sie es endlich auf, sich mit mir »vernünftig« zu unterhalten. Und Heinz-Günther ist mir egal. Soll er doch merken, daß ich ihn nicht ausstehen kann. Mutti hätte was Besseres verdient. Bei Heinz-Günther denkt man doch nur an eingeschlafene Käsefüße und Hausmachersülze zum Frühstück. Außerdem sieht er aus wie eine Kaulquappe, gelblich und aufgedunsen. Mutti ist jung und beinahe schön.
Ich verstehe nicht, daß sie immer Pech mit den Männern hat. Schon Vati war so eine Flasche. Familie, Geld verdienen, dieses alltägliche Einerlei – das konnte er nicht ertragen und hat es dann mit Alkohol ertränkt. Und nun hat er nur noch den Alkohol, keine Familie. Mutti hat den Kontakt zu ihm abgebrochen. Sie will auch kein Geld. Daß ihm manchmal im Suff die Hand ausgerutscht ist, kann sie ihm nicht verzeihen.
Ich auch nicht, obwohl ich mich nur dunkel daran erinnern kann. Als er von uns wegging, muß ich ungefähr acht Jahre alt gewesen sein.

Nach dem Essen verschwindet Mutti in der Küche, Heinz-Günther legt sich aufs Sofa.
»Fühl dich wie zu Hause«, sagt sie auch noch zu ihm. Die spinnt wohl! Gerade zwei Monate sind die beiden zusammen. Manchmal habe ich große Angst, so eine Kaulquappe wie Heinz-Günther könnte sich bei uns einnisten – so richtig, meine ich. Denn Mutti und ich, wir verstehen uns sehr gut, wenn wir alleine sind.
Ich folge ihr in die Küche. »Du brauchst mir beim Abwaschen nicht zu helfen«, sagt sie.
»Doch, wenn dich Heinz-Günther schuften läßt.«
»Susa! Er ist doch zu Besuch!«
»Na und? Ich jedenfalls würde dir in der Küche helfen, wenn ich dein Freund wäre.«
»Ich weiß, daß dir Heinz-Günther nicht besonders gefällt, aber ein bißchen Mühe könntest du dir schon geben. Immerhin ist er mein Freund.«
»Hast ja recht, Mutti, aber ...«
»Schon gut, lassen wir das Thema. Aber sag mal, was ist denn eigentlich mit Pele los? Der füllt dich schon am hellichten Tag mit Alkohol ab. Ich dachte immer, er wär' so gut erzogen.«
»Das glaubst du doch nur, weil er so piekfeine Eltern mit teurer Wohnung und zwei großen Autos hat. Hast du 'ne Ahnung!«
»Wieso? Stimmt's nicht?«
Ich schweige und stelle einen Stapel Teller in den Schrank. Wenn ich dran denke, daß Heinz-Günther gerade noch einen der Teller benützt hat, wird mir übel.
»Susa?«
»Ja?«
»Du bist doch mit ihm befreundet?«

»So halbwegs«, sage ich. Warum soll ich Mutti etwas vorspielen?
»Brauchst du die Pille?«
Ich lasse vor Schreck fast die Salatschüssel fallen.
»Ich meine, wenn du sie brauchst, kannst du es mir ruhig sagen – bevor du schwanger wirst. Immerhin, alt genug bist du ja.«
Es ist mir peinlich, mit Mutti darüber zu reden. Also sage ich nur: »Ist schon in Ordnung. Ich will das Zeug noch nicht schlucken.«
Da steckt Heinz-Günther seinen Kaulquappenkopf zur Tür herein. »Habt ihr ein Bier für mich?«
Wir verstummen.
Mutti zeigt wortlos auf den Kühlschrank.
»Was seid ihr denn so kühl, ihr beiden Hübschen? Frauengeheimnisse?« Heinz-Günther grinst äußerst blöd.
»Wenn man so will«, sagt Mutti und schiebt ihn fast grob zur Tür hinaus.
Manchmal ist Mutti einfach klasse.

Nur ein Thema

In meinem Zimmer erwartet mich das übliche Chaos. Als ich den Kleiderschrank öffne, quellen mir Pullover, Hosen, Socken entgegen – alles durcheinander. Obwohl ich zu nichts weniger Lust habe, mache ich mich ans Aufräumen. Gerade habe ich alle Sachen auf dem Bett verteilt, da klingelt das Telefon. Ich höre, wie Mutti rangeht.
»Ja, die ist da.«
Im nächsten Moment ruft sie nach oben: »Susa, Telefon für dich!«

Ich haste die Treppe runter. Mutti hält die Muschel zu und flüstert: »Pele.«
»Hallo?«
»Susa, bist du es? Hier ist Pele.«
»Ja, wie geht's?«
»Ach, gut. Du, das mit gestern, das tut mir leid. Nicht daß du denkst, ich wollte dich betrunken machen. War 'ne blöde Idee mit dem Sekt.«
»Schon gut, mach dir keine Gedanken! Ich hätte ihn ja nicht zu trinken brauchen.«
Wir schweigen eine Weile. Ich höre Pele atmen.
»Und? Was machst du gerade?« frage ich.
»Eigentlich nichts weiter. Musik hören. Und du?«
»Auch nichts. Ich wollte gerade aufräumen.«
Wieder schweigen wir.
»Ja, wir sehen uns dann wohl morgen in der Schule«, sage ich.
»Ja, leider.«
»Findest du?«
»Du weißt doch genau, wie ich es meine. Susa?«
»Ja?«
»Ich wollte dir nur sagen, daß du dich nicht bedrängt fühlen sollst. Wir können uns ruhig Zeit damit lassen. Ich warte gerne auf dich.«
»Hm.«
»Also dann. Ich will dich nicht länger stören. Ich wollte es dir nur sagen. Bis morgen!«
Genervt lege ich den Hörer auf. Als ob es kein anderes Thema gäbe! Ist ja nett, daß Pele so rücksichtsvoll ist, aber ich kann das alles nicht mehr hören.
Und jetzt fängt auch noch Mutti an und will mir die Pille andrehen! Ich sei schließlich alt genug, hat sie gesagt. Ist

es denn ein Makel, mit fast siebzehn noch nicht mit einem Jungen geschlafen zu haben? Als ich in mein Zimmer komme, schmeiße ich die vorsortierten Socken, Slips und Sweatshirts vom Bett auf den Fußboden – das hat noch Zeit bis morgen.

Die Neue

Heute morgen geht alles schief. Beim Duschen kriege ich Shampoo in die Augen. Es brennt wie verrückt. Nach dem Fönen sieht mein Haar aus wie eine Omaperücke. Es bleibt mir nichts anderes übrig, als meine paar Fransen mit einer halben Tube Gel in Form zu kneten. Beim Frühstück verbrennt der Toast, die Milch gerinnt im Kaffee, ich fluche. Den ersten Tag nach den großen Ferien sollte man aus dem Kalender streichen. Ich nehme einen Apfel und verlasse fluchtartig das Haus.

»Kind, du ißt wieder nichts Vernünftiges!« ruft Mutti.

Sabine und ich treffen uns wie immer an der Bushaltestelle. Ihr rotes Haar leuchtet schon von weitem.

»Hallo, Susa!« ruft sie mir zu. »Mensch, lange nicht gesehen! Wie war's bei dir in den Ferien?«

Ohne eine Antwort abzuwarten, fährt sie fort: »Wir sind gestern abend um neun aus Timmendorf zurückgekommen, da wollte ich bei euch nicht mehr anrufen.«

Sabine fällt mir so stürmisch um den Hals, daß wir beide beinahe hinfallen. Sie riecht nach einem fremden, schweren Parfüm.

»Ich habe dir so viel zu erzählen. Es war wirklich super! Wir hatten nur schönes Wetter, waren den ganzen Tag schwimmen, und abends war immer was los.« Sabine

macht eine Verschnaufpause. »Und wie war's bei dir? Erzähl doch mal, los!«
»Ich hab' auch viel Spaß gehabt«, sage ich, obwohl es gar nicht stimmt. Ich war fast die ganzen Ferien über in Hamburg, nur für ein verlängertes Wochenende in München. Muttis Einkommen reicht nicht für große Reisen. Da kann ich nicht mit Sabines Ferienerlebnissen in teuren Cafés und Diskotheken mithalten.
Der Klassenraum ist noch ziemlich leer, als wir gegen acht ankommen. In diesem Jahr setzen Sabine und ich uns gleich in die erste Reihe. Wir haben festgestellt, daß man vorne viel weniger im Blickfeld ist als hinten. Jedenfalls hat die Morlat, unsere Französischlehrerin, im letzten Schuljahr immer über Tina und Lore hinweggesehen, auch wenn sie die ganze Stunde über Blödsinn gemacht haben.
Langsam füllt sich die Klasse. Hallo hier, hallo dort! Sabine erzählt mir gerade von Timmendorf, da platzt sie herein: Groß, auffällig schwarze Haare und dunkler Teint – so stolziert sie ins Klassenzimmer. Die Jungs recken sich fast die Hälse nach ihr aus – Sabine und ich auch. Das also ist die Neue, die uns schon vor den Ferien angekündigt wurde. »Hallo!« sagt sie und setzt sich auf einen leeren Platz in der zweiten Reihe.
»Hallo«, murmeln einige zurück.
Die meisten starren nur ihre braunen Augen und ihre dichten Locken an. Wie sie da wohl beim Kämmen durchkommt? frage ich mich.
»Eine südländische Schönheit«, raunt Sabine mir zu.
So schön ist sie nun auch wieder nicht, denke ich.
»Paß mal auf, die ist bestimmt arrogant. Was die schon für eine auffällige Bluse anhat!«

Dann kommt Hollenstein in die Klasse. Er hat erst vor kurzem sein Referendariat abgeschlossen und unterrichtet uns in Deutsch. Alle Mädchen sind in ihn verliebt – bis auf mich, dem Himmel sei Dank.

Er sieht ein bißchen aus wie Sascha Hehn, frisch der Schwarzwaldklinik entstiegen: braungebrannt und dazu schmalzig, nicht mein Typ. Er könnte eher Tennis- oder Surflehrer sein. Wie der Deutschlehrer geworden ist, möchte ich gern wissen.

»Tag«, sagt er und strahlt uns mit seinem perfekten Gebiß an. Ich merke, wie sich Sabine in Pose setzt und mit halbgeschlossenen Augen vor sich hinlächelt. »Schöne Ferien gehabt?« fragt Hollenstein die Klasse. »Ich habe mich prächtig erholt – unter französischer Sonne.«

»Typisch!« flüstere ich Sabine zu. »Der hat sich bestimmt ein paar hübsche Französinnen geangelt.«

Sabine grinst, obwohl sie sonst immer wütend wird, wenn man über Hollenstein Witze macht.

»Susa, was gibt's?« Hollenstein sieht mich freundlich und erwartungsvoll an. Ich merke, wie mir die Röte ins Gesicht steigt und sich gemächlich bis in die Haarwurzeln ausbreitet. Möglichst unbeteiligt blicke ich zur Seite. Das hat mir gerade noch gefehlt – gleich am ersten Tag nach den Ferien so eine Blamage.

»Erzähl doch mal, wo du in den Ferien warst.«

»Ich, äh – ich war nur ein paar Tage in München.«

Alle starren mich an, denn ich bin mal wieder fast die einzige, die nicht verreist war.

»München, schöne Stadt«, murmelt Hollenstein, ist aber mit seinen Gedanken schon woanders.

Na warte, der soll was erleben! Mich gleich am ersten Tag nach den Ferien so bloßzustellen. Am liebsten würde

ich im Erdboden versinken oder gleich wieder in die Ferien fahren – diesmal aber richtig.
»Ich möchte euch eine neue Mitschülerin vorstellen«, fährt er fort. Er blickt suchend um sich. Dabei ist die Neue wirklich nicht zu übersehen. Lang und dunkelhäutig ragt sie aus uns norddeutschen Blondköpfen heraus.
»Ach, da bist du ja! Rosana Smergo, so heißt du doch?«
Die Neue nickt, ohne eine Miene zu verziehen.
»Aber vielleicht stellst du dich selbst mal vor.«
Wahrscheinlich hat Hollenstein außer ihrem Namen mal wieder alles vergessen.
Rosana kommt aus Italien, lebt aber schon seit zehn Jahren mit ihren Eltern in der Bundesrepublik. Sie spricht Deutsch mit nur leichtem Akzent. Ihr Vater hat bisher in München Italienisch unterrichtet. Jetzt ist ihm eine Stelle im Istituto Italiano in Hamburg angeboten worden.
Unsere Klasse hört ausnahmsweise still zu, während Rosana erzählt. Daß ihr Vater nicht dem Klischee eines »Gastarbeiters« entspricht, scheint den meisten ungeheuren Respekt einzuflößen. Ich finde das nicht verwunderlich, aber ich kenne das Geplappere unserer Nachbarin, Frau Isenbügel. Die nutzt jede Gelegenheit, Ausländer als Analphabeten hinzustellen, die uns auch noch die Arbeitsplätze wegnehmen. Und Frau Isenbügel ist wohl keine Ausnahme, leider.
»Die kommt an«, flüstere ich Sabine zu. »Guck mal, wie Olli und Klaus sie anstarren.«
»Ich finde sie nicht so toll«, mault Sabine und tut so, als würde sie außer ihrer Maniküre nichts auf der Welt interessieren. Wahrscheinlich ist sie neidisch, daß jemand anders mehr Aufmerksamkeit erregt als sie, die rothaarige Schönheitskönigin des Eppendorf-Gymnasiums.

Ich beneide die Neue um ihre Selbstsicherheit, um ihr souveränes Auftreten vor Fremden. Davon kann ich nur träumen. Ich Idiot werde gleich in der ersten Stunde rot wie eine Tomate.

Hollenstein will mit uns die neue Lektüre für die ersten vier bis sechs Wochen aussuchen. Zur Auswahl schreibt er ein paar Titel an die Tafel, die uns interessieren könnten. Dann bittet er um weitere Vorschläge. Matthias, auch »Professor« genannt, meldet sich.

»In den Ferien habe ich ‚Der heilige Eros‘ von George Bataille gelesen. Das fand ich sehr interessant.«

Keiner von uns kennt diesen Bataille, außer Hollenstein. Der verdreht die Augen und zuckt nervös mit den Mundwinkeln. »Na ja, als Oberseminar im Romanistikstudium, okay«, sagt er schließlich. »Aber ihr solltet besser erst mal Brecht verstehen.«

»Ich meinte ja nur«, verteidigt sich Matthias. »Ist ja immerhin ein abgefahrenes Buch.«

Ich nehme mir vor, zu Hause im Brockhaus nachzuschauen. Oder Mutti zu fragen – vielleicht weiß sie was darüber.

»Sonst noch Vorschläge?«

Niemand meldet sich. Dann hebt die Neue ihre Hand.

»Ja bitte, Rosana.«

»Ganz schön mutig«, zischt mir Sabine ins Ohr. »Wahrscheinlich ist die nicht nur arrogant, sondern noch dazu ’ne Streberin.«

»Also, ich hätte den ‚Tod in Venedig‘ von Thomas Mann vorzuschlagen«, sagt sie.

Hollenstein wirft ihr einen anerkennenden Blick zu.

»Gute Idee, Rosana. Ich nehme den Titel mit in die Liste auf. Für die, die das Buch nicht kennen: In der Novelle

geht es um einen Schriftsteller, der nach Venedig reist, sich dort in einen polnischen Jungen verliebt und am Ende an Cholera stirbt. Sonst noch Vorschläge?«
Totenstille. Niemand meldet sich zu Wort.
»Liegt es an den Ferien, daß ihr alle so lahm seid? Oder habt ihr nie freiwillig ein Buch gelesen? Na gut, dann stimmen wir eben ab.«
Fast die ganze Klasse meldet sich für Rosanas Vorschlag. Ich kann es nicht glauben. »Tod in Venedig«! Wer von den ganzen Idioten weiß schon, was er sich damit eingebrockt hat! Und dann diese seltsame Liebesgeschichte zwischen einen Mann und einem Jungen.
Die wollen sich alle nur bei der Neuen anbiedern.
Aus Protest melde ich mich für Homo Faber von Max Frisch, Sabine übrigens auch. Zwei andere Titel, einer von Böll, einer von Ingeborg Bachmann, bekommen noch ein paar Stimmen. »Professor« verweigert als einziger die Stimmabgabe.
Der »Tod in Venedig« hat gewonnen, meine Mißgunst hat verloren.

»Ist das eine scharfe Mutter«, grölt Ralf Hamann in der großen Pause durch den Klassenraum. »Platt wie ein Bügelbrett, aber echt scharfe Beine!«
Die Jungen lachen. Ich finde das nicht witzig und schäme mich für Ralf. Wahrscheinlich hält er sich mal wieder für unwiderstehlich. Rosana scheint sich nicht weiter aufzuregen und verläßt mit einem fast triumphierenden Lächeln den Klassenraum.
Auf der Toilette treffe ich sie wieder – sie steht vor dem Spiegel und zupft ihre Locken zurecht. Sie grüßt mich nicht. Ist sie wirklich arrogant, wie Sabine behauptet?

Oder weiß sie mich noch nicht einzuordnen? Ich nehme mir vor, sie in einer Pause anzusprechen. Vor der Schule begegne ich ihr zum zweitenmal, und diesmal nickt sie kurz mit dem Kopf, mehr nicht. Dann verschwindet sie in der Bäckerei Neumann.

In der dritten Stunde haben wir Französisch. Mich trifft fast der Schlag, als Frau Morlat einen Stapel Zettel aus ihrer Tasche holt – Vokabeltest! Wir protestieren. Gleich in der ersten Stunde nach den Ferien einen Test schreiben zu lassen ist unfair.

Aber die Morlat läßt sich nicht erweichen – sie wolle prüfen, was über die Ferien alles verlorengegangen sei.

Ich weiß nur einen Bruchteil der Vokabeln. Da ich schon vor den Ferien geschlampt habe, ist so gut wie nichts hängengeblieben. Bei Sabine abschreiben geht auch nicht, ihre Haarpracht verdeckt ihren Zettel so, daß ich nichts sehen kann. Ich drehe mich um. Die Neue kritzelt eifrig vor sich hin. Vermutlich hat Sabine mit der »Streberin« nicht ganz unrecht.

Punkt zehn Uhr dreißig müssen wir abgeben. Auf meinem Zettel stehen ganze fünf Vokabeln.

Nach der Schule – die letzten beiden Stunden Mathe bei Beringer ertrage ich mit einem Gefühl erhabener Gleichgültigkeit – fahre ich gleich nach Hause, ohne Sabine. Die treibt sich noch mit Klaus, Olli und ein paar Cola-Büchsen am Kiosk herum.

Mutti und Andreas sitzen gerade beim Essen.

»Da kommst du ja endlich! Die Kartoffeln sind schon kalt«, sagt sie und lädt mir den Teller voll. »Wie war's denn heute am ersten Tag?«

»Ging so. Die Morlat hat gleich einen Vokabeltest schreiben lassen.«

»Und?«
»Nichts und! Ich habe in den Ferien so gut wie alles vergessen, und außerdem ist es eine Frechheit, uns gleich am ersten Tag abzufragen.«
»Nimm's nicht so tragisch. Ein schlechter Vokabeltest wird dich nicht runterziehen. – Und sonst?« bohrt Mutti weiter. Sie will immer alles genau wissen.
»Nichts, was soll schon gewesen sein«, sage ich. Doch dann fällt mir Rosana ein. »Wir haben eine Neue in der Klasse, eine Italienerin.«
»Und, kann sie Deutsch?«
»Klar, sie lebt schon seit zehn Jahren mit ihren Eltern hier. Ihr Vater unterrichtet am Italienischen Institut.«
»Dann ist sie bestimmt gut in der Schule.«
»Kann sein. Sabine meint, sie sei 'ne Streberin.«
»Und was meinst du?«
»Weiß nicht …«
»Wie sieht sie aus?« fragt Andreas. Ich wußte noch gar nicht, daß sich mein kleiner Bruder auch schon für Mädchen interessiert.
»Ganz gut«, sage ich und gehe auf mein Zimmer.

Sabines Abenteuer

Heute habe ich noch weniger Lust als gestern, meinen Kleiderschrank aufzuräumen. Also werfe ich kurzerhand alle Sachen wieder hinein. Es gibt Menschen, die sind nicht dazu geboren, ihren Kleiderschrank in Ordnung zu halten. Und warum sollte man ständig gegen seine Natur angehen? Das kann nur ungesund sein.
Ich gehe ins Badezimmer und lasse Wasser in die Wanne

laufen. Es gibt für mich nichts Schöneres, als im heißen Wasser zu liegen. Am besten stundenlang, bis die Haut aufgeweicht und rillig ist. Ich habe mir einen teuren französischen Badeschaum gekauft, obwohl ich ihn mir nicht leisten kann. Wenn ich mich flach in die Wanne lege, ragt mein Bauch ein kleines bißchen aus dem Wasser hervor, jedenfalls heute nach dem Mittagessen. Ansonsten bin ich mit meiner Figur zufrieden.

Ohne anzuklopfen, platzt Andreas ins Bad.

»Mann, ich bade!« gifte ich ihn an und verstecke meine Brust im Schaum.

»Warum schließt du nicht ab? Kann ich doch nicht riechen, daß du hier wieder sinnlos Wasser vergeudest.«

»Ach, schwimmst du jetzt auf der Ökowelle?«

Andreas murmelt etwas von »Energie sparen« und »Hast ja keine Ahnung« und zieht schnell wieder die Tür hinter sich zu. Ich glaube, ihm ist es peinlich, mich nackt in der Wanne gesehen zu haben.

Nach dem Bad habe ich zwar immer noch keine Lust, den Schrank aufzuräumen, aber ich bin wenigstens nicht mehr so müde. Voller guter Vorsätze schlage ich mein Französischbuch auf. La grève – der Streik, l'ouvrier – der Arbeiter, l'usine – die Fabrik. Die langweiligen Vokabeln öden mich an.

Da fällt mir wieder dieser Bataille ein. Mutti ist aus dem Haus gegangen, Andreas wird wohl kaum eine Ahnung von französischer Literatur haben, also schaue ich im Lexikon nach. Da steht geschrieben: »Französischer Romanschriftsteller und Essayist von 1897 bis 1962. Durch das Erleben der Liebe auch in ihren extremen und perversen Formen, der Kunst, der asiatischen Weisheit und einer Art atheistischer Mystik versuchte er in den

Bereich eines Absoluten zu gelangen, das er dann doch als illusorisch betrachtete.«

Viel kann ich mir darunter nicht vorstellen. Vielleicht sollte ich in eine Buchhandlung gehen und mir ein Buch von Bataille ansehen. Dann kann ich auch gleich meine neue Schullektüre besorgen. Ich ziehe gerade meine Jacke an, da klingelt das Telefon.

»Ich bin's, Sabine. Wollen wir uns gleich im ‚Petit Café' treffen?«

»Ich wollte gerade in die Buchhandlung, das Buch für Hollenstein besorgen. Wir können uns dort treffen und dann ins ‚Stradivari' gehen.«

»Gute Idee, dann kaufe ich den Schinken auch.«

»Also, in zwanzig Minuten?«

»Abgemacht. Bis gleich!«

In der Buchhandlung sehe ich Sabine schon von weitem. Sie trägt ein pinkfarbenes Band in ihrem rostroten Haar, und aus der Nähe riecht sie wieder nach diesem süßlich-schweren Parfüm.

»Hallo, Susa! Ich kann diesen blöden ‚Tod in …' – wie heißt das noch mal? – nicht finden.«

Gemeinsam suchen wir die lange Thomas-Mann-Reihe im Regal ab. Der »Tod in Venedig« steht gleich in fünf Exemplaren da.

»Scheint was Berühmtes zu sein«, meint Sabine.

»Warte«, sage ich, »ich will mir noch ein Buch von diesem Bataille aussuchen. Erinnerst du dich? ‚Professor' hat es heute morgen Hollenstein vorgeschlagen.«

»Ach ja«, sagt Sabine und kaut gelangweilt auf einer Haarsträhne herum. Unter Bataille finde ich nur einen Band mit dem Titel »Das obszöne Werk«.

»Willst du das wirklich kaufen?« fragt Sabine.

»Warum nicht? Immerhin soll er ein wichtiger Schriftsteller unseres Jahrhunderts gewesen sein.«
»Schlag mal auf.«
Ich lese ein paar äußerst merkwürdige Sätze vor, in denen vom Teufel und Exkrementen die Rede ist.
Sabine verzieht angewidert das Gesicht. Ich kann mich vor Lachen nicht halten. »Das kann doch nicht wahr sein, daß der ‚Professor' so etwas für die Schule vorschlägt. Der hat Nerven!« Ich stelle das Buch wieder zurück. »Das muß ich wohl nicht unbedingt lesen.«
Sabine grinst. »Aber Hollenstein scheint sich in dieser Art Literatur ganz gut auszukennen.«
Das Café Stradivari ist voll – wir finden gerade noch zwei Plätze an einem kleinen Tisch hinten in der Ecke. Ich bestelle Cappuccino, Sabine Cola und ein Stück ‚Kalten Hund'. Das ist ihr Lieblingskuchen.
»Und was ist mit dir? Heute keinen Kuchen?«
»Nein, ich muß abspecken. Ich habe in der Badewanne festgestellt, daß mein Bauch viel dicker geworden ist.«
Sabine kichert. »Bist du vielleicht schwanger?«
»Haha, toller Witz!«
»Wieso? Ich weiß doch nicht, was du die Ferien über getrieben hast. Vielleicht bist du nicht mehr Jung ...«
»Sei still!« flüstere ich Sabine wütend zu. »Die Jungs am Nebentisch können alles verstehen. Die gucken schon zu uns rüber.«
Das scheint sie nicht weiter zu beeindrucken.
»Also, hast du nun oder immer noch nicht?«
Manchmal ist Sabine richtig plump, eine Elefantin im Porzellanladen.
»Nein, ich habe nicht. Und wenn du's genau wissen willst, Pele würde lieber heute als morgen.«

»Sag bloß!« Sabine wird blaß. Wahrscheinlich rechnet sie sich insgeheim immer noch Chancen bei ihm aus.
»Ich habe jedenfalls«, sagt sie dann beiläufig.
»Was?« frage ich ebenso beiläufig, obwohl ich genau weiß, was sie meint.
»Na, es ist eben passiert.« Jetzt strahlt Sabine wieder. »Ich habe mit einem Jungen geschlafen«, flüstert sie mir verschwörerisch zu.
»Und wie war's?« sage ich so laut und deutlich, daß die Jungs am Nebentisch alles verstehen können.
»Nicht so doll. Aber immerhin, es ist endlich passiert, und ich bin keine Jungfrau mehr. Ich war ja schon bald die letzte in der Klasse.«
Blöde Kuh! denke ich. Immerhin weiß sie genau, daß ich es auch noch bin. »War es schlimm?« frage ich weiter.
»Schlimm eigentlich nicht, aber das Gefummel mit diesem blöden Kondom war gräßlich. Und es tat weh.«
»Liebst du den Jungen?«
»Natürlich nicht, aber einer muß es ja sein.«
Vielleicht hat Sabine recht. Früher habe ich geglaubt, irgendwann kommt die große Liebe. Mit diesem einen geschieht es dann, und es wird schöner als alles, was man sich bisher erträumt hat. Heute frage ich mich, ob es diesen Jungen überhaupt gibt. Wie lange soll ich mich denn noch auslachen lassen? Pele ist nicht meine große Liebe, aber vermutlich bin ich mit ihm besser bedient als Sabine mit ihrem Namenlosen. Ich sage nichts mehr und schlürfe nachdenklich meinen Cappuccino. Da bemerke ich, daß mich einer der Jungen am Nebentisch ansieht. Er ist blaß, trägt eine Nickelbrille und hat kein Einheitsgesicht wie die anderen. Er ist genau das Gegenteil von Hollenstein, dem Sonnyboy.

Er gefällt mir.
Als ich noch mal einen Blick riskiere, lächelt er mir zu. Ich werde rot, langsam, aber unaufhaltsam. Ich schiele zu Sabine, aber sie macht sich voller Hingabe an ihrem »Kalten Hund« zu schaffen. Zum Glück hat sie den Flirt nicht mitbekommen.
Der Junge schaut mich weiter unverhohlen an, aber ich starre geradeaus. Auch wenn Sabine nicht dabeigewesen wäre, hätte ich mich nicht anders verhalten. In den entscheidenden Momenten bin ich einfach schüchtern.
Beim Rausgehen sagt Sabine prompt: »Du, der eine Typ hat dich die ganze Zeit angeschaut. Hast du's nicht gemerkt?«
»Kann schon sein«, sage ich möglichst gleichgültig und bemühe mich, nicht wieder rot zu werden.
»Du hast aber auch ein Glück mit den Jungen. Der sah doch recht nett aus.«
Beschwingt fahre ich nach Hause. Vielleicht sehe ich ihn wieder, wer weiß.

Erste Begegnung

Zwei Tage später bekommen wir den Vokabeltest zurück. Er ist schlecht ausgefallen – nur eine Eins, drei Zweien, der Rest Dreien, Vieren und Fünfen. Die Neue hat die Eins, Sabine und ich schauen uns an. Sabine hat eine Drei, ich eine Vier. Zu dumm! Dabei war ich doch immer eine der Besten in Französisch.
In der großen Pause kommt die Neue auf mich zu.
»Weißt du, wo hier in der Nähe eine Drogerie oder Apotheke ist?«

»Die nächste ist ein ganzes Stück weg, ungefähr sieben Minuten von hier. Mußt du gleich dorthin?«
»Ja, eigentlich schon.«
»Wenn du irgendein Medikament brauchst, frag doch den Hausmeister. Der hat so ziemlich alles da.«
Rosana betrachtet ihre Füße. »Nein – aber hast du einen Tampon dabei?«
»Da hast du Glück«, sage ich, »ich habe welche. Komm!«
»Wie heißt du eigentlich?« fragt mich Rosana, während wir ins Klassenzimmer gehen.
»Susa. Susa Berger.«
»Susa? Ist das dein richtiger Name?«
»Klar«, sage ich und gebe ihr den Tampon.
Rosana lächelt mich erwartungsvoll an, aber ich weiß nichts zu sagen. Da fällt mir der Vokabeltest ein.
»Das mit deiner Eins ist ja eine tolle Sache«, bemerke ich, obwohl ich eher neidisch bin.
»Ach!« sagt sie mit einer wegwerfenden Handbewegung. »Das ist kein Wunder. Erstens waren wir in München weiter als ihr, und zweitens sind sich die Wörter im Französischen und Italienischen so ähnlich, daß ich vieles erraten kann.«
»Ach so, verstehe. Und sonst? Bist du in allen Fächern gleich gut?«
»Wo denkst du hin! In Deutsch und in Fremdsprachen ja. Aber in Mathe und Physik bin ich eine Niete.«
»So ähnlich ist es bei mir auch«, sage ich und lache. Ich bin froh, daß sie doch nicht die Streberin ist, die Sabine in ihr vermutet hat. Da klingelt es zur dritten Stunde.
»Ich muß noch mal«, sagt sie und deutet in Richtung Toilette. »Vielleicht treffen wir uns mal nachmittags – wenn du Lust hast, meine ich.«

»Keine schlechte Idee.«
Auf dem Nachhauseweg erzähle ich Sabine von der Begegnung mit Rosana. »Du, die ist nicht eingebildet und eine Streberin schon gar nicht.«
»Na, ich weiß nicht. Die versucht doch nur, nach ihrem triumphalen Einzug in unsere Klasse irgend jemanden auf ihre Seite zu ziehen.«
»Was redest du für einen Blödsinn!« Langsam werde ich sauer. »Was würdest du tun, wenn du in eine neue Klasse kämst? Mit niemandem reden, nur um nicht den Eindruck zu erwecken, du wolltest dich anbiedern?«
»Und die Eins? Die bringt doch nur eine doofe Streberin zustande.«
»Quatsch! Sie hat mir's erklärt. In München waren sie im Stoff weiter, und außerdem sind Französisch und Italienisch ähnlich.«
»Wie du meinst. Mit der will ich jedenfalls nichts zu tun haben.«
Vor Wut fällt mir nichts mehr ein, was ich entgegnen könnte. Wie kann Sabine nur so spießig und verbohrt sein – und sich meine beste Freundin nennen. Egoistisch und mißgünstig ist sie!
Schweigend sitzen wir später nebeneinander im Bus, und als ich aussteige, werfe ich ihr nur ein frostiges »Tschüs!« hin.
Am Nachmittag liege ich auf meinem Sofa und höre Chopin. Da klingelt das Telefon. Andreas geht ran.
»Ja, die ist da. Moment mal.«
»Susa!« schreit er durch die Wohnung. »Ein Mädchen für dich am Telefon.«
Ich überlege, wer es wohl sein könnte, da sagt sie schon in mein Ohr: »Ich bin's – Rosana, die Neue.«

»Ach, du! Hallo!« Was sie wohl will? Ich sehe sie doch morgen in der Schule.
»Entschuldige, daß ich dich störe. Deine Nummer habe ich aus dem Telefonbuch. Ich wollte fragen, ob wir uns mal treffen könnten.«
Das ging ja schnell, denke ich.
»Klar, gerne. Wie wär's mit übermorgen?«
»Paßt mir prima«, sagt Rosana. »Wo wohnst du denn?«
»In Eppendorf.«
»Ach, dann kennst du bestimmt dieses kleine Café am Winterhuder Marktplatz?«
»Klar, da bin ich öfter mal. Meistens vorm Ballett.«
»Wie? Du machst auch Ballett? Das ist ja toll. Vielleicht kannst du mir eine Lehrerin empfehlen. Ich suche dringend eine Gruppe.«
»Kein Problem«, sage ich fröhlich. Endlich mal jemand, der sich fürs Tanzen interessiert. Weder Mutti noch Pele, geschweige denn Sabine haben etwas dafür übrig.
»Dann treffen wir uns übermorgen am Marktplatz?«
»Abgemacht. So um drei?«
»Okay, um drei. Aber wir sehen uns ja vorher noch in der Schule.« Rosana haucht ein heiseres »Ciao« ins Telefon und legt auf. Wirklich seltsam, denke ich. Warum hat sie nicht bis morgen gewartet?

Außenseiterin

Am übernächsten Tag sitze ich Punkt drei Uhr im Café. Draußen bläst der Wind durch die Büsche und Bäume und reißt die Blätter ab. Sie tänzeln noch eine Weile über die Straße, bis sie ein Auto mit sich fortreißt.

Der merkwürdige Mann von neulich ist auch wieder da. Wie beim letztenmal hat er seinen Hut neben sich auf einen Stuhl gelegt und die Zeitung vor sich ausgebreitet. Wieder liest er nicht, sondern starrt aus dem Fenster.
Rosana kommt. Gemächlich schlendert sie über den Platz. Ihr langes Haar hat sie streng zurückgekämmt und zu einem Zopf geflochten. Ihr Trenchcoat flattert hin und her, wie eine Fahne im Wind. Sie lächelt mir zu, als sie das Café betritt.
»Schon lange hier?«
»Nein, ich bin auch eben erst gekommen. Weißt du schon, was du nimmst?«
»Cappuccino. Oder Schokolade. Nein, doch Cappuccino und Torte«, sagt Rosana zur Kellnerin. »Ein Stück Nougattorte und eine Erdbeersahne.«
Ich schaue sie entgeistert an, sage aber nichts.
»Für mich bitte einen Cappuccino und ein Stück Butterkuchen.«
»Was, mehr nicht?« fragt Rosana, als die Kellnerin außer Hörweite ist.
»Nee, sonst werde ich zu fett. Außerdem mag ich nicht soviel Süßes.«
»Ich könnte Berge von Kuchen verdrücken.« Rosana lacht. »Weißt du, der Kuchen war die tollste Entdeckung für mich, als ich nach Deutschland kam.«
»Nimmst du gar nicht zu?«
»Kein Gramm. Da hab' ich Glück. Aber du bist doch auch schlank.«
»Ja, noch«, sage ich verlegen. »Aber wenn ich so richtig reinhauen würde – ich glaube, ich wär' ziemlich schnell eine dicke Matrone.«
»Quatsch, das glaube ich nicht«, sagt sie und schiebt sich

eine übervolle Gabel Erdbeersahne in den Mund. Sie lacht, dann verzieht sich ihr Mund urplötzlich zu einem schmalen Strich. »Ich glaube, unsere Klassenkameraden mögen mich nicht besonders, stimmt's?«

»Ich weiß nicht ...« Ich fühle mich überrumpelt. Will sie mich aushorchen?

»Du kannst es mir ruhig sagen. In München ging es mir ähnlich. Ich glaube, viele halten mich für eingebildet.« Sie stochert in ihren Kuchenresten herum.

Ich weiß nicht, wie ich mich verhalten soll, entscheide mich aber für die Wahrheit. »So mußt du das nicht sehen. Die Jungs finden dich alle toll, da sind einige Mädchen neidisch und verbreiten das Gerücht, daß du eingebildet wärst.« Rosana nippt an ihrer Kaffeetasse und zerbröselt einen Keks in tausend Krümel. Sie hat abgekaute Fingernägel. Komisch, ich habe Rosana in der Schule niemals Nägel kauen sehen.

»Deine Freundin Sabine auch?« fragt sie dann.

»Ja«, sage ich, fühle mich aber verpflichtet, mich für Sabine zu entschuldigen. »Ich habe mit ihr darüber gesprochen und ihr gesagt, daß du nicht eingebildet bist. Aber Sabine will immer die Tollste und die Schönste sein.«

»Weißt du, daß du die einzige bist, die sich mir gegenüber normal verhält? Ich kenn' dich zwar noch nicht richtig, aber ich habe bei dir ein gutes Gefühl.«

Mein Gesicht fühlt sich plötzlich heiß an. Daß ich auch noch vor einem Mädchen rot werden muß! denke ich.

»Ich fühle mich nicht besonders wohl in eurer Klasse«, fährt Rosana fort. »Ich glaube, deshalb verhalte ich mich manchmal auch etwas sonderbar, abweisender, als ich eigentlich bin.« Sie hält einen Moment inne und trinkt hastig ihren Cappuccino aus.

»Es ging schon los mit der Eins in Französisch und mit dem Lektürevorschlag. Immer muß man aufpassen, sich nur ja nicht anzubiedern.«

»Du brauchst dich vor mir nicht zu rechtfertigen«, sage ich. »Ich versteh' dich schon. Und du weißt so gut wie ich, daß man schnell zum Außenseiter gestempelt wird. Was meinst du, wie oft ich schon gehänselt worden bin, weil – na, weil ich ständig rot werde.«

Rosana grinst, und ich werde wieder rot. Am liebsten würde ich mich auf der Stelle mit einer Tarnkappe unsichtbar machen.

»Schluß mit dem Thema!« Wie zur Bekräftigung schlägt Rosana mit der flachen Hand auf den Tisch. »Meinst du, ich könnte mal bei der Ballettstunde zuschauen? Vielleicht können wir zusammen …?«

»Mach doch gleich nächstesmal eine Probestunde mit«, unterbreche ich Rosana. »Wann hast du denn mit dem Ballett angefangen?«

»So mit zehn Jahren, aber ich habe immer nur einmal in der Woche trainiert. Bühnenreif kann man mein Getanze bestimmt nicht nennen.«

»Meins doch auch nicht«, beruhige ich sie, »ich bin erst seit vier Jahren dabei. Komm nur mit, die Rotluff sucht immer Mädchen, die in unsere Gruppe passen.«

»Das wär' prima!« Rosana strahlt. »Wir können uns auch mal eine Ballettaufführung ansehen. Meine Eltern haben hier mal den ‚Schwanensee' gesehen und schwärmen immer noch davon.«

Versonnen blickt Rosana aus dem Fenster. Ich frage sie: »Würdest du lieber in Italien leben?«

»Hm.« Eine ganze Weile sagt sie nichts. Dann: »Ich weiß nicht. Eigentlich schon, eigentlich nicht. Weißt du, ich

bin jetzt schon so lange hier, ich fühle mich als Deutsche, obwohl …« Sie zögert. »Italien ist wunderschön. Meine Oma wohnt in Venedig, und wenn ich könnte, wär' ich gerne öfter dort.«
Dann kommt es wie aus heiterem Himmel: »Meine kleine Schwester ist vor ein paar Jahren in Venedig ums Leben gekommen – das heißt, nicht direkt in Venedig.«
Sie blickt ins Nirgendwo. Mir wird heiß und kalt.
»Wir waren damals in Maestre, einem Vorort, und wollten mit dem Bus nach Venedig. Wir mußten nur kurz über die Straße – da passierte es. Donatella war zu übermütig, lief einfach los – und in ein Auto.« Rosana schweigt. Dann: »Sie war sofort tot.«
Ich sage nichts. Ich kann nichts sagen …
Wie alt mag diese kleine Schwester gewesen sein? Und warum erzählt Rosana gerade jetzt davon – ich kenne sie doch kaum?
Rosana, es tut mir leid, hätte ich sagen können, müssen, aber ich bringe nur ein klägliches »äh« heraus.
»Du mußt nichts dazu sagen.«
Rosana spricht nüchtern, fast kühl.
Sie schaut auf ihre Uhr. »Ach du liebe Zeit, ich muß weg. Wir haben heute abend Gäste.«
Schnell kramt sie einen Zehnmarkschein aus ihrer Tasche und legt ihn neben die Kaffeetasse.
Sie muß ziemlich viel Geld von ihren Eltern bekommen, geht es mir durch den Kopf.
»Wir sehen uns Montag in der Schule.« Hastig verabschiedet sie sich und geht.
Draußen ist es schon dunkel. Es regnet. Rosana springt im Zickzack über die Pfützen. Die Straßenlaternen werfen milchiges Licht auf ihren hellen Trenchcoat.

Ich starre in meine Kaffeetasse. Auf dem Grund hat sich eine bräunliche Mischung aus Kaffeesatz und Zucker gebildet. Der getrocknete Schaum klebt am Rand. Jetzt fange ich auch noch mit dem Bröseln der Kekskrümel an.
Der Herr am Nebentisch sitzt immer noch vor seiner Zeitung. Er schaut der Kellnerin auf den Hintern.
Als der Regen nachläßt, gehe ich.

Das erste Mal

Nachdem es den ganzen Vormittag über neblig war, ist die Sonne nun doch mit voller Kraft hervorgekommen. Um vier Uhr soll ich bei Pele sein, wir wollen seine neuen Platten anhören.
Als ich in die Hochallee einbiege, bricht mir der Schweiß aus. Ich weiß, daß es heute passieren könnte – heute oder nie! Mit Sicherheit sind seine Eltern wieder nicht da, sonst hätte er mich nicht eingeladen.
Pele öffnet mit einem strahlenden Lächeln die Tür. Er erschlägt mich fast mit seiner Aftershave-Duftwolke.
»Ist das T-Shirt neu?« frage ich.
»Ja, toll, was?«
»Ich weiß nicht, ich steh' nicht auf diese schwarzen Graffity-T-Shirts.«
»Die sind aber in.«
»Na dann!« Ich kann mir ein Grinsen nicht verkneifen. In Peles Zimmer riecht es nach Rauch.
Das Fenster steht weit offen.
»Hast du geraucht?« frage ich.
»Nur mal so eine.« Pele zündet eine Kerze an. Eine Kerze am hellichten Tag.

»Möchtest du Kaffee? Oder Cola? Oder was anderes?«
»Am liebsten hätte ich einen Saft.«
»Klar, einen Moment!«
Wir hocken uns auf die Matratze, die einzige Sitzmöglichkeit in Peles Zimmer. Wir trinken Cola und Saft und reden über die Schule. Pele über seine Leistungskursklausuren, ich über Rosana, die Neue.
»Weißt du überhaupt, wen ich meine?« frage ich.
»Ja, so eine Dunkelhaarige. Ich glaube, die hab' ich gesehen, sieht ein bißchen abgehoben aus. Ist sie nett?«
»Klar ist die nett. Gestern war ich mit ihr im Café.«
»Hat sie hier schon einen Freund?« fragt Pele, während er an seinem CD-Player hantiert.
»Keine Ahnung.«
Pele legt eine CD auf.
»Findest du sie schön?« frage ich Pele.
»Ja, ich finde sie schön.«
»Schöner als mich?«
»Susa, red doch keinen Quatsch. Du bist mindestens genauso schön, wenn nicht noch schöner.«
Pele hat sich auf der Matratze ausgestreckt und lächelt mich an. Ich werde nervös und weiß, daß ich mich nicht mehr aus der Affäre ziehen kann.
Pele nimmt mir mein Saftglas weg. Er streicht mir kaum merkbar über die Haare und flüstert: »Willst du? Wir haben alle Zeit der Welt.«
Ich nicke nur. Die Sonne scheint ins Zimmer, die Kerze flackert im Luftzug. Eine groteske Szenerie, finde ich. Pele haucht mir ein Küßchen auf den Mund. Ich studiere die roten Flecken an seinem Hals.
Er zieht mich zu sich heran und streichelt mich. Plötzlich sind seine Hände überall. Es ist mir nicht unangenehm.

Wir ziehen uns gegenseitig aus, ganz selbstverständlich.
»Komm unter die Decke«, sagt Pele.
Eng umschlungen liegen wir da, bewegungslos, schwitzend. Unsere Herzen schlagen laut aneinander. Augen zu und durch! denke ich.
Peles Atem geht stoßweise, an meinem Ohr hört er sich laut und fremd an. Pele wird immer erregter. Dann liegt er auf mir und versucht, in mich einzudringen.
»Und was ist mit der Verhütung?« frage ich leise.
»Wieso? Nimmst du etwa nicht –?«
»Was heißt hier etwa nicht? Natürlich nehme ich nicht die Pille.«
Pele läßt von mir ab und richtet sich abrupt auf. Mich friert plötzlich, die Stimmung ist dahin.
»Susa, du willst doch nicht von mir verlangen, daß ich diese widerlichen Gummidinger nehme?«
»Ich werde noch ganz andere Dinge von dir verlangen«, sage ich enttäuscht. »Glaubst du wirklich, daß Verhütung reine Mädchensache ist, nur weil wir die Kinder kriegen können? Da liegst du bei mir falsch.« Mit einem Ruck ziehe ich die Decke bis zum Kinn. »Und von Aids hast du wohl noch nie was gehört.«
»Aids? Du spinnst wohl! Du hast doch noch mit keinem Jungen geschlafen, woher sollst du denn Aids haben?«
Pele steht auf und zündet sich hastig eine Zigarette an.
»Und du?« frage ich. »Du kannst mir doch nicht erzählen, daß es für dich das erste Mal ist.«
Etwas umständlich ziehe ich mich unter der Decke wieder an. Pele läuft nackt mit seiner Zigarette im Mund durchs Zimmer und sieht lächerlich aus, wie ein Gockel ohne Federn.
»Blödsinn! Die paar Mal!«

»Ich glaub', du kapierst nicht, wovon ich rede.«
»Und ob! Aber so eine zimperliche« – Pele drückt die Zigarette hektisch in einem Blumentopf aus –, »hysterische Kuh ist mir noch nicht untergekommen.«
Das reicht. Wortlos stehe ich auf.
Pele bläst demonstrativ die Kerze aus.
»Das war ja ein schönes erstes Mal«, sage ich, als ich das Zimmer verlasse. »Genauso romantisch, wie ich es mir immer erträumt hatte.«
Während ich wutschnaubend die Hochallee entlanggehe, drehe ich mich noch einmal um. Pele steht am Fenster und schaut mir nach.

Pausengespräche

»Und was meinst du dazu, Susa?«
Ich schrecke hoch. Maxe starrt mich an. »Ich? Äh ...«
»Hast wohl geschlafen? Also, darauf wollte ich auch noch mal zu sprechen kommen. Eure Konzentration läßt zu wünschen übrig. Ihr habt wohl noch nicht begriffen, daß die Ferien vorbei sind.«
Maxe preßt seinen Mund zu einem schmalen Schlitz zusammen. »Nächsten Dienstag ist Klausur. Bis dahin müßt ihr den Stoff intus haben.«
Ist mir doch egal. Luftbrücke, Alliierte, das kann ich doch alles im Buch nachlesen. Die Schule ödet mich sowieso an, und das gleich zu Beginn des neuen Schuljahres. Hollenstein mit seinem smarten Sonnyboylächeln, Maxe mit seiner Frankensteinvisage – wie viele Wochen sind es noch bis zu den Herbstferien?
Niemand begreift, was wichtig ist im Leben – zum Bei-

spiel, daß mich Rosana heute morgen keines Blickes gewürdigt hat. Manchmal verstehe ich die Welt nicht mehr. Ich starre in mein Buch, aber die Buchstaben tanzen vor meinen Augen. Dann drehe ich mich zu Rosana um. Sie blickt aus dem Fenster und sieht mich nicht.

In der Pause ist Rosana wie vom Erdboden verschluckt.

»Was ist heute mit dir los?« fragt mich Sabine.

»Ach, nichts. Ich war nur mit Rosana im Café, und heute ist sie auf einmal so komisch zu mir.«

»Was, mit der Neuen?« Sabines Stimme klingt schrill. »Wieso triffst du dich mit dieser arroganten Ziege?«

»Sie ist keine arrogante Ziege«, sage ich scharf.

Sabine kaut nervös auf einer Haarsträhne herum. Es paßt ihr nicht, daß ich mit Rosana zusammen war. »Warum regst du dich so auf?« mault sie.

»Ich reg' mich nicht auf. Ich find's nur komisch, daß wir uns prima verstanden haben, und heute morgen hat sie mich nicht mal gegrüßt.«

»Ich hätte dir gleich sagen können, daß sie einen leichten Knall hat«, unterbricht mich Sabine.

»Und jetzt ist sie spurlos verschwunden.«

»Bist du blind? Dort drüben steht sie, bei den Jungen aus der Zehnten. Da!«

Tatsächlich. Umringt von vier Jungen lehnt sie an einem Pfeiler. Die fünf scheinen sich prächtig zu amüsieren, jedenfalls lacht Rosana laut und schüttelt ihre Haare.

»Die arme, kleine, ach so einsame Rosana!« Sabine grinst. »Heiß umschwärmt von den Jungen, und sie scheint es zu genießen.«

Stumm gehe ich neben Sabine durch die Aula.

»Susa!« ruft jemand hinter mir her.

Ich drehe mich um. Es ist Rosana. Sie hakt mich unter

und sagt: »Ich wollte dich zu einem biodynamischen H-Milch-Kakao einladen, aber da kam mein Bruder und mußte mich unbedingt seinen neuen Klassenkameraden vorstellen.« Sie lacht.
»Von einem Bruder hast du nichts erzählt. Hast du noch mehr Geschwister?« frage ich.
»Nein, nur Roberto.«
Rosana schweigt. »Wir verstehen uns gut«, sagt sie dann. »Hast du auch Geschwister?«
»Ja, einen Bruder. Andreas geht in die achte Klasse.« Ich zögere. »Wir verstehen uns nicht immer gut. Andreas ist oft so kindisch. Ich weiß viel zuwenig über ihn. Er ist nie da, immer auf Achse mit seinem Skateboard. Neulich war er mit im Kino, aber ...«
»Was aber?«
»Ach, nichts«, sage ich.
Wir gehen nebeneinanderher. Ich nehme meinen ganzen Mut zusammen und frage: »Was war eigentlich heute morgen mit dir los?«
»Nichts. Wieso?«
»Na, du warst so abwesend und hast mich nicht gegrüßt, nicht einmal wahrgenommen.«
»Wirklich? Das tut mir leid, aber ich hab' dich nicht gesehen. Ich hatte heute morgen einen Brummschädel.«

In der zweiten großen Pause kommt Pele auf mich zu. Ich drehe auf dem Absatz um und stelle mich bei der Milchausgabe an. Als ich mich mit einer Tüte Milch und einer Packung Kekse aus dem Staub machen will, fühle ich eine Hand auf meiner Schulter.
»He, Kleines!« Pele schaut mir nicht in die Augen. Wie gestern trägt er dieses scheußliche Graffity-T-Shirt.

»Was ist denn?« frage ich.
»Kann ich dich kurz sprechen?«
»Ich wüßte nicht, was wir zu besprechen hätten.«
»Komm.« Pele nimmt meine Hand und zieht mich in die Raucherecke auf dem Schulhof. Ein paar Typen aus der Dreizehnten lungern mit Zigaretten im Mund herum und verfolgen interessiert unseren Auftritt.
»Das mit gestern tut mir leid«, sagt er leise.
Ich bleibe stumm. Pele zündet sich eine Zigarette an.
»Ist das deine neueste Masche?« frage ich dann.
»Das spielt jetzt wirklich keine Rolle. Du, es tut mir leid, aber heutzutage nimmt doch jedes Mädchen die Pille – dachte ich jedenfalls.« Pele ascht in einen Blumenkübel.
»Dann hast du eben falsch gedacht.«
Einige ältere Semester haben sich jetzt so zu uns hingedreht, daß sie mithören können.
»Susa, sag mir, wie ich das wiedergutmachen kann.«
»Indem du endlich aufhörst, davon zu reden«, flüstere ich ihm zu. »Muß ja nicht jeder mitbekommen.«
»Das weiß doch bestimmt schon die ganze Schule.«
»Jetzt spinnst du. Wer soll es denn wissen?«
»Zum Beispiel deine Busenfreundin.«
»Und wenn schon!«
»Weiß es Sabine?«
»Pele, laß mich jetzt in Ruhe. Wir können uns in den nächsten Tagen mal sehen.«
»Susa!«
Da erlöst mich das Pausenzeichen. »Wir telefonieren!« ruft er mir nach.
Auf dem Weg in die Klasse rennt mich Rosana beinahe über den Haufen. Sie grüßt mich wieder nicht. Ihren »Brummschädel« scheint sie öfter zu haben.

Topolina

Aus einer guten Laune heraus rufe ich Rosana an und lade sie für Samstag nachmittag zum Kaffee ein. Als ich gerade aufgelegt habe, klingelt das Telefon. Sabine ist dran und fragt mich, ob ich morgen mit ihr zur Außenalster gehe. Eigentlich will ich ihr nicht auf die Nase binden, daß Rosana mich besucht, aber ich habe keine Lust zu lügen. Sabine muß begreifen, daß sie nicht immer im Mittelpunkt stehen kann. Sie reagiert, wie ich es erwartet habe, und sagt nur spitz: »Ich verstehe nicht, wie du dich mit dieser Zicke abgeben kannst.« Dabei merkt sie nicht, daß im Grunde sie die Zicke ist.

Rosana steht pünktlich um drei mit einem riesigen Kuchenpaket vor der Tür. Ich habe schon alles vorbereitet, Kaffee gekocht und den Tisch gedeckt.

»Du hast ein hübsches Zimmer«, bemerkt sie, während sie ihre Jacke auszieht. »Das rote Sofa ist besonders schön.« Sie wandert im Zimmer auf und ab und nimmt dabei meine Holzente von der Fensterbank. Sie kichert. »Ist die süß! Wie funktioniert die denn?«

Ich fahre mit der Ente auf dem Teppich hin und her, die Flügel schlagen klappernd zusammen. Rosana juchzt und gerät völlig aus dem Häuschen.

»Ist das ein tolles Spielzeug! Wo hast du das her?« Sie wischt sich ein paar Lachtränen ab.

»Das ist meine Lieblingsente, die ist schon uralt. Ich glaube, ich hab' sie mit vier Jahren bekommen.«

Rosana lacht und will sich nicht wieder beruhigen. Vielleicht kann ich ihr bei Gelegenheit eine ähnliche Ente schenken, überlege ich.

»Wie heißt die Ente denn?« fragt Rosana.

»Eigentlich Gudrun, so nannte Mutti sie jedenfalls, als ich sie bekam. Bei mir heißt sie ‚Mäuschen'.«
»Topolina!« Rosana drückt die Ente vorsichtig an sich. Zum erstenmal höre ich sie etwas Italienisches sagen.
Mit dem Kuchen hat Rosana übertrieben – vier Stücke Erdbeertorte und drei Stücke Apfelkuchen. Nach zwei Stücken bin ich satt. Rosana ißt mit Appetit weiter.
»Sabine ist immer noch nicht gut auf mich zu sprechen, stimmt's?« fragt Rosana beim dritten Stück Kuchen.
»Na ja, sie ist eben auf jede eifersüchtig, die ihr Konkurrenz machen könnte.«
»Ist sie nicht deine beste Freundin?«
»Schon, aber manchmal denke ich, wir haben uns nicht mehr so viel zu sagen wie früher.«
»Ich will dir keine Probleme machen.«
»Quatsch«, sage ich und zermansche mit der Gabel eine Erdbeere auf dem Teller. »Wenn ich Lust habe, dich oder sonst jemanden zu treffen, dann tu' ich's, und ich frage niemanden um Erlaubnis, auch nicht Sabine.«
Rosana schlägt die Beine mit elegantem Schwung übereinander. Ich nehme mir vor, ihre Beinhaltung vor dem Spiegel auszuprobieren.
»Noch ein Stück?« fragt Rosana.
»Bloß nicht! Ich kann nicht mehr.«
»Darf ich denn?« Ohne meine Antwort abzuwarten, lädt sie es auf ihren Teller.
Als ich sie ungeniert mustere, fängt sie an zu grinsen und sagt: »Eigentlich ist es mir schnuppe, wieviel ich wiege. Ein paar Kilo mehr oder weniger – was macht das schon? Hauptsache, ich gehe nicht auf wie ein Hefekloß.«
»Kann ich mir nicht vorstellen«, sage ich, »so was kommt nicht von heute auf morgen.«

»Das weiß man nie.« Jetzt schweigt Rosana. Auf ihrer Oberlippe klebt noch ein Kuchenkrümel.
»Hast du einen Freund?« fragt sie unvermittelt.
»Ich? Nein, äh – ja«, stammele ich und werde rot.
»Ist es dieser Typ aus der Zwölften? Pele, oder wie heißt er doch gleich? Ist es dir peinlich, daß ich dich danach frage? Du wirst ja ganz rot.«
Rosana sieht mich an und tätschelt mir den Arm.
»Nein, es ist mir nicht peinlich«, sage ich, »und mit Pele ist auch nicht richtig was. Er ist nur ein guter Freund.«
»Daß er in dich verliebt ist, sieht man doch aus hundert Metern Entfernung.«
»Kann sein«, gebe ich zu. »Aber das ist schon lange so, und ich bin nicht in ihn verliebt.« Ich blicke durch Rosana hindurch und sage dann mehr zu mir selbst: »Kein Wunder!«
»Wie – kein Wunder?«
»Ach ...«
»Du kannst es mir ruhig sagen, genier dich nicht.«
Na gut, denke ich. Warum nicht?
»Pele will schon seit einiger Zeit mit mir schlafen, aber ich nicht mit ihm. Na, und dann hab' ich mir gesagt, daß es langsam mal Zeit wird ...«
Aus unerfindlichen Gründen grinst Rosana, und ich habe das dumme Gefühl, daß meine Gesichtsfarbe schon wieder in ein Auberginerot übergeht.
»Jedenfalls war es neulich kurz davor, und alles in allem war es gar nicht so übel, aber da hat dieser Idiot sich überhaupt nicht um die Verhütung geschert. Er meinte, alle Mädchen nehmen ja die Pille.« Wütend schlage ich mit der Kuchengabel auf den Tisch.
»Das gibt's doch nicht«, murmelt Rosana. »Und dann?«

Ihr Blick ist plötzlich seltsam leer.
»Nichts. Ich bin gegangen. Das war mir zu blöd.«
Rosana schüttelt ungläubig den Kopf und fragt: »Willst du immer noch mit ihm schlafen?«
»Ich weiß nicht, im Moment jedenfalls nicht.« Ich gieße uns Kaffee nach. Er ist lauwarm und schmeckt bitter.
»Rosana«, frage ich und nehme allen Mut zusammen, »nimmst du eigentlich die Pille?«
»Nein«, sagt sie nur. Schweigend trinken wir die dunkle Brühe. Rosanas Hände zittern leicht.
Ich unterbreche die Stille. »Sag das mit Pele bitte nicht weiter, muß ja nicht jeder wissen. Ich hab's nicht einmal Sabine erzählt.«
»Du kannst dich auf mich verlassen.« Rosana schaut mir ruhig in die Augen. Ich habe Schwierigkeiten, ihrem Blick standzuhalten.
Kurz nachdem sie gegangen ist, ruft Pele an. Schon wieder, denke ich, Entschuldigungsarie zweiter Teil. Pele ist zuckersüß. Ob er mich jetzt ganz und gar vergrätzt habe, fragt er und fügt hinzu, daß er Kondome gar nicht so gräßlich finde.
»Na, dann ist es ja gut«, sage ich und lege auf.
Erst hinterher fällt mir ein, daß ich ihm damit fast schon wieder ein Versprechen gegeben habe.

Eifersüchtelei

In der großen Pause treffe ich Rosana im Toilettenvorraum. »Was stehst du hier herum?« fragt sie mich mit übertrieben strenger Stimme.
»Und du?« frage ich zurück.

Sie lacht und bürstet sich sorgfältig die Haare.
»Für wen striegelst du dich so?« ziehe ich sie auf.
»Sag' ich dir nicht.« Rosana macht ein geheimnisvolles Gesicht. »Jedenfalls nicht für Hollenstein.«
Ich lasse warmes Wasser über meine Hände laufen und fahre mir dann mit nassen Händen durch die Haare. Rosana malt sich die Lippen rosarot an. Ihr breiter, schöner Mund fällt so noch mehr auf.
Unsere Blicke treffen sich im Spiegel. Sie lächelt. »Weißt du, daß du schöne Augen hast?«
»Ich?« frage ich, als ob noch jemand im Raum wäre. Das hat noch niemand zu mir gesagt.
Die Tür geht auf.
»Störe ich?« fragt Sabine. »Oder ist dieses Klo mittlerweile nicht mehr öffentlich?«
Sabine schiebt mich zur Seite und zupft ihr Haar zurecht. Ohne noch ein Wort zu sagen, verschwindet sie in einer Toilette. Rosana und ich sehen uns an.
Auf dem Weg in den Klassenraum frage ich Rosana, ob sie heute mit zum Ballett kommen möchte.
»Gerne«, sagt sie. »Ich hoffe nur, daß mir deine Sabine nicht irgendwo auflauert und mich mit einer Keule erschlägt.«

Rosana trägt ein dunkelblaues Trikot. Am Rücken ist es tief ausgeschnitten. Sie steht vor mir an der Stange und macht perfekte Pliés.
Frau Rotluff war begeistert, als ich ihr am Telefon von einer neuen Schülerin erzählte.
»Wenn die was kann«, sagte sie, »ist unsere nächste Aufführung gerettet. Astrid will nämlich abspringen, und Ursi packt das nicht mehr.«

Rosana wird es schaffen, das ist sicher. Sie hat die richtige Technik. Und hohe Beine. Das »Rond de jambe en l'air« sieht bei ihr so grazil und mühelos aus, als habe sie nie etwas anderes in ihrem Leben gemacht. Ächzend stehe ich hinter ihr und versuche ihr nachzueifern. Am Ende der Stunde zwinkert mir die Rotluff fröhlich zu. Ich glaube, sie ist auch von Rosana begeistert.

»Toll«, sage ich, als wir unter der Dusche stehen, »du warst einfach toll! Hast ja ganz schön untertrieben.«

»Du bist viel besser als ich«, erwidert Rosana.

»Wollen wir uns jetzt streiten, oder was?«

In Sekundenschnelle schalte ich Rosanas Dusche auf kalt um und springe schnell zur Seite.

Sie schreit auf. »Du Hexe! Na warte!« Sie hält ihr verschwitztes Trikot unter die kalte Dusche und wirft es pitschnaß in meine Richtung. Es trifft mich am Bauch, und ich schreie laut auf. Dann packt mich Rosana und hält meinen Kopf ein paar Sekunden unter Wasser.

»Wer ist besser? Du oder ich?« kreischt sie.

»Du!«

Sie hält meinen Kopf weiter unter die eiskalte Dusche. »Wer ist besser?«

»Ich!«

Da läßt sie von mir ab, und wir fallen keuchend und lachend auf die Bänke in der Umkleidekabine. Rosana sieht nackt wunderschön aus.

Wir ziehen uns an und trotten zum Bus.

Diskoabend

Eine ganze Woche Herbstferien! Draußen ist es schon kühl, aber die Sonne scheint. Ganz Hamburg ist in ein goldenes Licht getaucht. An meinem Fenster hat sich eine Spinne breitgemacht und zieht ihr Netz in weiten Kreisen. In der Sonne schillert es tausendfarbig.
Heute ist Sabine zum Frühstück da. Wir schlagen uns den Bauch mit Schokocremebrötchen voll und reden über Gott und die Welt und natürlich über Jungs. Sabine erzählt mir von ihrem neuen Schwarm aus dem Savoy. Ein süßer Typ mit blondem Haar und einem Lächeln zum Dahinschmelzen.
Das Thema Rosana wird ausgespart. Ich glaube kaum, daß sie ihre Meinung über Rosana geändert hat, aber vielleicht hat sie sich mittlerweile damit arrangiert, den Status der »besten Freundin« mit einem anderen Mädchen zu teilen.
»Hast du Lust, heute abend mit ins Savoy zu kommen?« fragt Sabine beim dritten Brötchen.
»Mal sehen«, antworte ich und lecke meine klebrigen Finger ab. Große Lust habe ich zwar nicht, aber mich interessiert doch, was für einen liebreizenden Boy Sabine sich diesmal ausgesucht hat.
Als sie gerade gehen will, klingelt das Telefon. Rosana ist dran. »Mein Bruder und ich wollen heute abend in die Disko. Magst du mitkommen?«
»So ein Zufall«, sage ich. »Sabine hat mich gerade gefragt, ob ich nicht Lust aufs Savoy habe.«
Rosana lacht.
»Dann können wir doch zu viert gehen, vorausgesetzt, Sabine läßt ihr Schlachtermesser zu Hause.«

Sabine steht neben mir. Ich hoffe, sie hat das mit dem Schlachtermesser nicht mitbekommen.
»Rosana und ihr Bruder wollen mit ins Savoy«, sage ich.
Sabine nickt und macht ihr berühmtes »Wenn's-sein-muß-Gesicht«.

Eine Frauenstimme dröhnt durch die Disko. Es ist neun Uhr und noch nicht viel los. Rosana swingt im Rhythmus der Musik, Sabine schmachtet Rosanas Bruder an. Er mag ein oder zwei Jahre jünger sein als Rosana und sieht ihr verblüffend ähnlich. Die gleichen dunklen Locken, die gleichen weißen Zähne. Wenn er lacht, sieht er mit seinen Grübchen fast wie ein Mädchen aus.
»Und?« frage ich Sabine. »Ist dein Typ nicht da?«
»Ich glaube nicht«, sagt sie und schielt sich fast die Augen nach Roberto aus. Wenn es um Jungen geht, ist Sabine flexibel. Rosana und ich holen uns eine Cola.
»Merkst du was?« frage ich Rosana.
»Ist die immer so?« fragt sie zurück. Ich nicke.
Als wir zurückkommen, hat Sabine Roberto in ein Gespräch verwickelt. Rosana und ich nippen schweigend an unseren Getränken. Aus den Augenwinkeln sehe ich, daß Rosana grinst. Langsam füllt sich die Tanzfläche. Ein Paar zieht direkt vor unserer Nase seine Show ab.
Sabine stößt mich in die Rippen. »Er ist da! Siehst du ihn? Der da vorne an der Tür.«
Ich denke, ich werd' verrückt. Ein Schnauzbärtiger in karierter Hose und Leisetretern mit Klettverschlüssen.
»Das ist doch nicht dein Ernst!« sage ich.
»Wieso? Gefällt er dir nicht?«
»Er ist schon ziemlich alt.«
»Reif«, verbessert mich Sabine, »nicht alt. Sieh mal, wie

er lächelt.« Ich zucke mit den Schultern und überlasse Sabine sich selbst und ihrem entflammten Herzen.
Rosana und ich verschwinden auf der Toilette.
Im grellen Neonlicht sehen wir rot und fleckig aus. Rosana lehnt sich an die Kacheln.
»Tut das gut! Dieser Lärm und diese Luft da drinnen, das macht einen ja wahnsinnig.«
Ich nicke und lehne mich ebenfalls an die Wand.
»Gemein«, sage ich, »jetzt ist schon dein Bruder Sabines Attacken ausgeliefert.«
»Quatsch! Die hat doch jetzt den anderen Typen zum Anhimmeln. Und außerdem glaube ich, Roberto wäre gar nicht abgeneigt. Ich kenne doch meinen Bruder.«
Zwei Mädchen kommen kichernd in den Waschraum.
»Hast du gesehen, wie der geguckt hat?« kiekst die eine. Sie holt eine Dose Haarspray aus ihrer Tasche und nebelt ihre Haare kräftig ein. Rosana hustet gekünstelt, aber das Mädchen sprüht weiter, bis ihr Haar ganz steif ist. Die andere schmiert ihr Gesicht mit einer bräunlichen Paste ein.
»Das ist doch der Nick. Sieht aus wie George Michael«, sagt sie. Dann verschwinden die beiden.
Rosana grinst. »So blöd möchte ich auch mal sein.«
»Wollen wir wieder reingehen, tanzen?« frage ich sie.
»Laß uns noch bleiben. Es ist so friedlich hier.«
»Und fast gemütlich«, ergänze ich.
Schweigend lehnen wir Schulter an Schulter an der Wand. Rosana hat die Augen geschlossen und lächelt in sich hinein. Dann nimmt sie wie selbstverständlich meine Hand. Ihre Finger sind kühl. So stehen wir da, ich weiß nicht, wie lange.
Die Tür wird aufgerissen. Es ist Sabine. Rosana und ich fahren auseinander.

»Wo bleibt ihr denn?« fragt sie wütend. »Wie in der Schule, da hängt ihr auch stundenlang auf dem Klo rum.«
»Wir kommen ja schon«, sage ich mit belegter Stimme.
Die Disko ist merklich voller. Roberto tanzt mit einem Mädchen. Sabines Typ ist offensichtlich verschwunden.
»Was ist mit dem Bärti?« necke ich Sabine.
»Der ist weg. Mit seiner Freundin, glaube ich«, sagt sie.
»Da hast du aber Glück gehabt, Bine.«
»Ach, laß mich!«
Mit einem trüben Blick auf die Tanzfläche und auf Roberto sagt sie: »Ich gehe jetzt. Kommt ihr auch?«

Immer das gleiche Spiel

Draußen prasselt der Regen gegen das Fenster.
Pele hat mir das T-Shirt ausgezogen und bedeckt meinen Rücken mit Küssen. Ich denke an Rosana. Sie hat sich seit drei Tagen nicht gemeldet.
Pele dreht mich sanft um und küßt meinen Busen. Ich weiß nicht, warum ich es geschehen lasse. Mein Blick fällt auf die Holzente, und mir ist, als lache sie mich aus.
»Kleines«, flüstert Pele, »heute hab' ich eines dabei.« Er zieht ein Kondom aus der Tasche.
Das Telefon klingelt. Hastig ziehe ich mein T-Shirt über und renne nach unten.
»Laß es doch klingeln!« ruft Pele mir nach.
»Hallo?« Ich keuche ins Telefon.
»Hier Rosana, hab' ich dich gestört?«
Gerettet! denke ich, sage aber nur: »Nein, nein.«
»Ich wollte dich fragen, ob du morgen abend mit ins Ballett kommst.«

»Wie meinst du das?«
Mein Mund fühlt sich an wie mit Watte verklebt.
»Ins Ballett, in den Sommernachtstraum. Meine Eltern haben zwei Karten und können nicht gehen. Da habe ich gleich an dich gedacht.«
»Prima«, sage ich kraftlos.
»Susa! Du freust dich ja gar nicht.«
»Doch, natürlich. Was kostet die Karte?«
»Nichts, meine Eltern haben sie uns geschenkt.«
Ich höre, wie Pele die Treppe herunterkommt. Er sieht mich nicht an und läßt die Tür zufallen.
»Was war denn das?« fragt Rosana.
»Das war Pele«, sage ich in scharfem Ton.
»Bist du deshalb so komisch? Ist was mit euch?«
»Nichts, gar nichts! Nur daß Pele jedesmal versucht, mich rumzukriegen.« Rosana sagt nichts.
»Rosana?«
»Ja?«
»Sehen wir uns morgen?«
»Klar, ich hol' dich ab. So gegen halb sieben.«
Als ich in mein Zimmer komme, liegt das Kondom noch auf meinem Bett. Ich schneide es in kleine Stücke und lasse die Schnipsel in den Papierkorb regnen.

Sommernachtstraum

Von der U-Bahn-Station Stephansplatz sind es nur wenige Meter bis zur Oper. Rosana hat mich untergehakt, schweigend stiefeln wir gegen den Wind.
Die Hamburger Staatsoper ist ziemlich häßlich, ein grauer, schmutziger Kasten. Ich war schon ein paarmal hier.

Immer mit Mutti im Ballett und einmal als Sechsjährige in einer »Hänsel-und-Gretel«-Vorstellung.
Wir geben unsere Mäntel an der Garderobe ab. Zum erstenmal sehe ich Rosana in einem Rock. So wirkt sie noch schlanker und zu damenhaft für meinen Geschmack.
Wir drängen uns durch die Menschenmenge ins Parkett. Ich kann es kaum fassen: Wir sitzen in der dritten Reihe, genau in der Mitte. Als ich verstohlen auf meine Karte schaue, sehe ich, daß die Plätze jeweils siebenundneunzig Mark kosten. Um uns herum sitzen ältere Leute in festlicher Kleidung. In meiner Jeans fühle ich mich fehl am Platz. Als das Licht im Zuschauerraum ausgeht, drückt Rosana verstohlen meine Hand. Ich halte sie fest. Rosana starrt gebannt auf die Bühne, ihre Hand liegt entspannt in meiner. Hin und wieder sieht sie mich an und lächelt. Ich glaube, es gefällt ihr.
In der Pause flanieren wir durchs Foyer.
»Komm, ich lade dich zum Sekt ein«, sagt sie und schiebt mich zum Getränkestand.
»Diesmal bezahle ich.« Schnell ziehe ich mein Portemonnaie aus der Tasche.
Als es schon zum zweiten Teil geklingelt hat und wir leicht beschwipst unseren Weg zum Parkett suchen, stößt Rosana mich an. »Guck mal, den kennen wir.«
Hollenstein. Das darf nicht wahr sein. Hollenstein mit einer Flamme. »Los!« Ich ziehe Rosana weiter. »Dem will ich nicht in die Arme laufen.«
Aber es ist schon zu spät. Hollenstein hat uns gesehen und kommt geradewegs auf uns zu.
»Ihr beide hier? Was für eine Überraschung! Darf ich vorstellen, zwei Schülerinnen der elften Klasse, Frau Rödiger, meine Freundin.«

»Tag!« parieren wir brav und reichen beiden die Hand.
»Na, wie gefällt's euch?«
»Sehr gut«, sage ich, und Rosana nickt zustimmend.
»Uns auch, der Liska tanzt phantastisch. Was meint ihr, wie es ausgeht?« Hollenstein zwinkert uns betulich zu. »Wollen mal hoffen, daß auch die richtigen Paare zueinanderfinden.« Ein Blick zu seiner Freundin. »Wie im richtigen Leben.«
Das zweite Klingeln erlöst uns von dieser peinlichen Unterhaltung. »Viel Spaß noch, wir müssen wieder. Bis nächste Woche in der Schule.«
Hollenstein verschwindet mit seiner Freundin in der Menge. Ich hätte ihm einen besseren Geschmack zugetraut. Rosana kichert. »Der hat ja eine Tussi!«
»Wundert mich nur, daß die in die Oper geht. Danach sieht sie gar nicht aus.«
»Na ja«, meint Rosana, »die könnte ganz gut aussehen, wenn sie sich nicht so entsetzlich auftakeln würde.«
Ich stoße Rosana an. »Findest du nicht auch, daß er uns wie kleine Kinder behandelt hat?«
»Du hast recht. Vielleicht hat er uns mit Mädchen aus der Orientierungsstufe verwechselt.«
Der zweite Teil gefällt uns noch besser als der erste. Rosana schiebt mir wieder ihre Hand rüber. Als wir gegen halb zehn aus der Oper kommen, tänzeln wir beschwingt, Arm in Arm, die Straße entlang. Leider müssen wir beide nach Hause. Aus der Sommernachtstraum! Im U-Bahn-Waggon sind wir allein.
»Weißt du was?« sagt Rosana. »Ich fühl' mich einfach wohl, wenn ich mit dir zusammen bin.«
»Ich mich auch«, bringe ich hervor, und es ist mir egal, daß ich wieder rot werde.

Ungebetener Besuch

Am Mittwoch abend steht Pele überraschend vor der Tür. Er wirkt verlegen.
»Komm rein«, sage ich.
»Hast du überhaupt Zeit?«
»Ja, ein bißchen. Warum hast du nicht angerufen?«
»Ich weiß auch nicht.« Er spricht gedehnt. »Ich dachte, ich schaue einfach mal rein.«
Wie ein kleiner Schuljunge sitzt Pele auf meinem roten Sofa und knetet mit Hingabe seine Hände.
»Und?« frage ich. »Wie geht's?«
»Danke gut, und dir?«
Statt zu antworten, betrachte ich meine Fingernägel. Solche Gäste sind mir die liebsten – kommen unangemeldet hereingeschneit und warten auch noch darauf, unterhalten zu werden. Aber da spiele ich nicht mit.
Nach einer langen Schweigepause sagt Pele: »Also gut, ich wollte mit dir über neulich reden.«
»Wenn du unbedingt meinst.«
»He«, sagt Pele leise und schaut mir zum erstenmal in die Augen. »Ich finde es schade, wenn unsere Freundschaft darunter leidet.«
»Wovon sprichst du? Du bist doch abgehauen.«
»Das ist es ja eben. Immer hab' ich das Gefühl, dich zu belästigen oder zu stören. Und ich merke doch auch, wie du in der Schule zu mir bist. Ganz anders als zu Sabine oder Rosana. Auch wenn du neben mir stehst, habe ich das Gefühl, du bist nicht da.« Er holt tief Luft. »Und auch jetzt bist du wieder so – so teilnahmslos.«
»Was soll ich deiner Ansicht nach machen? Dir um den Hals fallen oder was?«

»Darum geht's doch gar nicht, aber ich dachte, wir wären zusammen.«
»Hm.«
»Warum bist du eigentlich immer so kalt?«
Das sitzt. Kalt soll ich also sein.
»Soll ich denn immer nur an das eine denken – wie du?«
»Susa!« Pele ist feuerrot geworden. »Ich denke nicht nur an das eine, das weißt du genau.«
»Na ja, ein paarmal hatte es den Anschein.«
»Weißt du eigentlich, wie das ist, wenn man jemanden so richtig begehrt, mit Haut und Haaren?«
Das weiß ich zwar nicht, aber soll ich es Pele auf die Nase binden? Nein.
»Nun sag doch was«, beharrt er. Und dann platzt er heraus: »Du hast ja keine Ahnung! Hast noch nie mit einem Jungen geschlafen!«
»Wenn schon!« fahre ich ihn an. »Glaubst du, daß es dich was angeht?«
»Susa, du bist so nüchtern, so kalt, so leidenschaftslos.«
»Nun reicht's aber! Du hast kein Recht, über mich zu urteilen!« Meine Stimme überschlägt sich fast.
»Schade«, sagt Pele. »Ich dachte, zwischen uns könnte alles wie früher werden.«
»Toll! Romantisch Händchen halten und auf den günstigen Moment warten?«
Da sagt Pele: »Es ist wohl besser, wenn ich gehe.«
Als ich ihn zur Haustür bringe, gibt er mir einen flüchtigen Kuß auf den Mund. Seine Augen sind feucht.
»Susa!«
»Was ist?«
»Magst du mich denn gar nicht mehr?«
»Doch«, sage ich und meine es in diesem Augenblick so.

Überraschende Einladung

Es ist Sonntagmorgen. Ich bin mal wieder die letzte am Frühstückstisch. Vor mir stehen Berge von Müsli – Andreas und Mutti haben zur Zeit einen Müslifimmel. Vollkornmüsli, Früchtemüsli, Schokomüsli, Tropenmüsli. Mutti will, daß ich auch Müsli esse, weil es angeblich so gesund ist. Ob es ihr wirklich schmeckt? Ich esse am liebsten Weißbrot mit Butter und Schokocreme. Aus Protest? Keine Ahnung. Ich weiß nur, daß diese Vorliebe auf Dauer meiner Figur schadet.

»Susa, ein Bananen-Erdbeer-Müsli? Ganz frisch von Bio-Heinze.«

Mutti sollte es mal in der Fernsehwerbung versuchen.

»Nun laß das Kind doch«, brummt Heinz-Günther, ohne von seiner Sonntagszeitung aufzublicken. Kein Wunder, daß ich in Heinz-Günther ausnahmsweise mal einen Fürsprecher habe. Er haßt das ganze Ökozeug und ißt am liebsten Brötchen, dick belegt mit fetter Wurst.

Am späten Vormittag liege ich auf dem Bett und stelle mir Figuren auf der weißen Rauhfasertapete vor, wie früher als Kind, wenn ich krank war. Eine Schnecke, ein Gesicht, einen Hund. Es ist einer dieser typischen Langeweile-Sonntage. Die Hausaufgaben sind erledigt, Sabine läßt nichts von sich hören, Pele schon gar nichts. Wenn nur Rosana sich melden würde.

Am späten Nachmittag ruft Gitta an.

»Hast du Lust, am Samstag zu meiner Geburtstagsfete zu kommen?« fragt sie.

Ich bin überrascht. Gitta aus der Zwölften gibt sich sonst nicht mit Jüngeren ab.

»Gerne«, sage ich. »Vielen Dank für die Einladung.«

»Sabine und Pele habe ich schon Bescheid gesagt, und die Neue aus eurer Klasse, diese Italienerin, kannst du gerne auch mitbringen.«
»Gut, ich werde sie fragen. Aber sag mal, Gitta, wie kommen wir zu der Ehre?«
»Jungenüberschuß!« bellt sie ins Telefon. »Nein, im Ernst, ich will ein paar von euch aus der Elften kennenlernen. Ist doch schade, daß man sich kaum kennt.«
»Hm«, sage ich ohne rechte Überzeugung. Ich vermute, Pele steckt dahinter.
»Die Fete steigt bei mir zu Hause, am Sonnabend ab neunzehn Uhr, okay?«
»Okay.«
»Ach, da gibt es noch ein Problem. Ich wohne draußen in Rahlstedt, Eichberg sechzehn. Vielleicht könnt ihr eine Fahrgemeinschaft organisieren oder euch für die Heimfahrt ein Taxi teilen.«
»Da wird sich schon was machen lassen«, sage ich. »Also dann. Bis Sonnabend.«
Mir fällt ein, daß Tante Rita in Rahlstedt wohnt. Sie wird erlauben, daß wir zu dritt bei ihr übernachten.

Die Party

Tante Rita quartiert uns in Onkel Herberts Arbeitszimmer ein. Ich bin mit Rosana alleine gekommen, Sabine hat abgesagt. Angeblich kann sie nicht, weil ihre Tante Geburtstag feiert, dabei geht sie nie auf Familienfeste. Der Hase liegt sicher woanders im Pfeffer – ihr paßt es wohl nicht, daß Rosana dabei ist.
Onkel Herbert hat zwei Matratzen ins Zimmer gelegt.

Draußen ist es schon lausig kalt, und die Heizung funktioniert nicht.
»Ziemlich ungemütlich hier«, sagt Rosana.
»Stimmt.« Ich lasse mich in einen Sessel fallen.
Eigentlich wollte ich mich mit meiner neuen, wildgeblümten Bluse zur Diva des Abends aufputzen, aber ohne Pulli wird bei dieser Kälte nichts daraus.
Rosana hat mit ihrem dünnen hellblauen Hemd, das sie zu einer alten, viel zu großen Jeans trägt, ähnliche Probleme. Pullover haben wir nicht dabei.
Tante Rita steckt den Kopf zur Tür herein und sagt: »So geht das nicht, ihr holt euch noch den Tod. Wartet mal, ich schau' nach, was ich in meinem Schrank finde.«
Nach ein paar Minuten kommt sie wieder.
»Wie wär's denn damit?«
Freudestrahlend hält sie einen rosafarbenen, paillettenbesetzten Pullover und eine himmelblaue Strickjacke mit aufgenähten Hundebabys in die Luft.
»Meine Lieblingsstücke, beide ganz neu. Die müßten bei euch hinreißend aussehen.«
Immerhin, Tante Rita tritt uns selbstlos ihre modischsten Errungenschaften ab. Daß sie uns nicht gerade vom Hocker hauen, können wir ihr nicht sagen. Wohl oder übel müssen wir mit den Sächelchen vorliebnehmen.
»Vielleicht ist es bei Gitta so warm, daß wir diese Dinger schnell wieder ausziehen können«, sagt Rosana, als Tante Rita aus dem Zimmer ist.
»Das hoffe ich auch, sonst ist der Abend gelaufen.«
Rosana und ich schauen uns an und prusten vor Lachen. Selten haben wir so scheußlich ausgesehen.
»Was gibt's denn zu lachen?« ruft Tante Rita.
Jetzt können wir uns schon gar nicht mehr halten.

»Das ist die Vorfreude auf die Party.«
Ich japse erneut los.
Angesteckt von unserem Lachen fängt Tante Rita an zu kichern wie ein Schulmädchen.

Von Onkel Herbert und Tante Rita sind es nur zehn Minuten zu Gitta. Trotzdem hat uns Tante Rita für die Rückfahrt Taxigeld in die Hand gedrückt.
»Man hört so schreckliche Dinge, da kommt ihr besser mit dem Taxi nach Hause«, meinte sie.
Als wir kurz vor acht ankommen, ist die Fete schon in Gang. Gleich an der Tür läuft uns Pele über den Weg.
»Na, ihr Supergrazien, kommt schnell rein, das Büfett ist gerade eröffnet worden.«
Ich wundere mich, daß er nach unserer letzten Begegnung so lässig tut. Weil Rosana neben mir steht? Weil er sich vor ihr keine Blöße geben möchte?
Zu Glück ist es ziemlich heiß im Partykeller, und wir können uns ungesehen unserer Babypullover entledigen. Rosana sieht aus, als wäre sie einer Jeanswerbung entstiegen, und die Jungs sehen ihr ungeniert nach.
Pele küßt mich flüchtig auf den Mund und flüstert mir ins Ohr: »He, Kleines, alles in Ordnung?«
»Klar«, sage ich laut, »und bei dir?«
Pele grinst, küßt mich noch mal und wendet sich seinen Klassenkameraden zu.
Rosana schaut mich an.
»Komisch, wie der sich verhält«, sage ich. »Grad neulich hat er noch bei mir rumgeheult.«
»Komm, essen wir was«, schlägt Rosana vor.
Das Büfett sieht phantastisch aus, mit vielen verschiedenen Salaten, Fisch, Käse, frischem Brot, sogar Kuchen

und Früchten. Wir häufen die Teller randvoll und setzen uns zu Maike und Ulla aus unserer Klasse.
»Lecker, was?« Maike schiebt sich einen ganzen Rollmops in den Mund. »Ich wußte gar nicht, daß ihr zu Gitta Kontakt habt«, sagt sie kauend.
Haben wir ja auch nicht, will ich gerade sagen, aber ich schweige lieber, und auch Rosana bleibt stumm. Langsam kann ich mir denken, warum man uns hergebeten hat – sicher ist irgendein Typ hinter Rosana her, und ich bin als Alibifreundin mit eingeladen worden. Immerhin bin ich die einzige aus unserer Klasse, die mit Rosana befreundet ist.
»Wie findest du eigentlich unsere Schule?« versucht Ulla, ein Gespräch mit Rosana anzufangen.
»Och, ganz gut«, antwortet sie. »Jedenfalls besser als die in München. Der Hollenstein macht einen recht guten Deutschunterricht.«
»Na ja, der hat dich ja auch gefressen.«
Rosana zuckt mit den Schultern.
»Und in Italien? Wie sind da die Lehrer?« fragt Maike.
Während Rosana gelangweilt eine Standardantwort abspult, steht Tobias aus der Zwölften plötzlich hinter uns und stiert Rosana an.
Tobias also!
Pele sagte mal, er sei ein gräßlicher Aufschneider und Mädchenfänger. Arme Rosana, hoffentlich geht sie ihm nicht in die Fänge.
»In Italien sind die Lehrer ziemlich autoritär«, fährt sie fort, ohne von ihrem Teller aufzusehen. »Soweit ich mich erinnern kann.«
Tobias verschlingt Rosana mit den Augen. »Komm, tanzen wir«, sagt er und tippt ihr auf die Schulter.

Sie blickt sich um. »Nein danke, ich esse gerade«, erwidert sie kühl. »Und außerdem tanze ich gleich mit meiner Freundin.«
Mich trifft fast der Schlag. Während Rosana mit gespielter Langsamkeit ihren Teller wegstellt und mich auf die Tanzfläche zieht, gaffen uns Tobias und die Mädchen mit offenen Mündern an.
»Rosana!«
»Maike und Ulla nerven mich schon lange, und dann noch dieser aufgeblasene Typ!« Rosana lacht mich an. »Außerdem habe ich Lust, mit dir zu tanzen und nicht mit diesem Angeber.« Sie packt meinen Arm und schiebt mich auf die Tanzfläche.
»Komm, denen zeigen wir's!«
Kaum jemand tanzt, die meisten hocken da und starren uns an. Mir macht es nichts aus, Rosanas Nähe gibt mir Selbstvertrauen. Sie tanzt so, wie man es den Südländern immer nachsagt, geschmeidig wie eine Katze und mit Rhythmus im Blut.
Pele steht mit einem Bierglas am Rand. Er sieht nicht besonders glücklich aus. Dann winkt er mich zu sich.
»Tanzt du auch mal mit mir?« fragt er.
»Komm doch zu uns«, fordere ich ihn auf.
Tatsächlich stellt er sein Bierglas ab und schlendert gemächlich auf die Tanzfläche. Neben Rosana macht er mit seinem Gehampel keine gute Figur.
Bei einem langsamen Lied zieht er mich an sich, und prompt krallt sich Tobias Rosana.
»Wann sehen wir uns wieder?« haucht mir Pele ins Ohr. »So richtig, meine ich.«
»Wann du willst. Nächste Woche irgendwann?«
»Okay.«

Ich spüre Peles Hände auf meinem Rücken auf und ab wandern. Rosana hängt unglücklich in Tobias' Armen. Als er sie küssen will, dreht sie schnell ihren Kopf weg. Unsere Blicke treffen sich, Rosana verdreht die Augen. Ich muß grinsen, obwohl ich die Situation eher zum Heulen finde.
Später landen Rosana und ich erschöpft und verschwitzt auf dem Sofa. Pele wollte zur Toilette, Tobias macht sich am Büfett zu schaffen. Die aus der Zwölf stehen in Grüppchen herum, einige sind schon gegangen.
»Einen Schluck Sekt zur Feier des Tages?« fragt Rosana.
»Wieso zur Feier des Tages?«
»Na, ist doch ein schöner Abend, mit Engtanz und allem Drum und Dran. – Dieser Tobias ist ein Ekelpaket, hält sich für unwiderstehlich und läßt nicht locker.«
Sie lacht und streicht sich über ihr erhitztes Gesicht.
»Puh, ist das hier eine Hitze!«
Der kalte, prickelnde Sekt tut gut. Er kühlt und hinterläßt einen angenehmen kleinen Schwindel im Kopf. Wir versinken im Sofa und kuscheln uns aneinander. Am liebsten würde ich so einschlafen.
Rosana erzählt von Italien, daß ich mal mit ihr dorthin fahren sollte. Nach Florenz, nach Rom und natürlich nach Venedig, wo sie einen Teil ihrer Kindheit verbracht hat. Überhaupt sei Venedig die schönste Stadt der Welt, und bei ihrer Großmutter sei für Unterkunft gesorgt. Durch die schmalen Gassen würden wir spazieren, den leicht modrigen Geruch einatmen und die Sonne im Wasser glitzern sehen. Ich lege meinen Kopf an Rosanas Schulter und schließe die Augen. Mir dreht sich alles, Farben und Formen tanzen vor mir auf und ab. Rosana ist jetzt ganz still und bewegt sich nicht.

»Na, ihr beiden Süßen, ihr seid ja ein hübsches Paar.« Tobias' Stimme klingt schrill. Er gießt sich einen Whisky, Cognac oder weiß der Teufel was ein und setzt sich zu uns. Er scheint angetrunken zu sein.
Ich richte mich abrupt auf, aber Rosana zieht mich zurück. »Wir sind ein hübsches Paar, da hast du recht«, kontert sie. »Und? Was geht es dich an?«
Tobias zieht wütend ab, Rosana kichert in sich hinein, und mir ist die Szene etwas peinlich.
»Was der sich einbildet! Erst versucht er mich abzuknutschen, und dann macht er dumme Bemerkungen. Kennst du den näher?«
»Überhaupt nicht. Ich habe nur von Pele gehört, daß er ein Angeber sein soll. Und wenn der das sagt, will das schon was heißen.«
Da fällt mir ein, daß ich Pele gar nicht mehr gesehen habe, seit er auf der Toilette verschwunden ist. Ich blicke mich um und entdecke ihn in einem Sessel im hinteren Teil des Wohnzimmers. Er schaut zu uns herüber. Vermutlich hat er uns schon die ganze Zeit beobachtet.
»Pele sieht nicht gerade freundlich aus«, sagt Rosana. »Was ist ihm über die Leber gelaufen?«
»Hm, ich weiß nicht, der ist manchmal launisch.«
»Tanzen wir noch 'ne Runde?« Rosana zieht mich hoch. Ich fange an, Tobias' und Peles giftige Blicke zu genießen, und tanze wie im Rausch. Alles fliegt in Sekundenschnelle an mir vorbei. Wo ist Gitta, wo sind die anderen? Rosana bewegt sich als dunkler Schatten, immer im Rhythmus der Musik. ‚Love to love you, baby', singt eine Stimme. Warum sieht Rosana so schön aus? Dabei kann ich sie gar nicht richtig sehen. Langsamer, immer langsamer … Ich merke, wie mich jemand zu sich heran-

zieht und Lippen sich auf meine legen, so schön, so warm. Ich öffne die Augen.
»Rosana!«
»Ja«, sagt sie nur und streichelt meine Wange.
Plötzlich bin ich hellwach. Mir wird bewußt, daß mich Rosana gerade geküßt hat.
Mein Herz fängt an zu klopfen. Ein Mädchen hat mich geküßt, einfach geküßt. Mein erster Gedanke ist: Hat es jemand gesehen? Mein zweiter: Es war wunderbar, weich. Ich wage nicht, Rosana anzusehen.
»Komm, laß uns aufbrechen«, sagt sie.
Es ist kurz nach Mitternacht.
Pele und Tobias sind schon gegangen, nur ein paar Jungen und Mädchen aus der Zwölften sind noch da. Einige knutschen in den Ecken.
Als wir auf das Taxi warten, nehme ich meinen Mut zusammen und frage: »Warum hast du mich geküßt?«
»Ich weiß nicht, es war eben so.«
Dann schweigen wir.
Tante Rita und Onkel Herbert sind noch auf.
»Kinder, Kinder, schon zwölf durch!« Tante Rita stöhnt. »Wir haben uns Sorgen gemacht. Wo wart ihr so lange?«
Das ist mal wieder typisch. Anstatt ins Bett zu gehen und zu schlafen, regt sie sich auf. Aber so ist sie. Schon früher hat sie Angst gehabt, Andreas und ich könnten im knietiefen Nichtschwimmerbecken ertrinken.
Wir sind hundemüde und haben nicht die geringste Lust auf Diskussionen. »Tut uns leid«, entschuldige ich mich. »Es war ganz lustig.« Mehr sage ich nicht.
»Nun mal ab in die Falle«, brummelt Onkel Herbert.

Die schönsten Augen der Welt

Dann liegen wir auf unseren Matratzen im hundekalten Zimmer. Ich bin wieder hellwach und völlig nüchtern. Mir fällt Rosanas Kuß ein. Allein der Gedanke jagt mir Schauer über den Rücken.

Und Rosana?

»Kalt hier«, flüstert sie nach einer Weile in die Dunkelheit. »Findest du nicht auch?«

»Hm, ja.«

»Man müßte Socken anhaben.«

»Soll ich dir welche holen?« frage ich.

»Nee, laß mal, geht schon.« Sie schweigt einen Moment und sagt dann: »Susa, ich wollte dir sagen – es war ein richtig schöner Abend. Mit dir, meine ich.«

»Finde ich auch«, erwidere ich leise.

»Also bist du mir nicht böse – wegen vorhin?«

Mir steigt das Blut in den Kopf. Wie gut, daß Rosana mein Gesicht im Dunkeln nicht sehen kann.

»Nein.«

»Susa?«

»Ja?«

»Ich hab' dich sehr gern.«

»Ja.«

»Und du?«

»Was ich?«

»Magst du mich auch?«

»Aber natürlich.«

»Und Sabine?«

»Was Sabine?«

»Sie ist doch deine beste Freundin.«

»Eigentlich schon.«

»Was heißt eigentlich?« fragt Rosana.
»Na, ich kenne sie eben schon lange. Aber was hat das mit dir zu tun?«
»Ich habe das Gefühl, Sabine reagiert immer noch komisch, wenn wir uns treffen.«
»Ich weiß nicht, vielleicht hast du recht. Aber ich kann mich doch nicht nur mit ihr treffen, bloß weil ich sie schon länger kenne. Außerdem spielt sie gerne das Mimöschen, wenn sich nicht alles um sie dreht.«
»Und Pele?«
»Wie Pele?«
»Bist du wirklich nicht in ihn verliebt?«
»Nee.«
»Er sieht aber gut aus.«
»Na und?«
»Ich meine nur.«
Rosana gähnt, ich bin still. Sicher möchte sie schlafen.
»Susa«, murmelt sie nach wenigen Minuten. Ich bin gerade am Einnicken.
Und dann sagt sie: »Mir ist so kalt. Kommst du zu mir rüber, mich ein bißchen wärmen?«
Mein Herz fängt an zu rasen.
Ich zu Rosana ins Bett? Der Kuß, denke ich, der Kuß. Meine Hände schwitzen, obwohl mir kalt ist. Ich bleibe wie gelähmt liegen.
»Susa?«
Dann stehe ich doch auf und lege mich zu ihr.
»Komm näher, dann wird uns beiden warm. Liegst du auch bequem?«
»Ja«, sage ich, obwohl es eng auf der Matratze ist.
Rosana kuschelt sich an mich, und mein Herz klopft so laut, daß ich denke, sie müßte es hören. Sie nimmt mich

in den Arm und streichelt mein Haar. Wir sind ganz still. Rosana riecht nach Vanille.
Dann berührt sie meine Schultern, meine Arme. Ganz behutsam schiebt sie mein Nachthemd hoch und streicht über meine nackte Haut. Stocksteif liege ich da und höre nur das Pochen meines Herzens.
Ich mag, was sie tut, und es kommt mir vor, als müsse es genau so geschehen, wie es geschieht. Trotzdem habe ich Angst, sie zu streicheln. Ich warte, bis sie meine Hand nimmt und auf ihren Körper legt. Ihre Haut fühlt sich an wie Samt. Langsam werde ich mutiger und ertaste ihren Bauch, ihre kleinen Brüste.
Irgendwann küssen wir uns. Ich bin voll Glück.

Am nächsten Morgen wache ich auf meiner Matratze auf. Tante Rita steht in der Tür und sagt: »Mädels, schon zwölf durch. Ihr kommt ja gar nicht aus den Federn! Habt ihr immer noch nicht ausgeschlafen?«
Rosana wälzt sich aus ihren Kissen und schaut Tante Rita verwundert an.
»Wir stehen gleich auf«, sage ich.
Tante Rita verläßt das Zimmer und murmelt etwas von Kaffee kochen.
Mir kommt es vor, als hätte ich alles nur geträumt, aber Rosana sieht mich an und sagt nichts. Sag doch was, Rosana, du bist doch sonst so schlagfertig, denke ich.
Endlich bricht sie das Schweigen. »Du bist in der Nacht zu dir rüber, weißt du das noch?«
»Nein.«
»Du hast dich im Schlaf hin und her gewälzt und gemurmelt. Es war dir wohl zu eng.« Rosana lächelt.
Stille.

»Alles in Ordnung, Susa?«
»Ja.«
»Es war schön.«
»Ja.« Mehr bringe ich nicht raus. Mir zittern die Knie, ich fühle Schwäche, Scham, Kribbeln, alles auf einmal. Bin ich etwa verliebt?
»Übrigens«, Rosana richtet sich auf, »das mit meiner kleinen Schwester – denk nicht, ich würde das jeder erzählen.« Schwungvoll steigt sie von der Matratze und verschwindet im Badezimmer.
Während Rosana unter der Dusche steht, denke ich an die vergangene Nacht. Ich versuche mich an jedes Detail zu erinnern, doch alles bleibt verschwommen. Nur dieses Kribbeln in der Magengegend ist wieder da, als läge Rosana neben mir. Warum ist es bei Pele anders? frage ich mich. Warum fühle ich bei ihm kein Kribbeln? Verrückt! Noch nie in meinem Leben habe ich so Herzklopfen gehabt. Ich weiß nicht, was das alles zu bedeuten hat. Wenn Mutti das wüßte oder Sabine, oder Pele!
Rosana kommt nur mit einem Handtuch bekleidet ins Zimmer und hat die schönsten Augen der Welt. Sie lacht verlegen. Als sie sich anzieht, dreht sie sich um.
Beim Frühstück ist die Stimmung dahin. Tante Rita quetscht uns aus. Sie will wissen, wie viele »Kinder« auf der Party waren, was es zu essen gab, was wir gemacht haben, eben das Übliche. Aus Höflichkeit geben wir die Antworten, die sie von uns erwartet. Immerhin waren Tante Rita und Onkel Herbert so lieb, uns hier übernachten zu lassen.
»Grüß Mutti«, sagt Tante Rita, als wir gehen.
»Mach' ich, und noch mal vielen Dank für alles.«
Zum Abschied drückt sie mir einen Kuß auf die Wange.

Herzklopfen

Dann ist Sonntagabend. Es gießt in Strömen. Ich langweile mich und vermisse Rosana.
Andreas ist beim Abendessen ungenießbar. Seine Laune färbt auf uns alle ab.
Auch Mutti will wissen, wie die Fete war.
»Gut war's«, sage ich.
Aber Mutti begnügt sich nicht mit dieser Antwort. Wie Tante Rita fängt sie an zu bohren.
Was kann an einer blöden Fete für die Erwachsenen so interessant sein? denke ich. Von Rosana und mir kann ich ihr nicht erzählen.
»Ein paar nette Jungs waren sicher auch da?« fragt Mutti.
Heinz-Günther grinst und zwirbelt seinen Bart.
»Nee, keine«, sage ich mürrisch.
Warum ist sie so erpicht darauf, daß ich mich mit Jungs einlasse? Damals, als ich mit Olli »ging«, war Mutti begeistert. Und jetzt die Sache mit Pele und der Pille. Ob sie keine Angst davor hat, ich könnte trotzdem ungewollt schwanger werden oder sogar Aids kriegen?
Nach dem Essen verkrieche ich mich in meinem Zimmer und dämmere auf dem Sofa vor mich hin. Von draußen kommen klappernde und pfeifende Geräusche. Es ist stürmisch und düster.
Immer wieder muß ich an Rosana denken. Wie wir getanzt haben, wie sie mich die ganze Zeit angesehen hat, und dann im Bett ihre Hände, die mich streichelten. So warm und sanft, daß ich es einfach geschehen lassen mußte. Ich bin ein Mädchen, sie ist ein Mädchen, und ich war bisher immer das, was man normal nennt. Kann denn ein Mädchen in ein Mädchen verliebt sein?

Eine Stimme in mir sagt: Was machst du da? Aber ich versuche, die Stimme zu verscheuchen – es war zu schön, wie in einem wunderbaren Traum.

Gerne wüßte ich, was Rosana denkt, jetzt, in diesem Moment. Aber ich würde nie wagen, sie zu fragen, sie anzurufen und zu sagen: Rosana, was denkst du gerade? Warum ist genau dies so schwer, obwohl es doch so einfach sein könnte? Wenn sie sich nur einen dummen Scherz mit mir erlaubt hat? Nein, so hätte sie nicht spielen können. Wieder fängt mein Herz an zu klopfen, mein Kopf ist heiß. Noch nie hatte ich solch ein Gefühl – so, als müßte ich platzen vor Glück.

Damals in der Neunten, die Sache mit Olli, das läßt sich nicht vergleichen. Wir haben auch geschmust, aber richtig gut fand ich es nie – Ollis unbeholfene und hektische Küsse waren mir unangenehm. So küßt man nicht, das wußte ich, ohne etwas anderes zu kennen. Ich war immer froh, wenn er wieder ging, und heute kann ich nicht mehr verstehen, warum ich überhaupt mitgemacht habe. Nach dieser Erfahrung habe ich mir gesagt: Du machst nur mit, wenn es dir wirklich gefällt.

Mit Pele ist es wieder anders, er ist nicht unbeholfen, eher umgekehrt: Er ist sich seiner Sache zu sicher und weiß zu genau, worauf er hinauswill. Bei ihm fehlt mir das echte Gefühl. Außerdem umgibt er sich mit einer Duftwolke aus der Drogerie – Rosana aber duftet so wunderbar nach Vanille.

Das Telefon klingelt. Andreas geht ran. Mein Herz fängt wieder an zu rasen. Hoffentlich ist es Rosana.

»Susa, Telefon!« ruft Andreas von unten hoch.

Ich springe vom Sofa auf und laufe barfuß die Treppe hinunter. »Ja?«

»Hallo, Susa, ich bin's, Sabine!«
»Ach, du bist es.«
»Hast du jemand anderes erwartet?« Ihre Stimme klingt bissig.
»Nein, eigentlich nicht, ich dachte nur …«
»Schon gut, ist ja auch egal. Ich wollte fragen, ob du morgen nachmittag Lust hast, bei mir vorbeizuschauen. Ich habe heute einen Kuchen gebacken.«
»Gerne«, sage ich, ohne es wirklich zu meinen. »Soll ich gleich nach der Schule zu dir kommen?«
»Ja, ist mir recht. Also dann! Da fällt mir ein, wie war's denn gestern auf der Fete?«
Das hat mir noch gefehlt. Ich hatte gehofft, sie würde vergessen, danach zu fragen.
»Ganz gut«, sage ich möglichst unbeteiligt. »Zum Teil war's auch langweilig.«
»So? Ulla hat mir erzählt, du hättest dich gut amüsiert – mit Rosana.«
Das sitzt. »Ulla wird sicher am besten beurteilen können, wie gut ich mich amüsiert habe.«
»Fühl dich nicht gleich angegriffen.«
»Was soll das denn?« frage ich wütend. »Wenn du von Ulla schon weißt, wie ich die Party fand, warum fragst du mich dann noch?«
»Indianerfrieden?«
»Schon okay.«
»Gut, Susa, dann bis morgen!«
Ich lege auf.
Ulla, die blöde Kuh, denke ich. Wahrscheinlich hat sie alles brühwarm erzählt. Ob sie noch da war, als Rosana mich in aller Öffentlichkeit geküßt hat? Vielleicht kann ich morgen von Sabine Genaueres erfahren.

Ein komplizierter Nachmittag

Im Dunkeln kommen mir die Bäume vor dem Fenster höher und imposanter vor als sonst. Das Mondlicht verwandelt sie in unheimliche Gestalten. Je länger ich sie anstarre, desto ängstlicher werde ich, aber wegsehen kann ich nicht. Mit einemmal bewegen sich die schauerlichen Riesen, verlassen ihren angestammten Platz und kommen auf mich zu, brechen mit lautem Getöse durch die Fensterscheibe. Ich wache schweißgebadet kurz vor dem Weckerklingeln auf.

Der Montagmorgen in der Schule verstreicht in Zeitlupe. Ich fühle mich vom gestrigen Nichtstun wie zerschlagen. Preuß teilt die Physikarbeiten aus. Auch das noch! Sabine sitzt mißmutig neben mir und vermeidet jegliche Unterhaltung. Ich spüre Rosanas Blicke auf meinem Rücken. Als ich mich umdrehe, sieht sie mich ernst an. Dann steht der Preuß vor mir und knallt mir die Arbeit auf den Tisch, eine Vier. Mist, wenn ich so weitermache, ist meine Drei in Physik bald flöten. Sabine strahlt, sie hat eine glatte Zwei.

Auch die zweite Stunde geht zäh dahin. Französisch. Mit der neuen Lektüre fangen wir erst nächste Woche an. Madame Morlat quält uns weiterhin mit Grammatik: Subjonctif. Als ob es nichts Wichtigeres im Leben gäbe als Subjonctif!

Rosana hält sich in der Pause von mir fern. Ich sehne mich danach, mit ihr zu sprechen, sie wenigstens anzusehen, aber ich kann sie nirgends finden. Dann ertappe ich mich bei dem quälenden Gedanken, daß alles nur ein Irrtum war. Vielleicht bereut sie es, vielleicht will sie nichts mehr mit mir zu tun haben.

Schlecht gelaunt stehe ich an der Heizung und knabbere an einem Apfel. Die Bissen wollen nicht runterrutschen.
»Es bleibt doch bei heute nachmittag?« Sabine bohrt mir ungalant ihren Ellbogen in die Rippen.
»Klar doch«, brumme ich säuerlich.
Auf einmal tut sie wieder, als wäre alles beim alten. Wahrscheinlich ist ihr die Sache mit der Physikarbeit eine Genugtuung. Früher war ich oft nach der Schule bei Sabine. Wir haben zusammen gekocht, Hausaufgaben gemacht oder einfach nur gefaulenzt. Seit Beginn des neuen Schuljahres ist alles anders, und nicht nur wegen Rosana.
Sabine hat sich während der Sommerferien verändert. Sie ist mir fremd geworden, obwohl wir seit Jahren eng befreundet sind.
Immer muß sie im Mittelpunkt stehen, immer will sie von allen bewundert werden.
Nach der fünften Stunde machen Sabine und ich uns auf den Heimweg. Für einen Moment stockt mir der Atem, als Rosana mir von weitem zuwinkt. Augenblicklich werde ich rot und winke verlegen zurück. Sabine sieht mich neugierig von der Seite an. Dann nimmt sie meinen Arm und zerrt mich zur Bushaltestelle. Kein Wort über Rosana, kein Wort über mein Rotwerden.
Sabines Eltern sind bei der Arbeit, und wir haben die Wohnung für uns. Wir gehen in die Küche, um uns Brote zu machen.
»Käse oder Wurst?« fragt sie.
»Käse«, antworte ich.
Dann schweigen wir wieder.
Sabine kocht Tee, holt den Kuchen und die Brote und deckt den kleinen Glastisch in ihrem Zimmer, so richtig

festlich mit Kerzen, Servietten und Musik von Mozart – als ob sie etwas gutzumachen hätte.
Während wir essen, habe ich das vertraute Gefühl von früher: Wir sitzen beieinander, reden nicht groß und fühlen uns wohl.
Doch dann schaut mich Sabine auf einmal wieder so merkwürdig an.
»Bine, du bist so schweigsam heute. Was ist denn mit dir los?« frage ich zwischen zwei Bissen.
»Nichts, gar nichts. Was soll schon sein?«
Minutenlanges Schweigen.
»Überhaupt – das sollte ich dich fragen«, sagt sie auf einmal brüsk, nimmt sich ein zweites Brot und beißt wütend hinein.
»Wieso mich? Du warst doch gestern so komisch am Telefon. Was sollte dieses Gerede von Rosana?«
»Du verstehst dich gut mit der Neuen«, wirft Sabine schnippisch ein. »Ulla hat mir erzählt, daß ihr auf der Fete die ganze Zeit ein Herz und eine Seele gewesen seid und die andern blöd angemacht habt.«
»Spinnst du? Wen sollen wir angemacht haben?«
»Die Jungs aus der Zwölften zum Beispiel.«
»So ein Blödsinn!« Langsam werde ich aggressiv. »Eher haben die versucht, uns blöd anzumachen. Was hat Ulla denn noch rumerzählt?«
»Nichts, gar nichts. So interessant seid ihr nun auch wieder nicht.«
Gleich fängt Sabine an zu weinen. Ich ahne es.
»Und ich dachte, du wärst meine beste Freundin«, sagt sie mit brüchiger Stimme.
»Aber Bine, das hat doch damit nichts zu tun.«
Jetzt rollen die Tränen. Sabine weint lautlos.

Ich nehme sie tröstend in den Arm, obwohl ich weiß, daß sie recht hat und daß ich uns beiden etwas vorlüge.
Rosana hat einiges mit unserer Freundschaft zu tun. Sabine steht für mich nicht mehr an erster Stelle, und daß sie es merkt, ist klar. Nur, wie soll ich mich ihr gegenüber verhalten? Ich mag sie, aber ich kann ihr doch nicht sagen, wie gern ich Rosana habe. Wenn ich mich in einen Jungen verliebt hätte! Aber wie soll Sabine die Sache mit Rosana und dem Herzklopfen verstehen, wen ich sie selbst kaum begreife?
»Schon gut«, sagt Sabine nach einer Weile. Vorsichtig wischt sie sich die Tränen ab. Die Wimperntusche hinterläßt schwarze Spuren. »Ich kann dir nicht deine Freunde verbieten. Aber ...«
»Was aber?«
»Es bleibt doch zwischen uns so, wie es war?«
»Klar, Bine«, antworte ich und weiß doch, daß ich nicht ehrlich bin. Was heißt nicht ehrlich – feige bin ich, das ist die Wahrheit. Mir ist es lieber, den Schein zu wahren, als den Tatsachen ins Auge zu sehen.
Als ich nach diesem schwierigen Nachmittag in mein Zimmer komme, trifft mich fast der Schlag.
Meine Holzente steht nicht mehr an ihrem Platz.
Sofort renne ich in die Küche.
»Wo ist meine Holzente geblieben?« schreie ich Mutti unbeherrscht an. Ich habe eine leise Vorahnung.
»Im Keller, ich dachte, du willst sie nicht mehr.«
»Du spinnst wohl! Meine Lieblingsente!«
Blind vor Tränen stolpere ich in den Keller und hole meine Ente zurück. Wie konnte Mutti das tun? Vorsichtshalber nehme ich am Abend die Ente mit ins Bett und drücke sie fest an mich. Sie ist hart und kalt.

Verwirrungen

In der ersten großen Pause am nächsten Tag treffe ich Rosana im Waschraum. Ihr Lächeln durchzuckt mich wie ein Blitz.

»Susa! Warum hast du denn gestern nicht zurückgerufen?« fragt sie.

»Du hast mich angerufen?«

»Hat dir deine Mutter nicht Bescheid gesagt?«

»Nein«, sage ich mit gedämpfter Stimme. »Erst hatte ich mit Sabine Theater, und dann hat Mutti meine Ente in den Keller verbannt.«

Für den Bruchteil einer Sekunde streicht mir Rosana über die Wange. Bestimmt glühe ich wie ein Ofen.

»Und ich habe schon befürchtet, du wolltest nicht mit mir sprechen.«

Stumm schüttle ich den Kopf. Wie kann sie so etwas nur glauben! Aber dann fällt mir ein, daß ich das gleiche von ihr dachte. Ich lache und sage nichts.

Im Überschwang der Gefühle halte ich mein Gesicht unter kaltes Wasser. Es läuft mir in die Haare, aber das ist mir egal. Rosana steht hinter mir und sieht mir zu. Dann nimmt sie meinen Kopf und fängt die Wassertropfen mit der Zunge auf.

Als ob nicht jeden Moment jemand kommen könnte!

»Wenn wir jetzt allein wären«, murmelt sie.

Diesmal durchzucken mich hundert Blitze gleichzeitig. Ich kann immer noch nichts sagen und warte nur darauf, daß etwas geschieht.

Dann endlich geht die Tür auf, und ein paar kleine Mädchen kommen herein.

»Wann hast du Zeit?« frage ich Rosana.

»Ich weiß noch nicht«, sagt sie, »heute und morgen leider kaum. Vielleicht übermorgen?«
Ich nicke. Mir ist jeder Zeitpunkt recht, ich muß sie nur wiedersehen. Und ich habe Angst davor.

Ich sitze auf Peles Matratze und weiß nicht, wie ich hergekommen bin. Pele hat mich angerufen und mich zu sich nach Hause eingeladen. Dann war ich plötzlich hier, ohne es wirklich zu wollen.
Das Zimmer ist erfüllt von Chopins Minutenwalzer. Pele hockt auf der Fensterbank und sieht in Boxershorts und T-Shirt wirklich toll aus. Ich esse von dem Käseteller, nippe am Rotwein und finde es nicht übel mit ihm. Ich bin ihm nicht mal böse, daß die schöne Stimmung nach Verführung schmeckt.
Pele steckt sich eine Zigarette nach der anderen an. In einem fort bläst er den Rauch in kleinen Wölkchen an die Decke. Er lächelt.
Heute hätte es passieren können, denke ich. Heute liegt es in der Luft. Aber es darf nicht mehr passieren.
Pele kommt von hinten und hält mir die Augen zu. Er schiebt etwas Rundes, Kühles in meinen Mund, eine Weintraube. Dann noch eine und noch eine. Ein bißchen Saft läuft mir aus dem Mund. Pele nimmt seine Hand von meinen Augen und verteilt die Flüssigkeit auf meinen Lippen. Als er mich zu küssen versucht, drehe ich meinen Kopf weg. Ich muß es ihm sagen. Ausgerechnet heute, wo ich ihn lieber habe denn je.
»Pele, ich kann's nicht mehr«, sage ich.
Ich sehe ihm dabei nicht in die Augen.
»Bitte, frag mich nicht warum, ich kann's dir nicht erklären. Ich möchte nicht mit dir schlafen.«

Er dreht meinen Kopf zu sich und streichelt meine Wange. Mir ist zum Heulen. Pele sieht mich so zärtlich an, daß ich mich zusammennehmen muß, ihm nicht um den Hals zu fallen.
Er schweigt.
Dann: »Ich wußte es. Ist schon okay.«
Ich muß weinen. Pele nimmt mich tröstend in den Arm. Wenn er jetzt wollte, ich würde mich nicht wehren.
Verrückt! Warum ist Pele plötzlich so? Warum war er früher nie so, als ich es von ihm erwartet habe? Nun ist es zu spät. Ich trinke den Rest Rotwein aus und gebe mir einen Ruck. »Pele, ich gehe jetzt«, sage ich.
Zum Abschied gibt er mir einen langen Kuß.
Zum erstenmal fühlt sich seine Zunge in meinem Mund schön an.

Herbstgeruch

Am nächsten Tag halte ich es nicht mehr aus, ich muß Rosana sehen, und zwar alleine. In der Klasse sprechen wir kaum miteinander, zum Bus gehen wir meist getrennt. Als könnte man »es« uns an der Nasenspitze ansehen. Nur die Momente im Waschraum gehören uns.
»Wollen wir uns heute nachmittag treffen?« flüstere ich ihr auf dem Weg zum Biologieraum zu.
»Gut, okay. Und wo?«
»Irgendwo draußen vielleicht. Wie wär's im Stadtpark am Planetarium, so um drei?«
»Abgemacht.«
Den Vormittag über ist es neblig. Erst gegen zwei Uhr bricht die Sonne hervor. Wie für uns bestellt, denke ich,

als ich durch den Park eile. Als ich kurz vor drei am Planetarium ankomme, steht Rosana schon da. Schüchtern nimmt sie mich in die Arme.

»Susa!« flüstert sie in mein Ohr.

Es geht mir durch und durch.

»Komm, gehen wir irgendwohin, wo wir alleine sind.«

Wir streifen durch den Park, Spaziergänger überall. Endlich finden wir eine ruhige Stelle, und Rosana breitet ihren Trenchcoat im Gras aus. Wir sitzen dicht beieinander, wagen aber nicht, uns zu berühren. Bei Tante Rita war es dunkel, der Sekt hatte unsere Hände gelöst. Jetzt ist es heller Tag, wir können uns nicht verbergen.

»Ein bißchen Sekt wär' nicht übel«, bemerkt Rosana, als könne sie meine Gedanken erraten.

Ich muß lachen und lehne mich mutig an sie. Sie dreht meinen Kopf zu sich hin und küßt mich. Dann liegen wir auf der Erde. Die Vögel zwitschern um die Wette, und es riecht angenehm nach Herbst. So muß es im Himmel sein, denke ich. Rosana geht mit meinem Körper um, als hätte sie in ihrem Leben nichts anderes getan.

Später, als wir immer noch Arm in Arm auf ihrem Mantel liegen, frage ich sie: »Rosana?«

»Ja?«

»Hast du viel Erfahrung damit?«

»Nein, kann ich nicht gerade sagen.«

»Und mit Jungen?«

»Einmal.«

»Was einmal?«

»Na, einmal habe ich mit einem Jungen geschlafen oder es zumindest versucht. Ist noch nicht lange her.« Sie zögert. »Es war weder angenehm noch unangenehm. Aber nicht so wie bei dir.«

Ich nehme ihre Hand und drücke sie fest. Das ist das Schönste, was sie mir hat sagen können.

»Und du?« will Rosana wissen.

»Ich hab' immer geglaubt, ich mach's irgendwann mit Pele, aber es geht nicht mehr, jetzt nicht mehr.«

»Topolina!« Rosana zieht mich so nahe zu sich heran, daß ich ihren warmen Atem an meinem Nacken spüre. Ihr Geruch nach Vanille macht mich verrückt. Ich winde mich aus ihren Armen und richte mich auf.

»Was meinst du damit, daß es weder angenehm noch unangenehm war mit dem Jungen? Oder magst du nicht darüber reden?«

»Doch, warum nicht? Wir sind doch Freundinnen. Wenn ich es dir nicht erzähle, wem dann? Es ist nur – mir fällt es schwer, mich da richtig auszudrücken.« Rosana beißt auf ihren Nägeln herum. »Also, es war überhaupt nicht erotisch, auch nicht zärtlich oder so.«

»Woher kanntest du den Jungen?«

»Aus meiner Schule in München. Er war hübsch, blond, groß, schon etwas älter, und ich hab' mir eingebildet, ich wäre in ihn verliebt. Einmal, als meine Eltern weg waren, haben wir rumgeschmust, und dann war er plötzlich bei mir drin – den Rest kannst du dir denken.«

Ich sehe Rosana fragend an.

»Also, der hat's gemacht, einfach so, ohne mich vorher zu streicheln.«

Dann sagt sie leise, als ob sie sich ihrer eigenen Worte schäme: »Er hat auf mir rumgezappelt, mit so einem fanatischen Blick, und nach ein paar Sekunden war's auch schon vorbei. Ich lag enttäuscht da und konnte nicht glauben, daß das alles gewesen sein sollte.«

»Und wie ging's dann weiter?«

»Ständig hat er bei mir angerufen, aber ich hab' mich immer verleugnen lassen. Ich wollte ihn um keinen Preis wiedersehen.«
»Und wie ist es bei dir mit Mädchen?« frage ich sie schüchtern noch mal.
»Susa, ich hab' so was noch nie gemacht, ich schwör's dir. Ich bin nicht mal auf die Idee gekommen. Bei dir war es auf einmal so, ich weiß auch nicht, warum. Ich mochte dich von Anfang an, es war immer so schön, wenn wir zusammen waren, und dann, beim Tanzen, hat's einfach peng! gemacht.« Sie lacht und zieht mich in ihre Arme. »Und du? Hättest du dir das vorstellen können?«
»Nein, überhaupt nicht. Wenn du nicht den ersten Schritt gemacht hättest, wär' auch nie was passiert.« Ich richte mich abrupt auf und blicke sie an. »Rosana, es ist schwierig für mich. Wir sind Mädchen, und ich habe so noch nie empfunden. Glaubst du, wir sind nicht normal?«
»Ach Susa, was heißt schon normal! Wir sind glücklich, ist das nicht wichtiger?«
Später, als wir uns aus unserer Umarmung lösen, ist die Sonne längst verschwunden und der Boden feuchtkalt. Nicht mehr lange, dann kommt der Winter.

Romeo und Julia

Auf dem Weg zur Ballettstunde stöbere ich noch kurz im Heyne-Antiquariat. Als ich mit einem Erich-Kästner-Band auf die Kasse zusteuere, grüßt mich ein Junge in einem langen Trenchcoat. Er trägt eine dieser Intellektuellenbrillen, eine kleine, runde. Erst später fällt mir ein, woher ich ihn kenne. Es war der Junge, der mich im

»Stradivari« die ganze Zeit angeschaut hat. Eigentlich sieht er durchschnittlich aus, eher klein als groß, eher schmächtig als kräftig. Aber etwas hat er an sich, das mir gefällt. Vielleicht ist es der Gang, das Lächeln.
In der Garderobe erzählt mir Inga, daß die Rotluff heute mit den Proben für unseren nächsten Auftritt beginnen möchte. Sie hat es in der letzten Stunde angekündigt, aber da waren Rosana und ich schon gegangen.
Einmal im Jahr treten wir im Amerikahaus auf – unsere große Stunde. Diesmal fangen wir sehr früh mit den Proben an, die Vorstellung ist erst im Frühjahr. Ich bin gespannt, was wir in diesem Jahr tanzen werden.
Rosana steht schon oben im Saal und macht sich warm. Über ihrem blauen Trikot trägt sie heute ein langes Sweatshirt und eine unförmige Trainingshose. Trotzdem macht sie eine gute Figur.
Das Training beginnt: Plié, Battement tendu, Battement jeté, Rond de jambe. Ich bin nicht bei der Sache. Rosana steht vor mir und zeigt mir ihren wunderschönen Po.
»Susa!« bohrt sich Frau Rotluffs Stimme in mein Ohr. »Frappé double! Frappé double! Träumst du?«
»Entschuldigung«, sage ich, aber sie ist schon bei Inga und korrigiert ihre Beinhaltung.
Nach den Pirouetten, Sprüngen und dem Adagio im Raum bin ich schon reif für die Dusche, aber der wichtigste Teil der Stunde fängt erst an.
Frau Rotluff spielt uns eine Passage aus Prokofieffs »Romeo und Julia« vor und bittet uns zu improvisieren. Ich hasse Improvisation, dieses chaotische Ausdrucksgehampel. Wohl oder übel füge ich mich, tanze aber, weil ich mich vor Rosana geniere, hinten in der Ecke zaghaft vor mich hin. Rosana ist auf die Musik konzentriert.

»Susa!« tönt Frau Rotluffs Stimme durch den Ballettsaal. »Komm zu Rosana, ich möchte was ausprobieren.«
Rosana lacht mir aufmunternd zu, aber ich bin gehemmter denn je und bringe nur ein paar peinliche Verrenkungen zustande. Neben Rosana sehe ich im Spiegel lächerlich klein und schmächtig aus.
»Das könnte gehen«, murmelt Frau Rotluff. Was meint sie? »Mesdames! Weiter, weiter! Und Susa, gib dir mal Mühe! Ich weiß, daß du's kannst.«
Das sitzt mal wieder. Ich schaue nicht mehr in den Spiegel, sondern lasse mich ganz in die Musik fallen und tanze. Neben Rosana, mit Rosana, und es geht.
»Susa und Rosana, ihr beide bleibt bitte noch kurz hier«, ordnet Frau Rotluff am Ende der Stunde an.
Wir blicken uns verwundert an, die andern fangen an zu tuscheln. »Die kriegen bestimmt die besten Rollen«, flüstert Ruth ihrer Freundin zu.
Als die anderen aus dem Saal sind, stellt Frau Rotluff wieder das Tonbandgerät an und setzt sich zu uns.
»Es geht um die Aufführung«, sagt sie. »Ihr wißt, daß wir Ausschnitte aus ‚Romeo und Julia' tanzen. Um es kurz zu machen, du, Susa, könntest die Julia tanzen, und du, Rosana, den Romeo.«
Mir rutscht der Magen weg. Ich Julia? Rosana Romeo? Soll das ein Scherz sein?
Frau Rotluff grinst.
»Wir haben nun mal keine Jungen. Und ihr beide gebt ein hübsches Paar ab. Seid ihr einverstanden?«
»Klar«, sagt Rosana und lacht. »Das ist toll!«
»Und du, Susa?«
Ich nicke und bringe kein Wort hervor.
Später stehen wir unter der Dusche und lassen das lau-

warme Wasser an uns herunterlaufen. Die anderen Mädchen sind schon lange weg.
»Sag mal, paßt dir das nicht mit den Rollen?« fragt Rosana geradeheraus.
»Ich weiß nicht«, brummle ich. »Warum hat die Rotluff gerade uns genommen, warum nicht Ruth und Inga oder sonstwen?«
»Warum denn nicht? Wir passen doch gut zusammen. Außerdem weißt du, daß wir besser sind als die anderen. Also, ich freue mich riesig darauf, mit dir zu tanzen.«
»Ich doch auch, aber ausgerechnet ‚Romeo und Julia'!«
»Ja, ausgerechnet! Paßt doch wunderbar auf uns.«
»Du hast Nerven«, sage ich. »Mir kommt es vor, als wüßte Frau Rotluff was.«
»Nun spinnst du aber! Von wem sollte sie denn etwas wissen?« Rosana schüttelt wild ihre nassen Locken. »Glaubst du ernsthaft, sie würde dann ausgerechnet uns die Rollen geben?«
»Du hast ja recht«, sage ich, »aber komisch finde ich es trotzdem.«
»Susa, du gehst mir langsam auf die Nerven. Warum machst du ein Problem daraus? Ist doch prima, daß wir auch auf der Bühne ein Paar sind, und zwar ganz offiziell. Ich verstehe dich nicht.«
Rosana trocknet sich ab und geht, ohne sich umzudrehen, in die Umkleidekabine. Wie ein Dummchen trotte ich hinterher. Rosana sitzt nackt auf der Bank und läßt den Kopf vornüberhängen.
»Tut mir leid«, sage ich.
»Okay, okay.«
Ich streiche ihr die nassen Haare zurück. »Komm, gehen wir nach Hause.«

Krankenbesuch

Das Wochenende verbringen Mutti und ich mit Kuchenbacken – ihr fünfundvierzigster Geburtstag steht bevor. Die Tanten sind in diesem Jahr genauso gefräßig wie im letzten.

Sie sitzen über ihren Sahnestücken, tratschen angeregt und klagen zwischendurch über ihre Leibesfülle.

Heinz-Günther hockt wie eine Made im Speck mittendrin und stopft sich ungeniert mit Kuchen voll. Er scheint sich außerordentlich wohl zu fühlen.

Nach der dritten Kuchenrunde – ich passe schon nach einem Stück – fragt mich Tante Erika, ob ich schon einen »kleinen Freund« habe.

Alle starren mich erwartungsvoll an. Mutti nickt mir aufmunternd zu.

»Erzähl doch mal von Pele!«

Das werde ich ihr nie verzeihen. Stumm sitze ich über den Resten meines sich zersetzenden Sahnestückes und beschließe, sie alle zu hassen.

Beiläufig erkundigt sich Tante Rita nach Rosana, und mit einem »Danke, ihr geht es gut« bin ich entlassen.

Später strecke ich mich mit Blähbauch und Kopfschmerzen auf meinem Sofa aus. Ob die Tanten auch mal verliebt waren?

Ob ich auch mal werde wie sie? Ich kann und will es mir nicht vorstellen. Andererseits habe ich kein Recht, die Tanten zu verachten. Sie leben ihr Leben, und vielleicht sind sie nicht unglücklicher als ich.

Gegen sieben klingelt das Telefon.

»Hallo, hier ist Rosana. Du, Susa, ich bin krank.«

»Ach!« sage ich. »Was hast du denn?«

»Grippe oder so, Fieber und Husten. Hoffentlich hast du dich nicht angesteckt.«
»Ach was! Hauptsache, du wirst schnell wieder gesund. Du weißt ja, Romeo und Julia!«
Rosana lacht ins Telefon. »Kannst du mir morgen die Hausaufgaben bringen?«
»Aber klar doch. Ich komme gleich nach der Schule bei dir vorbei.«

Rosana wohnt mit ihren Eltern in einem hellgrünen Altbau in der Dorotheenstraße.
»Smergo« steht auf einem der Türschilder. Ich drücke den Klingelknopf. Surrend öffnet sich die Tür.
Mein erster Besuch bei Rosana.
Das Haus hat einen dieser alten Fahrstühle, die einem nie geheuer sind. Also steige ich die drei Stockwerke lieber zu Fuß hoch.
Oben steht Roberto in der Tür. Seine Augen wirken dunkler als neulich in der Disko.
»Hallo, Susa, wie geht's?« ruft er mir zu. Und ohne meine Antwort abzuwarten: »Komm rein, Rosana wartet schon auf dich.«
Er führt mich über einen langen Flur, der mit bunten Flickenteppichen ausgelegt ist. An der Wand hängen Fotos der Familie. Im Vorübergehen fällt mein Blick auf Rosana als Baby – oder ist es Roberto?
Rosana liegt im Bett, vergraben unter einem Kissenberg. Nur an ihren langen Haaren merke ich, daß sie überhaupt da ist, ihre Locken ranken wie wildes Kraut.
»Ach, du bist es«, sagt sie matt. Ihre Wangen sind fieberrot. Auch jetzt sieht sie schön aus.
Ich möchte sie berühren, an der Wange, am Ohr – nur

flüchtig, aber ich wage es nicht. Statt dessen sage ich nur: »Was machst du für Sachen!«
Rosana wühlt sich mühsam aus ihrem Kissenberg hervor. »Schön, daß du da bist.«
Ich setze mich auf einen Sessel neben ihrem Bett.
»Wie geht's dir?«
»Schon besser. Hab' ich viel versäumt?«
»Was kann man bei uns schon versäumen! Mach dir keine Gedanken. In Französisch sind wir jetzt bei Lektion zwölf, da gibt es ein paar Vokabeln und neue Ausdrücke, auf die der Subjonctif folgt. In Deutsch haben wir in Arbeitsgruppen gearbeitet, nur Gelaber. Mathe ist ausgefallen, und in Bio haben wir einen Film gesehen.«
Rosana sieht abwesend aus. Ich habe das Gefühl, sie hört gar nicht zu. Sie liegt mit halbgeschlossenen Augen da und hat die Decke bis zum Kinn hochgezogen.
»Kann ich etwas für dich tun, oder soll ich lieber gehen?« frage ich leise.
»Es ist nur das Fieber, ich friere so.«
»Soll ich dir eine Decke holen?«
»Nein, schon gut. Roberto kocht mir gleich wieder Tee. Meine Eltern kommen auch bald.«
»Willst du schlafen?«
»Ja, ein bißchen.«
»Gut, dann gehe ich jetzt«, sage ich und hoffe insgeheim, daß sie mich zum Bleiben auffordert.
Aber sie sagt: »Es ist wohl besser so, sonst steckst du dich noch an.«
Ich fahre ihr mit der Hand vorsichtig über ihr wirres Haar. Ihre Augen glänzen.
Im Flur kommt mir Roberto schon entgegen, um mich hinauszubegleiten.

»Bis zum nächstenmal«, sagt er und strahlt mich an. Dabei sieht er genauso aus wie Rosana, wenn sie lacht.

»Okay«, antworte ich und frage mich, welches nächste Mal er wohl meint.

Auf dem Rückweg treffe ich Pele. Er geht auf der anderen Straßenseite und fuchtelt wild mit den Armen. Ich bleibe stehen und warte. In großen Sätzen kommt er über die Straße gesprungen.

»Tagchen!« sagt er verlegen und drückt mir einen Kuß auf die Wange.

Wie immer ist Pele nach dem letzten Schrei gekleidet: zerfetzte Jeans, weißes Hemd, darüber eine dieser Dandywesten.

»Na«, frage ich, »ist dir nicht kalt?« Immerhin trage ich schon Pullover und darüber eine dicke Lederjacke.

»Nee, wieso?«

»Nur so.«

Pele tritt von einem Fuß auf den anderen. Wahrscheinlich ist ihm sein Aufzug doch etwas peinlich.

Dann sagt er: »Du machst dich rar in letzter Zeit.«

»Du hast mich auch nicht angerufen.«

»Ich will dich nicht stören, deine neue Busenfreundin hält dich ja auf Trab.«

Nicht rot werden, denke ich, einmal so cool wie Rosana sein – aber es ist zu spät. Unaufhaltsam strömt die Hitze in mein Gesicht.

»Wir können wieder mal ins Kino gehen«, versuche ich abzulenken.

»Keine schlechte Idee. Aber warum wirst du rot?«

»Stimmt doch nicht«, sage ich und merke, wie die Röte nur noch schlimmer wird.

Pele sieht mich irritiert an.

»Gehen wir ins Kino oder nicht?« frage ich.
»Gerne, heute abend? Im ‚Magazin' läuft ‚Rainman'.«
Ich nicke.
»Aber bring nicht wieder deinen Bruder mit!« ruft Pele mir nach.

Immer nur Ärger

Es ist fünf Uhr vorbei, in der Wohnung ist es still. Mutti ist noch bei der Arbeit, Andreas bei seinem Freund Martin. Auf dem Kühlschrank stehen die Kuchenreste vom Sonntag.
Ich koche mir Kaffee und setze mich mit dem Kuchen an den Küchentisch. Er schmeckt noch gut. Nach dem dritten Stück ist mir übel.
Kurz nach sechs höre ich den Schlüssel in der Haustür. Mutti zieht sich sofort ins Schlafzimmer zurück, ohne mich zu begrüßen.
Als ich klopfe, sagt sie mit schwacher Stimme: »Ja?«
»Mutti, was ist los?«
Verloren sitzt sie auf dem Bett und schneuzt sich. Sie ist blaß und hat Schatten unter den Augen. Sie hat geweint.
»Dieser blöde Chef!« jammert sie.
»Was war heute schon wieder los?«
»Diese Schikanen! Jeden Tag fällt ihm was Neues ein. Heute hat er die ganze Redaktion beleidigt.«
»Und? Was hast du damit zu tun?«
»Das weiß ich auch nicht, aber er hat mal wieder mich am Wickel. Nach dem Donnerwetter in der Konferenz mußte ich zu ihm ins Büro kommen.«
»Und weiter?«

»Er hat mir vorgeworfen, ich sei unfähig, nichts klappe, und alles sei meine Schuld.« Sie weint wieder.
»Und warum sagst du ihm nicht deine Meinung?«
»Ach, dem kannst du nichts sagen, der hört nicht zu. Schon gar nicht mir, der kleinen Sekretärin. Und außerdem kuscht die ganze Redaktion.«
Beim Abendessen scheint sich Mutti beruhigt zu haben. Manchmal fürchte ich, sie könnte ihren Arbeitsplatz verlieren – wovon sollten wir dann leben? Schon oft habe ich daran gedacht, mir einen Job zu suchen, um Mutti finanziell zu entlasten. Aber sie ist strikt dagegen und meint, ich solle erst mal in Ruhe mein Abitur machen.

Im Kino

Um halb acht treffe ich Pele am Kino. Meinen Bruder habe ich nicht mitgebracht, dafür aber Sabine. Sie wollte unbedingt mit, angeblich, weil sie für Dustin Hoffman schwärmt. Pele scheint gegen Sabines Anwesenheit nichts zu haben, jedenfalls grinst er sie an und spendiert ihr Schokoflips.
Das Kino ist fast leer. Wir sitzen weit hinten, Pele zwischen Sabine und mir. Seine Aftershave-Duftwolke erschlägt mich fast.
Als die Werbung läuft, lehnt sich Pele zu mir rüber.
»Wollen wir uns mal wieder bei mir oder bei dir treffen?« flüstert er.
»Warum nicht?« flüstere ich zurück.
»Und wo ist deine Rosana? Ich hab' sie schon lange nicht mehr in der Schule gesehen.«
»Sie ist krank«, sage ich.

Auf der Leinwand läuft gerade Zigarettenwerbung.
»Deshalb hast du heute Zeit fürs Kino.«
»Willst du dich nicht als Abenteueronkel bewerben?« frage ich Pele, als hätte ich seine Bemerkung nicht gehört. »Die suchen so tolle Typen wie dich.«
Pele reagiert nicht, statt dessen bietet er Sabine Schokolade an. Mir nicht. Dann beugt er sich wieder zu mir und fragt: »Findest du mich attraktiv?« Und als ich nicht antworte: »Findest du Jungen überhaupt attraktiv?«
Ahnt Pele etwas? Was sollen diese Fragen? Was will er damit bezwecken? Im ersten Moment bin ich unfähig zu antworten. Um Zeit zu schinden, ziehe ich ein Taschentuch aus meiner Jacke und schneuze mir kräftig die Nase. Dann sage ich möglichst leichthin: »Klar finde ich Jungs attraktiv und dich besonders – zumindest, wenn du deine Boxershorts anhast.«
Unaufgefordert greife ich in seine Schokotüte und stopfe mir eine Handvoll Flips in den Mund. Der kann mich mal, denke ich.
Als Dustin Hoffman auf der Leinwand erscheint, kreischt Sabine auf: »Wie sieht der denn aus!«
»Beherrsch dich«, keife ich sie an, »ich hab' dir doch erzählt, daß er einen Behinderten spielt.« Manchmal ist Sabine einfach zu blöd.
Als ich gegen Ende des Films zu ihr rüberschaue, hat sie sich an Pele gelehnt. Er hält ihre Hand.

Anfeindungen

Am Dienstag gießt es wie aus Kübeln. Die Autos kriechen blind dahin, die Menschen waten durch die Straßen. Trotz aufgespannter Schirme treibt der Wind Regen in die Gesichter. Pitschnaß komme ich in der Schule an. Meine Jacke kann ich auswringen. Pulli und Hose sind klamm, die Socken auch. Im Klassenraum riecht es feucht.

In der Pause stehe ich mit Rosana zusammen. Sie ist heute den ersten Tag wieder in der Schule, sieht aber noch blaß aus und ist magerer geworden.

»Paß bloß auf, daß du dir bei diesem Sauwetter nicht gleich wieder was holst«, sage ich.

»Wär' kein Wunder«, antwortet sie und nimmt einen Schluck Saft. »Aber ich kann's mir nicht erlauben, noch mehr zu versäumen, vor allem in Mathe.«

Schweigend essen wir unsere Brote. Sabine hält neben uns einen Vortrag über Sellerie. Pele und zwei andere Jungen hören ihr fasziniert zu. Kein Wunder, bei den schönen Augen, die sie ihnen macht.

Rosana schaut mich vielsagend an. »Sag mal, hat Sabine früher schon so viel Blech dahergeredet?«

»Ich glaube nicht, oder mir ist es nicht aufgefallen.«

Als es zur Stunde klingelt, streift Sabine grob meinen Arm und zischt: »Wenn ihr schon über mich lästert, dann wenigstens so, daß ich es nicht mitbekomme!«

Noch ehe ich antworten kann, ist sie an mir vorbei. Während der Deutschstunde würdigt sie mich keines Blickes.

In der zweiten großen Pause verschwinden Rosana und ich im Waschraum, dem einzigen Ort in der Schule, wo

man ungestört ist. Wir schließen uns in einer Toilette ein. Rosana kuschelt sich an mich, hält mir ihren Mund hin. Ich aber drehe meinen Kopf weg. Wie könnte ich sie an diesem Ort küssen?
»Ganz schön romantisch hier, was?« brummt sie.
»Ich find' das nicht lustig.«
»Pst, da kommt jemand!«
Wir verharren in unserer Umarmung. ich schließe die Augen, um die schmuddeligen Kacheln im Neonlicht nicht länger sehen zu müssen.
»Mensch, Susa«, flüstert Rosana, »hier sollten wir uns nicht treffen.«
Als wir in die Klasse kommen, sagt Ralf laut und deutlich: »Da kommen ja unsere beiden Lesben.«
Rosana ignoriert die Bemerkung und macht es sich auf ihrem Stuhl bequem. Ich wäre am liebsten auf der Stelle umgekehrt, aber es ist zu spät, Hollenstein steht hinter mir. Mit hochrotem Kopf setze ich mich auf meinen Platz. Mir zittern die Hände so, daß ich kaum meinen Schreiber halten kann. Sabine sieht mich durchdringend an. Als ich mich ihr zuwende, blickt sie schnell weg.

Am Freitag abend gehen Rosana und ich in die Disko. Um zehn Uhr haben wir genug.
»Sind deine Beine auch so lahm?« frage ich.
»Ja.« Rosana lacht. »So einen Tanzmarathon hab' ich lange nicht mehr hinter mich gebracht.«
»Ich auch nicht.«
»Wir sollten Frau Rotluff mal eine kleine Tanzeinlage geben. Modern Dance unterrichtet sie nicht?«
»Nein«, sage ich, »sie ist so konventionell. Bei ihr hört das Ballett mit ‚Romeo und Julia' auf.«

Die Wolken lasten schwer über der Alster und drohen hineinzufallen. Es beginnt zu tröpfeln, und wir stellen uns beim Alsterpavillon unter – gerade noch rechtzeitig vor dem Platzregen. Die Tropfen prasseln aufs Pflaster und hinterlassen in kurzer Zeit Pfützen und kleine Bäche. Rosana und ich stehen nah beieinander, uns fröstelt. Ein Pärchen schlendert unter einem Schirm vorbei. Dann hört der Regen auf – so plötzlich, wie er gekommen ist.

Schweigend gehen wir durch die leeren Straßen der Innenstadt. Das Wasser der Kanäle glitzert im Licht der Laternen. Niemand begegnet uns, selbst der Rathausmarkt ist wie leergefegt. Vielleicht fängt es gleich wieder an zu regnen. Noch immer hängen schwarze Wolken am Nachthimmel. Rosana legt ihren Arm um mich. Nein, denke ich, nicht hier. Aber ich sage nichts und versuche, ihre Nähe zu genießen.

»Susa!«

Sie nimmt mich fest in die Arme, spielt in meinen Haaren, mit meinem Ohr. Unsere Gesichter sind sich sehr nah. Ich kann den zarten Flaum auf Rosanas Wangen sehen. Dann küßt sie mich, zupft an meiner Unterlippe.

So stehen wir eng umschlungen auf dem Rathausmarkt. Ich lehne mich an sie, sie knabbert an meinem Ohrläppchen. Wir schauen in die Dunkelheit und schweigen.

»Susa?«

»Ja?«

»Bist du dir sicher? Ich meine …«

»Ja.«

»Aber du kannst dir nicht sicher sein. Woher willst du wissen, wie es mit einem Jungen ist?«

»Ich denke, ich weiß es. Außerdem, warum muß ich es wissen?«

»Du solltest es probieren.«
»Wieso? Und du? Was ist mit dir?«
»Susa, das ist etwas anderes. Ich habe es probiert.«
»Ja, einmal, mit einem einzigen. Vielleicht wäre es mit einem anderen Jungen auch anders.«
»Das ist mir egal, mir geht es um dich.«
»Wie meinst du das?« Ich löse mich aus ihrem Arm.
»Ich kann besser mit den Leuten fertig werden«, sagt sie und schaut mich ernst an. Zwischen ihren Augen zeichnet sich eine scharfe Falte ab.
»Ich weiß, was du meinst.«
»Das weißt du nicht. Ich spreche nicht von Ralf, der hat keine Ahnung, plappert nur daher.«
»Du meinst, er weiß es nicht?«
»Quatsch! Susa, der erfindet Schimpfworte für uns, weil wir immer zusammen sind. Das ist alles.«
Ich nicke und versuche, ihr zu glauben.
Dann sagt sie: »Aber die Leute zerreißen sich das Maul, wenn sie's rausgekriegt haben. Die zeigen sogar mit dem Finger auf deine Mutter. Susa, noch weiß niemand von uns. Schlaf mit Pele, probier es aus!«
Ich beiße mir auf die Lippen.
Wie kann sie das sagen!
»Rosana!« Meine Stimme wackelt, die Tränen fangen an zu laufen. »Von Pele will ich nichts!« Ich schreie fast.
»Magst du mich nicht mehr, oder was?«
Rosana nimmt mich in die Arme und streicht mir über den Kopf. »Klar mag ich dich noch! Ich möchte nur nicht, daß du etwas tust, was du später bereust.«
»Dann darf ich von jetzt ab nichts mehr tun. Irgend etwas gibt es immer zu bereuen.«
»Schon gut, sei mir nicht böse. Ich wollte dir nicht weh

tun.« Rosana murmelt noch etwas Unverständliches vor sich hin und wischt sich jetzt auch eine Träne weg.
Ich sage nichts. Ich will nicht mehr darüber reden.
»Ich hab's meinen Eltern erzählt, Susa«, sagt Rosana.
»Was hast du?«
»Ich hab' ihnen von uns erzählt.«
»Bist du übergeschnappt?«
»Nein, ich wußte, daß ich es tun konnte, ich kenne meine Eltern. Sie waren nicht gerade begeistert, aber sie haben es akzeptiert.«
»Das glaube ich nicht.«
»Doch! Sie sagen, ich müsse wissen, was ich tue.«
Ich sehe Rosana ungläubig an.
»Meine Eltern finden, daß ich selbst wissen muß, was gut für mich ist. Ich muß aber auch die Verantwortung dafür übernehmen.«
Ich bin perplex. Mutti könnte ich nie von Rosana erzählen. Sie würde es nie verstehen, und es wäre ihr nicht zu verdenken. Wer weiß, wie ich noch vor kurzem reagiert hätte, wenn mir zum Beispiel Sabine von einem Liebesverhältnis mit einem Mädchen erzählt hätte.
»Rosana.« Mutig nehme ich ihr Gesicht in meine Hände und sage ihr, was ich noch nie jemandem gesagt habe. »Rosana, ich glaub', ich liebe dich.«

Spaghetti-Eis mit Sahne

Im Supermarkt treffe ich Rosanas Bruder. Ich lache verlegen. Mit zwei Tüten Lebkuchenherzen und einer Flasche Saft stelle ich mich in der Schlange an. Roberto schiebt seinen Wagen zur anderen Kasse und grinst zu

mir rüber. Draußen treffe ich ihn wieder, offensichtlich hat er auf mich gewartet.
»Darf ich dich zum Eis einladen?« fragt er.
»Hm, eigentlich muß ich um sechs zu Hause sein.« Er wird so gut wie ich wissen, daß ich eine Ausrede suche.
»Komm, nur ein Viertelstündchen«, sagt er lächelnd.
»Na gut.«
Die Eisdiele an der Eppendorfer Landstraße ist menschenleer. Kein Wunder, bei dem kalten Wetter.
»Hat es dir neulich in der Disko nicht gefallen?« fragt Roberto.
»Wieso glaubst du das?«
»Du sahst nicht gerade begeistert aus.«
Der Kellner kommt an unseren Tisch, und ohne mich zu fragen, bestellt Roberto Spaghetti-Eis mit Sahne.
Immerhin mein Lieblingsbecher.
Roberto schaut mir ununterbrochen in die Augen. Für den Bruchteil einer Sekunde denke ich, er ist Rosana. Ich überlege krampfhaft, was ich sagen könnte, aber mein Kopf ist wie leergepustet. Um Zeit zu gewinnen, ziehe ich umständlich Mantel und Pullover aus.
Schließlich sagt Roberto: »Meine Schwester hat mir viel von dir erzählt. Ihr versteht euch gut, was?«
»Ja«, sage ich. Erst jetzt komme ich darauf, daß Rosana auch ihm von uns erzählt haben könnte. »Wie gefällt's dir in Hamburg?« lenke ich ab.
»Ganz gut. Obwohl die meisten Hamburger so steif sind. Es ist nicht einfach, hier Freunde zu finden.«
»Hm.« Mehr fällt mir nicht ein.
»Mit dir hat Rosana Glück gehabt.«
Roberto strahlt mich an. Vor Verlegenheit weiß ich nicht, wo ich hinschauen soll. Aber da kommen die Eisbecher,

und ich tauche so tief hinein, daß meine Nase fast die Sahneschicht berührt.
Während wir essen, sagt auch Roberto kein Wort. Nur ab und zu sieht er auf und zwinkert mir zu. Ich frage mich, was das bedeuten soll.
Als wir mit dem Eis fertig sind, sagt Roberto: »Rosana ist schön, findest du nicht auch?«
Ich nicke kurz und ziehe hastig meinen Mantel über. »Ich muß wirklich gehen.«
»Klar, ist schon in Ordnung.« Roberto grinst mich breit an. »War schön mit dir.«
Merkwürdig, denke ich. Gerade drei Sätze haben wir gewechselt. Was soll daran schön gewesen sein?

Familienstreit

Es hat geschneit, zum erstenmal in diesem Jahr. Über Nacht hat sich eine weiße Puderzuckerschicht auf die Landschaft gelegt. Die Äste im Garten, das Vogelhäuschen, alles ist frisch eingezuckert.
Wenn es so bleiben würde, wäre auch der Winter schön. Aber es ist zu warm. Wahrscheinlich wird schon heute nachmittag der Zauber vorbei sein, und ein brauner Brei wird auf den Straßen liegen. Zu gerne würde ich mit Rosana im Schnee herumtoben, aber sie macht mit ihren Eltern einen Ausflug in die Harburger Berge.
Nach dem Abendbrot gehe ich ins Wohnzimmer. Mutti und Heinz-Günther sitzen auf dem Sofa und gucken in die Röhre. »Wetten, daß ...?«
Wie kann man nur! Mutti redet sich immer damit heraus, daß sie sich als Redaktionsmitglied einer Programmzeit-

schrift auskennen muß. Als Sekretärin? Ich kann es mir nicht vorstellen.
Heinz-Günther scheint begeistert zu sein. Ohne hinzusehen, schaufelt er Erdnüsse in sich hinein und spült mit einem ordentlichen Schluck Bier nach. Ich wohne dieser Art Abendunterhaltung eine Weile bei, dann reicht es mir. »Im Dritten fängt gleich ein Hitchcock an«, werfe ich freundlich ein. Mutti schaut unbeteiligt auf den Bildschirm, Heinz-Günther schaufelt weiter.
»Gleich fängt ein Hitchcock an«, wiederhole ich.
»Was?« Mutti schaufelt jetzt auch.
»Ein Hitchcock!«
»Die schaffen das nicht! Die schaffen das nicht!«
Im Fernsehen mühen sich sieben gestandene Männer, endlos viele Apfelsinenkisten aufeinanderzustapeln.
»Nur noch zwanzig Sekunden. Die schaffen das nicht!«
»Na und wenn schon!« brülle ich und knalle mein Glas auf den Tisch.
»Susa! Laß uns doch unseren Spaß!« Mutti ist gereizt. Heinz-Günther verdreht die Augen, als wolle er sagen: Die kleine kapriziöse Tyrannin verdirbt uns wieder mal den Abend.
»Mutti, ich habe gesagt, daß gleich ein Hitchcock anfängt, und ihr hört nicht mal hin. Alles muß ich dreimal sagen. Ihr wollt gar nicht hinhören!«
»Susa, jetzt reicht's! Du bist ungerecht. Kannst du nicht verstehen, daß wir am Wochenende abgespannt sind und etwas Unterhaltsames sehen wollen?«
Maulend verziehe ich mich auf mein Zimmer. Aus dem Hitchcock wird heute nichts werden. Und warum soll ich den lieben langen Abend Heinz-Günthers griesgrämige Blicke ertragen?

Wenig später höre ich die Haustür mit einem Knall ins Schloß fallen. Nanu, sind die beiden ausgegangen, ohne mir Bescheid zu sagen? Meine Laune verschlechtert sich noch. Da klopft Mutti an die Tür. Ich rufe sie herein.
»Susa, wir haben uns gestritten, deinetwegen. Jetzt ist Heinz-Günther weg.«
»Tut mir leid.«
»Nein, du hast ja recht. Es ist schlimm, wenn man sich in der Familie wegen des Fernsehprogramms nicht mehr unterhalten kann. Nur wirft mir Heinz-Günther vor, du seist eine verzogene Göre. Susa, Andreas und du, ihr steht für mich an erster Stelle, aber ich will die Beziehung zu Heinz-Günther nicht aufgeben. Er kommt sowieso fast nur am Wochenende, und da könntest du dich doch ein bißchen zurückhalten.«
»Ist gut, Mutti.«
Sie tut mir leid. Einfach hat sie's nicht, mit ihrem Job, mit dieser Kaulquappe – und mit Andreas und mir.
Mutti streicht mir übers Haar. »Warum bringst du nicht mal deine neue Freundin zum Essen mit? Vielleicht nächsten Samstag? Da will ich Fondue machen.«
»Keine schlechte Idee«, sage ich und weiß doch, daß mir bis zum Wochenende eine Ausrede einfallen muß.

Ein furchtbar schöner Tag

Ich haste über die Grindelallee zum Ballett. Heute fangen wir mit den Proben zu »Romeo und Julia« an, Frau Rotluff sprach von »vielen schwierigen Pirouetten auf Spitze«. Rosana hat Glück, daß sie bei ihrem Romeo-Part keine Spitzenschuhe tragen muß.

Da sehe ich ihn wieder, den Jungen mit der Intellektuellenbrille. Er steht an der Ecke Grindelallee-Rentzelstraße an der Ampel und grinst mich an. Mir bleibt nichts anderes übrig, als direkt auf ihn zuzugehen.
»Na? Wir laufen uns ständig über den Weg.« Er lacht, und ich werde rot.
»Stimmt.«
»Wohnst du hier in der Gegend?«
»Nein, da drüben ist meine Ballettschule.«
»Ballett machst du? Das ist ja toll. So richtig?« Er stellt sich auf Zehenspitzen und fuchtelt mit den Armen ungelenk in der Luft herum. Ich muß lachen.
»Genau so!«
»Ich heiße übrigens Niclas und studiere Geschichte, zweites Semester. Und du, wie heißt du?«
»Susa.«
»Und was machst du so?«
»Ich gehe noch zur Schule«, sage ich und ärgere mich, daß er mir jedes Wort aus der Nase ziehen muß. Warum kann ich nicht eine mehr oder weniger geistreiche Konversation aus dem Ärmel schütteln?
Die Ampel schaltet auf Grün, und wir überqueren gemeinsam die Straße.
»Ich muß da lang«, sagt Niclas und zeigt in Richtung Staatsbibliothek. »Vielleicht sehen wir uns wieder.«
»Vielleicht. Also dann!«
Beim Italiener an der Ecke drehe ich mich noch einmal um. Niclas sieht mir nach und winkt.
Rosana steht am Eingang und begrüßt mich überschwenglich. »Ich glaube, wir werden heute nicht so schnell wieder rauskommen«, sagt sie geheimnisvoll.
»Warum?«

»Frau Rotluff will unseren Pas de deux immer nach der Stunde einstudieren. Stell dir vor, wir und unser Pas de deux, ganz für uns allein.« Rosana lacht.
»Das ist absurd«, sage ich leise. »Wie konnte sie sich das nur ausdenken!«
Rosana hört nicht auf mich, sie tanzt mir lachend eine sterbende Schwänin vor.
Die erste Probe verläuft wider Erwarten gut. Wir studieren parallel ein paar Schritte ein. Rosana auf halber Spitze, ich auf Spitze. Zu der großen »Liebesszene« werden wir erst in zwei, drei Wochen kommen.
»Wißt ihr, warum ich euch ausgewählt habe?« fragt Frau Rotluff am Ende der Probe.
Mit zittern die Knie, meine Hände werden feucht.
»Ihr seid auch technisch mit am besten, aber wichtiger war mir, daß ihr euch gut versteht. Ich glaube, gute Freundinnen können den Part am überzeugendsten rüberbringen.« Rosana nickt freundlich, ich schaue auf meine angeschmutzten Spitzenschuhe.
»Die weiß was«, sage ich zu Rosana, als wir später unter der Dusche stehen.
»Quatsch«, brummt Rosana, »und wenn schon!«

Nach der Ballettstunde kommt sie mit zu mir. Sie trägt einen flammendroten Pullover, der ihr fast bis zu den Knien geht und ihr Haar noch schwärzer wirken läßt. Ihre Augen sehen aus wie dunkler Samt.
»Kaffee, Tee, Saft, Wasser?«
Rosana hat es sich auf meinem Sofa bequem gemacht.
»Wein. Heute gibt's was zu feiern.«
»Was denn?«
»Wo sind die Gläser?«

Ich hole einen französischen Rotwein aus der Küche, dazu die zwei schönsten Gläser, die Mutti im Schrank hat, und zünde eine Kerze an.
»Salute!«
»Salute!« Rosana gibt mir einen Kuß auf den Mund.
»Heute habe ich Geburtstag«, sagt sie. »Vor genau sieben Minuten bin ich achtzehn geworden.«
»Rosana, warum hast du das nicht früher gesagt, statt mir vorzuschwindeln, du hättest am ersten Januar Geburtstag? Herzlichen Glückwunsch!«
Ich umarme sie und küsse ihr Gesicht einschließlich Nase und Ohren ab. »Achtzehn Jahre, Himmel noch mal, und ich habe kein Geschenk für dich.«
»Du bist für mich das schönste Geschenk, das es gibt – wenn du nicht gerade über irgendwelche Leute nachgrübelst, die irgend etwas wissen könnten.«
Rosana strahlt und sieht wunderschön aus. Wir küssen uns und fallen nach hinten aufs Sofa. Rosana krault mir den Nacken, ich rolle mich zusammen wie eine Katze.
»Ist deine Mutter nicht da?« flüstert sie.
»Nein, beim Töpfern«, antworte ich.
Dann ziehen wir uns aus. Rosanas Busen fühlt sich warm und weich an, und ich fahre mit den Lippen sanft darüber.
»Topolina«, flüstert Rosana.
Es geht mir durch und durch. Sie kniet hin und fängt an, mich zu küssen, überall.
Ich lasse es staunend geschehen, wünsche mir, daß es nie aufhört, und bin verrückt vor lauter Lust.
Erst als ich den Schlüssel in der Haustür höre, schrecke ich hoch. In panischer Angst ziehe ich mich an.
»Rosana, mach schon!« Ich schreie sie beinahe an.
Mürrisch folgt sie meiner Aufforderung.

»Immer, wenn's am schönsten ist«, mault sie.
Dann sitzen wir steif auf dem Sofa und warten.
»Du bist hysterisch«, raunzt mich Rosana an.
»Und du hast gut reden. Deine Eltern verstehen dich, aber Mutti ... Du müßtest mal hören, wie verächtlich sie über Schwule redet, und daß zwei Frauen was miteinander haben können, geht über ihren Verstand.«
»Denkst du! Vielleicht hat sie auch Angst, daß es ihr selber passieren könnte oder daß sie was verpaßt hat.«
Ich zeige Rosana einen Vogel. »Ach, was weißt denn du mit deinen toleranten Eltern!«
»Susa, das geht zu weit! Ich habe meine Eltern sehr gern, verstanden?«
Als Rosana geht, haben wir eine gute Stunde gestritten.
Ich weine mich in den Schlaf.

Thanatos und Hermes

»Habt ihr's alle durch?« Hollenstein blickt in die Runde.
Einige nicken, andere schauen betreten zu Boden. Auch ich habe den »Tod in Venedig« nicht zu Ende gelesen.
Zum Geburtstag wollte ich Rosana nachträglich eine Holzente schenken. Stundenlang bin ich ohne Erfolg durch die Stadt gestrichen, überall gab es nur Plastikenten, Quietschenten, Tonenten. Schließlich habe ich in einem winzigen Spielzeugladen eine Katze auf Rädern gefunden. Sie ist schön und schwarz wie Rosana.
»Ich muß wohl deutlicher werden. Wer hat es nicht zu Ende gelesen?«
Ein paar Finger gehen zaghaft in die Höhe, dann werden es mehr. »Ich verstehe euch nicht«, sagt Hollenstein. »Da

läßt man euch Freiheit, und ihr nutzt sie so aus. Man kann über die Novelle nur als Ganzes reden, das muß euch doch klar sein.«
Sabine meldet sich. »Die Sprache ist nicht einfach, da braucht das Lesen seine Zeit.«
»Das stimmt, aber ich habe euch lange genug Zeit gelassen. Ich kann nicht noch länger warten. Wer nichts versteht, ist selber schuld. Unser Thema heute ist die eigentümliche Beziehung zwischen dem alten Mann und dem Jungen, die ja auch eine erotische ist.«
Verstohlen drehe ich mich zu Rosana um. Die sitzt kerzengerade da und macht ein interessiertes Gesicht.
»Es gibt eine lange literarische Tradition, die Venedig zum Ort homoerotischer Begegnungen und Neigungen macht«, erklärt Hollenstein. »Vom Dichter Lord Byron zum Beispiel ist bekannt, daß er in Venedig Beziehungen zu jungen Männern suchte. August von Platen war ebenfalls homosexuell, und in seinen Tagebüchern läßt sich nachlesen, daß er 1824 unglücklich in einen jungen Venezianer verliebt war – einige seiner Sonette haben diese Liebe zum Thema. Auch Thomas Mann hatte homoerotische Neigungen. Von seiner Frau Katja erfahren wir, daß er seiner Tadzio-Vorlage in Venedig tatsächlich begegnet ist und daß er ganz offensichtlich eine Schwäche für den Jungen hatte.«
»Heißt das, daß der alte Geilo dem Jungen nachgestiegen ist?« fragt »Professor«.
Alle lachen. Selbst Hollenstein muß grinsen.
»Ich weiß zwar nicht, ob es richtig ist, Thomas Mann als alten Geilo zu bezeichnen, aber laut seiner Frau Katja ist er dem Jungen nicht hinterhergelaufen.«
Hollensteins Ausführungen werden immer komplizier-

ter. Er spricht von der platonischen Eros-Mythologie, vom Thanatos-Motiv und von der verführerischen Hermesgestalt, deren Beiname Psychagogos ist und die die Seelen der Verstorbenen in den Hades geleitet.

Ich versuche, mir auf alles einen Reim zu machen, aber die Namen und Begriffe tanzen nur wild-chaotisch durcheinander.

Auch die anderen schalten ab, spielen Käsekästchen oder schauen gelangweilt aus dem Fenster. Hollenstein wendet sich ganz Rosana und dem »Professor« zu, die als einzige hin und wieder einen klugen Satz einwerfen.

Mein Blick fällt auf Ralf Hamann. Er grinst mich unverschämt an und leckt sich die Lippen.

Du Ekel! denke ich.

Wenn er sich bloß nicht meldet und Rosana und mich denunziert – daß wir nicht anders als Thomas Mann und diese komischen Schriftsteller sind. Verstohlen blicke ich noch mal in seine Richtung. Glücklicherweise ist er mit seinem Banknachbarn in ein Kartenspiel vertieft. Wenn die Stunde nur schon zu Ende wäre!

»Dann waren es also die Dichter selbst, die ihre eigene Homosexualität als abnormal und ungesund betrachtet haben«, höre ich Rosana sagen.

»Richtig, Rosana, das heißt ...«

In diesem Moment klingelt es endlich zur Pause.

»Was hast du denn?« fragt mich Rosana im Waschraum. »Du bist ja ganz blaß.«

»Die Stunde hat mich mitgenommen.«

»Warum denn? War doch halb so wild.«

»Ich wundere mich, wie ungeniert du in der Öffentlichkeit mit diesem Thema umgehen kannst«, bricht es aus mir hervor.

»Susa!« sagt Rosana leicht vorwurfsvoll, »soll das bedeuten, daß ich im Unterricht nichts mehr sagen darf?«
»Quatsch! Ich hatte nur Angst, daß der blöde Ralf eine Anspielung macht.«
»Doch nicht vor Hollenstein. Und außerdem, was haben wir mit Thomas Mann und seinem ‚Tod in Venedig' zu tun? Nichts.«
Rosana sieht mich an. »Was schleppst du eigentlich in dieser riesigen Plastiktüte mit dir rum?«
»Dein Geburtstagsgeschenk.« Ich gebe ihr die Tüte. Meine Vorfreude ist allerdings dahin.
Rosana holt das sperrige Paket raus und zerreißt ungeduldig das Papier. »Wie schön! Una topolina!« Sie drückt mich so ungestüm an sich, daß ich fast keine Luft mehr bekomme. »Die kleine Katze ist fast noch schöner als deine Ente.«
»Sie ist so schön wie du«, sage ich.

Der Bruch

Der Rest der Woche geht mit Lernen dahin. Zwei Klausuren haben wir vor uns, in Mathe und in Französisch.
Am Sonntag habe ich vom Pauken genug, weiß aber nichts mit mir anzufangen. Im Fernsehen läuft nur Schwachsinn, zum Lesen habe ich keine Lust, nicht mal zum Telefonieren. Ich weiß nicht, was mit mir los ist. Vielleicht legt sich mir die Kälte aufs Gemüt.
Hoffentlich geht der Winter bald vorbei, denke ich. Wie ich mich auf den Frühling freue! Es gibt Tage im Winter, da wittere ich schon den Frühling. Mutti hält mich für verrückt, wenn ich ihr das erzähle.

»Kind, mit dir geht die Phantasie durch«, sagt sie dann.

»Soll sie doch, es stimmt trotzdem.

Ich trinke mit Mutti Kaffee. Ein Lichtblick – es gibt den ersten Stollen in diesem Jahr. Mutti stellt den Fernseher an, ich fange an zu maulen. Mutti stellt den Fernseher wieder ab. Schweigend sitzen wir da und schauen in den dunklen Dezembernachmittag.

Am frühen Abend ruft Pele an. Ob er vorbeikommen könne, nur so. Ich sage ja.

Später sitzen wir auf dem Fußboden und knabbern Muttis selbstgebackene Plätzchen. Wir hören das »Requiem« von Mozart. Pele möchte es immer hören, wenn er bei mir ist. Vielleicht soll mich die Musik betören.

»Toll, der Sopran, was?« fragt Pele. Ich muß lauthals lachen. »Ich kenne sonst niemanden, der klassische Musik hört«, fährt er unbeirrt fort.

»Und du? Seit wann interessierst du dich dafür?«

»Seit ich dich kenne. Und was ist daran schlimm?«

»Nichts, gar nichts«, sage ich und schiebe mir ein Plätzchen in den Mund.

Heute habe ich Lust, Pele zu provozieren. Also frage ich: »Siehst du Sabine jetzt regelmäßig?«

»Kann schon sein.«

»Aha!«

»Nichts aha! Ich kann doch Sabine mal treffen, deswegen muß ich nicht gleich was mit ihr haben. Es gibt eben auch Mädchen, die nett zu mir sind.«

»Mädchen, die alles tun, was du möchtest?« Ich kann mir ein Grinsen nicht verkneifen.

»Immer mußt du mir das Wort im Mund umdrehen«, knurrt Pele.

»Schon gut.« Ich schiebe ein weiteres Plätzchen nach.

Pele nestelt an seiner Jeans. »Wenn wir schon beim Thema sind, wie steht's denn mit dir und Rosana?«
»Das geht dich nichts an.« Anstatt rot zu werden, merke ich, wie mir das Blut schlagartig aus dem Kopf weicht. Auch Pele ist merkwürdig blaß und sagt mit belegter Stimme: »Ich hätte nie gedacht, daß du mit solchen Dingen was am Hut hast. Mit Mädchen, das kann doch nicht dein Ernst sein!«
Ich sitze kerzengerade. Mir schießen Tränen in die Augen. Hau ab! möchte ich schreien. Es kommt aber nur ein undefinierbares Schluchzen heraus. »Wie kommst du überhaupt darauf?« bringe ich unter Tränen hervor.
»Also gibst du es zu.«
»Nichts gebe ich zu. Ist das hier ein Verhör?«
»Susa, sei doch nicht so naiv. Glaubst du, die anderen merken es nicht? Ich hab's schon auf der Fete bei Gitta kapiert.« Pele drückt meine Hand so fest, daß es weh tut. »Ich bin doch nicht von vorgestern. Nur von dir hätte ich das nicht gedacht, von dir nicht!«
Ich reiße mich los und werfe mich heulend aufs Bett. Vor lauter Tränen merke ich nicht, wie Pele aus dem Zimmer geht. Ich höre nur, wie unten die Tür ins Schloß fällt. Pele, dieses Miststück!
»Wir können gern mal was mit Pele unternehmen«, hat Rosana neulich noch vorgeschlagen. »Der ist nett, ich kann ihn gut leiden.«
Denkste, Rosana! Mit Pele ist es aus und vorbei.

Drei Monate – drei Tage

Am nächsten Tag nach der Schule kaufe ich die ersten Weihnachtsgeschenke. Für Mutti Angorawolle, für Rosana einen riesigen aufblasbaren Pinguin, für Andreas fällt mir nichts Passendes ein. Und Heinz-Günther, muß ich dem auch was schenken?

Auf dem Heimweg sehe ich sie: Pele und Sabine, Arm in Arm. Sie gehen an mir vorbei und bemerken mich nicht. Also doch! So viel Unverfrorenheit hätte ich Pele nicht zugetraut. Sabine hat ihn endlich am Angelhaken.

Als ich später mit Rosana telefoniere und ihr von Pele und seinem Tête-à-tête mit Sabine erzähle, sagt sie nur: »Reg dich nicht auf, Susa. Wahrscheinlich machen's beide nur aus Trotz, oder sie wollen dich provozieren. Uns kann's doch egal sein.«

»Aber Pele weiß von uns. Stell dir vor, der posaunt es überall aus.«

»Wissen kann er nichts. Er hat möglicherweise eine Vermutung und verkauft sie dir gegenüber als Tatsache.« Sie lacht ins Telefon. »Und prompt hat er Erfolg damit. Der wartet doch nur auf so eine Reaktion.«

Manchmal ist mir Rosana fremd. Sie nimmt alles so leicht, hat nie Angst. Vielleicht, denke ich dann, hätte ich mich nie mit ihr einlassen sollen. Aber das könnte ich ihr nicht sagen.

Später stehe ich im Flur und reibe mir die Haare trocken. Obwohl es erst vier Uhr ist, muß ich schon Licht machen. Am Abend gehen wir ins »Eisenstein« Pizza essen. Heute kennen wir uns genau drei Monate.

Im »Eisenstein« trifft sich nur die »Szene«, das weiß ich

von Pele. Da kann man nur in schwarzen Klamotten oder im Minirock rein.
Ich zerre den dunkelgrauen, kniekurzen Rock, schwarze Strumpfhosen und den schwarzen Rolli aus dem Schrank. Erstaunlicherweise paßt mir der Rock noch wie angegossen. Ich finde mich großartig.
Die schwarzen Sachen machen mich superschlank, meine kurzen Haare habe ich mit viel Gel durchgeknetet. Um die Augen schminke ich mich kaum, nur den Mund habe ich knallrot angemalt. Rosana wird staunen.
»Susa, wie siehst du denn aus?« Mutti ist unbemerkt in mein Zimmer gekommen.
»Gefällt's dir nicht?«
»Hm, doch, es sieht toll aus, nur ungewohnt. Aber meinst du nicht, daß du dich zu sehr herausgeputzt hast?«
»Nee, glaube ich kaum. Ich geh' mit ein paar Leuten ins ‚Eisenstein', da laufen alle so rum.«
»Und da mußt du auch wie alle rumlaufen?« Mutti legt ihr berüchtigtes »Mütter-haben-immer-recht-Gesicht« auf. Natürlich hat sie auch recht, aber heute fühle ich mich ausgesprochen wohl in dieser Aufmachung.
Ich treffe Rosana an der Bushaltestelle.
»Susa!« Rosana gibt mir einen flüchtigen Kuß auf die Nasenspitze. »Himmel, siehst du toll aus!«
Ich freue mich über ihr Kompliment wie ein kleines Kind zu Weihnachten.
»Wie lange hast du vorm Spiegel gestanden?«
»Genauso lange wie immer«, lüge ich.
Nach sechs Stationen steigen wir aus und stiefeln schweigend durch die Dunkelheit.
Das Publikum im »Eisenstein« ist chic, im Durchschnitt um die Dreißig, und ich fühle mich fehl am Platz. Die bil-

ligste Pizza kostet dreizehn Mark. Ich bin froh, daß ich diesen Monat wegen Weihnachten mehr Taschengeld bekommen habe.

»Ganz schön happig, die Preise«, brummt Rosana. »Und das ist Peles Stammlokal?«

»Ja«, werfe ich ein, »seine Eltern haben's ja.«

Rosana zuckt mit den Schultern, als wolle sie sagen, ihre Eltern hätten's ja auch, und trotzdem würde sie nicht mit Geld um sich schmeißen.

Die Pizzen kommen erst nach einer halben Stunde. Wir habe beide die billigste genommen, Pizza Tomatensoße oder so ähnlich. »Sieht gut aus«, bemerkt Rosana. »Das Warten hat sich gelohnt.«

Wir essen mit gutem Appetit und stoßen ab und zu mit Mineralwasser und Cola an.

»Auf die nächsten drei Monate!« sagt Rosana, lächelt und zeigt dabei ihre schönen Zähne.

Auf die nächsten drei Jahre, denke ich.

Als wir uns die letzten Bissen hineinschieben, stößt Rosana mich unvermittelt an. »Sieh mal dort!«

Ich traue meinen Augen nicht. Sabine und Pele!

»Das hab' ich mir fast gedacht«, sage ich.

Sabine ist aufgetakelt, ihr enger Rock bedeckt gerade eine Handbreit die Schenkel.

»Guck dir das an«, murmelt Rosana mit offenem Mund. Das letzte Stück Pizza hängt schlaff an ihrer Gabel. »Die feiern wohl, weil sie seit drei Tagen knutschen.«

Sabine und Pele wählen einen Tisch nicht weit von uns entfernt. Sie scheinen uns nicht bemerkt zu haben. Erst als sie sich suchend nach der Bedienung umsehen, fällt Peles Blick auf uns. Er stößt Sabine an, sie winkt uns affektiert zu. Rosana winkt affektiert zurück.

Dann zieht Sabine ihre Show ab, beugt sich zu Pele hinüber, gibt Küßchen hier und Küßchen da, wirft den Kopf in den Nacken und schüttelt ihre Haare.
»Wir sollten langsam aufbrechen«, schlägt Rosana vor. »Das kann man ja nicht mit ansehen.«
Beim Rausgehen kommen wir an den beiden vorbei. Pele starrt eisern auf seine Pizza. Sabine wirft uns einen Handkuß zu.

»Du und dieses Mädchen?«

Am nächsten Abend komme ich erst um neun Uhr von Rosana nach Hause. Die Wohnung ist dunkel und still. Leise öffne ich die Wohnzimmertür und stecke den Kopf hinein. Mutti sitzt mit dem Rücken zu mir und blickt aus dem Fenster. Auf dem Fernseher steht ein Glas Wein.
»Was ist los?« frage ich.
Mutti dreht sich um, ihre Augen sind verweint. Mir fährt der Schreck durch alle Glieder. »Ist was mit Andreas? Mit der Arbeit? Sag doch, Mutti!«
Die Tränen laufen ihr übers Gesicht. »Ist das wahr? Ist das wirklich wahr?« Sie schluchzt.
»Was denn?« frage ich.
Sie stammelt: »Du und dieses Mädchen?«
Rosana! Ich bin sprachlos. Pele muß getratscht haben. Mit einem Schlag ist alles anders. Wortlos stehe ich auf und verlasse den Raum.
So nicht! denke ich. Später höre ich, wie Mutti telefoniert, ruhig und gefaßt. Was sie sagt, kann ich nicht verstehen. Auch als sie zu Bett geht, kommt sie nicht mehr zu mir ins Zimmer.

Am nächsten Morgen bin ich wie zerschlagen. In der Pause ziehe ich Rosana in eine Ecke.
»Mutti weiß es«, sage ich leise.
»Wieso? Von wem?«
»Von wem wohl, wahrscheinlich von Pele! Jedenfalls saß sie gestern heulend im Wohnzimmer, als ich nach Hause kam. Ich hab' nicht weiter mit ihr geredet und bin gleich auf mein Zimmer.«
»Susa, du kannst dich nicht einfach aus der Affäre ziehen. Warum hast du nicht mit ihr gesprochen?« ereifert sich Rosana.
»Weil ich von ihr erwarte, daß sie auf mich zukommt. Ich lasse mich nicht mit Tränen erpressen.«
»Wirst du es ihr sagen?«
»Weiß nicht, kommt auf die Situation an.«

Später stehe ich in der winterdunklen Küche und warte auf Mutti. Andreas ist auch noch nicht da. Ich mache mir einen Tee und esse eine halbe Dose Kekse auf einmal auf. Hinterher ärgere ich mich. Mußte das sein?
Mutti kommt um sieben.
Sofort hastet sie in die Küche und brät die Kartoffeln vom Vortag auf. Kein Wort zu mir, kein Wort zu Andreas. Nicht mal ein »Hallo«.
Ich sitze da und warte auf ein Zeichen, aber Mutti dreht mir den Rücken zu. Auch beim Essen schweigt sie und stochert lustlos in den angebrannten Kartoffeln. Nur Andreas ist gut gelaunt und erzählt uns, daß sein neues Batman-T-Shirt allgemein Bewunderung hervorruft.
Nach dem Abwasch gehe ich auf mein Zimmer und werfe mich heulend aufs Bett. Rosana hat's gut mit ihren Eltern! Ich verstehe ja, daß Mutti Probleme damit hat, aber

wo bleibt ihre gepriesene Toleranz? Ich vergrabe mein Gesicht im Kopfkissen. Mit einem Ohr lausche ich, ob sie nicht doch hochkommt. Ich warte, ich hoffe, aber alles bleibt still. Wie kann ich schlafen, ohne mich mit Mutti versöhnt zu haben?

Langsam ziehe ich mich aus, trödle beim Zähneputzen. Als ich gerade in den Pyjama steige, öffnet sich endlich die Tür, und Mutti kommt herein. Ihre Augen sind verquollen vom Weinen.

»Susa«, sagt sie leise.

Ich lege mich ins Bett und ziehe die Decke bis zum Kinn. Ich schäme mich plötzlich und weiß nicht, wofür.

»Susa«, sagt Mutti erneut. »Es tut mir leid.«

Sie schweigt. Jetzt weine ich.

Mutti setzt sich auf mein Bett und streicht mir über den Kopf. »Meinst du, wir sollten zum Arzt gehen?«

»Spinnst du?« entfährt es mir.

»Ich verstehe dich nicht, Susa. Ich – mir fällt es schwer, darüber zu reden.«

»Wer hat dir überhaupt was erzählt?« frage ich sie.

»Peles Mutter war gestern zum Kaffee hier, und sie sagte mir, daß du und diese Rosana …«

»Das darf nicht wahr sein!« Wütend kralle ich meine Nägel in die Bettwäsche. »Außerdem ist sie nicht ‚diese' Rosana. Wie kommt Peles Mutter darauf?«

»Pele hat euch beobachtet und will es auch von dir erfahren haben.«

»Nichts hat er von mir erfahren!«

»Dann sag mir doch die Wahrheit. Bitte!«

»Die Wahrheit ist, daß Pele sauer ist, weil ich nichts von ihm will.«

»Und was ist mit dem Mädchen?«

»Wir verstehen uns sehr gut.«
»Und sonst?«
»Glaubst du, ich muß dir alles sagen? Meinst du nicht, du gehst zu weit? Und wenn du's unbedingt wissen willst, ja, ich bin in sie verliebt.«
Mutti blickt zu Boden. Ich merke, wie sie nach Worten ringt. »Susa, ich liebe dich und werde dich auch lieben, wenn du Dinge tust, die mir nicht gefallen. Aber warum das? Es gibt doch so viele nette Jungen.«
»Du kennst Rosana nicht«, sage ich leise.
Ohne mich anzusehen, steht Mutti abrupt auf. Sie geht zur Tür, kommt aber noch einmal zurück.
»Das alles ist ein Irrtum«, sagt sie. »Solche Phasen gibt es bei vielen Jugendlichen, und sie gehen auch wieder vorbei.« Den üblichen Kuß auf die Stirn spart sie sich.
Ich liege noch lange wach und starre in dieDunkelheit. Warum ist das Leben nicht so klar gegliedert wie die Abfolge der Jahreszeiten?

Nur Mut

Am nächsten Morgen beim Frühstück ist Mutti schweigsam. Ich rede auch nicht viel. Nach einer halben Scheibe Brot verlasse ich fluchtartig die Wohnung. Mutti dreht sich mit dem Tablett in der Hand um und zieht verkrampft die Schultern hoch. Sie lächelt gequält.
Ich gehe zum Bus. Der Regen prasselt auf meinen Schirm und tropft in den Mantelkragen. Es ist naßkalt. Ich fröstle und schlage den Kragen hoch.
Rosana treffe ich im Waschraum. Sie versucht gerade, ihr durchnäßtes Wuschelhaar in Ordnung zu bringen.

»Es hat keinen Zweck«, schimpft sie lachend. Dann küßt sie meinen Nacken. Heute mag ich diese Zärtlichkeit nicht, lasse sie mir aber trotzdem gefallen.
»Rosana, können wir uns heute abend sehen?«
Sie küßt mich unbeirrt weiter und gibt keine Antwort.
»Also, was ist?«
»Klar, aber mach nicht so ein Gesicht. Wir schaffen das.«
Ich fühle mich den ganzen Vormittag über entsetzlich elend. Sabine redet kein einziges Wort mit mir und schaut mich nur dann und wann irritiert an. Auf den Unterricht kann ich mich nicht konzentrieren. Behringers Worte rauschen an mir vorüber. Wenn er mich jetzt etwas fragen würde, ich wüßte nicht einmal, um welches Thema es geht.
Am Mittagstisch sitzt heute zum Glück auch Heinz-Günther. So bin ich sicher, daß Mutti nicht auf Rosana zu sprechen kommt. Ich kann mich nicht erinnern, mich jemals zuvor über Heinz-Günthers Anwesenheit gefreut zu haben.
Den Nachmittag über bleibe ich in meinem Zimmer, sitze nur da und fiebere dem Abend entgegen. Punkt halb acht verlasse ich unbemerkt das Haus.
»Würdest du dich als lesbisch bezeichnen?« frage ich Rosana, nachdem wir die Tür zu ihrem Zimmer hinter uns geschlossen haben.
»Bist du verrückt? Was faselst du da?«
»Merkst du nicht, wie alle in der Schule über uns reden, jetzt, wo es offensichtlich die Runde gemacht hat?«
»Papperlapapp!« unterbricht mich Rosana in barschem Ton. »Wie kommst du überhaupt darauf, daß alle über uns reden?«
»Die gucken doch alle so komisch.«

»Alle! Klar – Ulla, ‚Professor', Hollenstein, alle haben nichts Besseres zu tun, als uns zu beobachten. Natürlich auch der Direktor. Susa, rede doch keinen Unsinn!«
Rosana nimmt mich in die Arme. Ich will nicht weinen und beiße mir fest auf die Unterlippe. Rosana hält mich. Ihre Hand streicht sanft über mein Haar. »Dummerchen«, flüstert sie mir ins Ohr. »Wir mögen uns sehr gerne, vielleicht ist es etwas wie Liebe, da spielt es doch keine Rolle, wie wir es nennen. Das heißt aber nicht, daß wir uns nie mehr in Jungen verlieben.«
Da fange ich an zu weinen, schluchze alles heraus. Daß es mich quält, wie meine Mutter sich quält, daß ich Angst habe, vor den Kommentaren der anderen und vor dem, was die Lehrer denken könnten. Daß ich mir selbst manchmal unheimlich bin.
»Susa, du mußt nicht, wenn es eine zu große Belastung für dich ist. Das habe ich dir schon einmal gesagt.«
Ich weine noch mehr. Warum nimmt Rosana die ganze Sache so gelassen?
»Ich will ja«, stammle ich.
»Dann mach dich von dem Gerede der Leute unabhängiger«, sagt sie fast aggressiv. »Mit eingezogenem Kopf kannst du doch nicht durch die Welt gehen. Mut brauchst du, du mußt zu dir und zu dem, was du tust, stehen.«
»Leicht gesagt, deine Eltern stehen ja voll hinter dir. Und wer steht hinter mir?«
»Meine Eltern stehen auch hinter dir. Sie haben mir gesagt, daß sie dich sehr gerne mögen. Ich stehe natürlich auch hinter dir. Und warum versuchst du nicht zuallererst, selbst zu dem zu stehen, was du tust? Oder hast du das Gefühl, etwas Verbotenes zu tun, wenn wir zusammen sind?«

»Nein.«
»Also, warum regst du dich auf?«
»Ich weiß auch nicht, warum es mich so fertigmacht. Mutti ...« Mehr bringe ich nicht heraus.
Rosana schaut mich an und schweigt. Ich kann ihr nicht in die Augen sehen.
»Und was ist jetzt?« fragt Rosana.
»Was soll sein?«
»Mit unserer Freundschaft, meine ich. Willst du ...?«
»Sei still!« Ich vergrabe mein Gesicht in ihrem Haar.

Ein Glas Sambuca

Ist Mutti verrückt geworden? Wie eine Wilde putzt sie das Haus, klopft Teppiche, schrubbt und wienert bis in den späten Abend. Als Andreas sie auf ihren Putzfimmel anspricht, schreit sie ihn grundlos an. Sie ist blaß, ihre Augen sind immer noch verquollen. Auch Heinz-Günther hat unter ihrer Laune zu leiden.
Mir gegenüber ist sie verschlossen, aber höflich. Ausgerechnet! Nur das Nötigste spricht sie mit mir und »davon« nicht ein Wort.
Ich halte es kaum zu Hause aus. In der Schule flehe ich Rosana an, abends zu ihr kommen zu dürfen, aber es paßt ihr nicht, Verwandte aus Italien sind da. So sperre ich mich Abend für Abend in mein Zimmer ein und starre an die Decke. Dann stelle ich mir vor, ich hätte einen Freund, einen Jungen, mit dem ich ganz normal händchenhaltend durch die Stadt spazieren könnte. Mutti wäre glücklich. Sie würde uns Tee kochen, Kuchen backen, den Tanten erzählen, ich hätte einen ach so net-

ten Freund. Und sie würde mich zum Arzt schicken, wegen der Pille. Aber weil Rosana ein Mädchen ist, gibt es keinen Tee, keinen Kuchen, und die Tanten werden nie erfahren, wie glücklich ich mit Rosana bin.

Am vierten Abend halte ich es nicht mehr aus. Ich ziehe meine Jacke an und gehe aus dem Haus, ohne Mutti Bescheid zu sagen. Draußen atme ich erleichtert die kalte Abendluft ein. Ein leichter Nieselregen legt sich wie ein Netz auf meine Haare.

Fünfzehn Minuten Fußweg, und ich stehe vor Rosanas Haus. Das Wohnzimmerfenster ist hell erleuchtet, die Haustür steht offen.

Von Stufe zu Stufe werden meine Schritte tastender. Ich höre dem Klopfen meines Herzens zu. Wenn ich nun ungelegen komme? Wenn sie mich wieder wegschickt? Ich muß mit ihr reden!

Rosanas Vater öffnet die Tür. »Hallo, Susa, komm rein, wir sind gerade beim Nachtisch. Magst du ein Eis?«

»Nein, danke«, stottere ich, und obwohl ich erleichtert bin, daß mich Rosanas Vater so freundlich empfängt, werde ich wieder einmal rot wie ein kleines Mädchen.

»Komm nur rein, dann lernst du Rosanas Oma kennen.« Herr Smergo führt mich ins Wohnzimmer.

Am liebsten möchte ich mich verkriechen. Nach offiziellem Familienbesuch ist mir nicht zumute. Ein paar kleine Kinder wuseln um mich herum, am Eßtisch sitzt die übrige Familie. Rosana sieht mich erst verdutzt an, grinst dann aber und holt mir einen Stuhl. Roberto zwinkert mir zu, wie damals im Supermarkt.

»Sono la nonna!« ruft die Oma mit fiepsender Stimme. Sie fuchtelt dabei mit dem Löffel in der Luft herum und zeigt mir ihre bräunlichen Zähne. Lauter lustige Fältchen liegen wie ein Strahlenkranz um ihre Augen. Ich verstehe kein Wort der Unterhaltung bei Tisch. Wenn ich nur eine Möglichkeit hätte, mit Rosana alleine zu sprechen – ich sitze in der Falle.

»Ein Gläschen Sambuca?« fragt Rosanas Vater.

Ohne meine Antwort abzuwarten, gießt er mir ein Glas voll. Rosanas Mutter stellt eine Glasschale mit Eis vor mich hin. »Salute!«

Alle prosten mir zu, und mit hastigen Schlucken trinke ich das Glas aus. Das Stimmengewirr betäubt mich. Endlich zupft mich Rosana am Ärmel.

»Komm, wir gehen in mein Zimmer, jetzt fällt es am wenigsten auf«, raunt sie mir zu und nimmt meine Hand. Tatsächlich bemerkt niemand, daß wir gehen. In Rosanas Zimmer falle ich wie ein Stein auf ihr Bett. Wenn ich die Augen schließe, fahre ich Karussell.

»Susa! Was hast du?« Rosana streicht mir über die heiße Stirn, und ihre Berührung tut mir gut. Ich versuche mich aufzurichten, trotz Schwindelgefühl.

»Tut mir leid, daß ich reingeplatzt bin«, bringe ich mühsam hervor. »Ich hab's nicht mehr ausgehalten zu Hause. Andreas kriegt den Stunk ab, Heinz-Günther auch, nur ich nicht. Stell dir vor, Mutti putzt wie eine Wahnsinnige, aber redet mit niemandem. Ich kann nicht mehr, ich kapier' das alles nicht.«

»Reg dich nicht auf. Es war ein Schock für deine Mutter, sie braucht Zeit. Gib ihr eine Chance.«

»Chance, was meinst du mit Chance?«

Rosana nimmt mich in den Arm, und schon muß ich wieder weinen. Sie küßt mir die Tränen weg.

»Schmecken salzig«, sagt sie und küßt weiter in meinem Gesicht herum. »Topolina, Kleine! Am liebsten wäre mir, wenn du heute nacht hierbleiben könntest. Aber es geht nicht. Ich glaube, das wäre selbst meinen Eltern zuviel. Warte einen Moment.«

Rosana geht aus dem Zimmer und kommt kurz darauf wieder zurück. »Papa ruft ein Taxi. Hier ist das Geld.«

»Das kann ich nicht annehmen.«

»Klar kannst du. Du mußt sogar.«

Gegen halb elf schließe ich die Haustür auf und schleiche die Treppe hoch. Als ich mich gerade ausziehe, drückt jemand leise die Türklinke runter. – Mutti.

Jetzt kommt ein Donnerwetter, denke ich.

»Darf ich reinkommen?«

Ich nicke und sinke erschöpft aufs Bett.

»Hast du Alkohol getrunken?« fragt sie.

»Ein Glas Sambuca.«

»Was ist denn das?«

»Italienischer Likör.«

»Bei Rosana?«

Mutti betrachtet ausgiebig ihre Fingernägel.

»Ja, bei Rosana. Bei ihren Eltern im Wohnzimmer, wenn du's genau wissen willst.«

»Versteh doch, Susa ...«

»Was denn?«

»Es ist nicht leicht für mich, zu begreifen, daß meine Tochter ...«, sie stockt, gibt sich einen Ruck, »... daß meine Tochter lesbisch ist.«

»Was heißt lesbisch?« fahre ich sie an. »Ich mag Rosana im Augenblick mehr als irgend jemand anders auf der Welt. Und du, was machst du? Du stempelst mich ab. Mutti, das ist unfair.«

»Glaubst du nicht, daß du lesbisch bist?«

»Laß doch dieses dämliche Wort aus dem Spiel. Les-

bisch, schwarz, gelb, schwul, Jude, Dicker, Brillenträger – ihr macht es euch einfach mit dem Abstempeln.«
Ich bin wütend und habe keine Lust, noch länger zu diskutieren. Deshalb sage ich: »Und jetzt bin ich müde und will schlafen.« Demonstrativ drehe ich mich zur Wand. Mutti scheint meine Aufforderung verstanden zu haben. Zum erstenmal seit Tagen gibt sie mir wieder einen Kuß auf die Stirn und schließt leise die Tür.

Schweineschmalz bei Tante Rita

Meine Freundin und ich sollten vor Weihnachten noch zum Kaffeetrinken vorbeikommen, sagte Tante Rita neulich am Telefon – Rosana sei ein so nettes Mädchen. Ich mochte ihr die Einladung nicht abschlagen, und so sitzen wir am dritten Advent um Punkt drei Uhr auf Tante Ritas beige-braun gemustertem Sofa und essen Buttercremetorte. Rosana ist schon beim dritten Stück und sagt unvorsichtigerweise: »Gemütlich ist es hier bei Ihnen.«
»Bleibt doch zum Abendbrot«, schlägt Tante Rita vor. »Ich habe Schmalz und Sülze frisch vom Schlachter.«
»Nicht nötig, Tante Rita«, werfe ich zögernd ein. Daß mir allein beim Gedanken an Schmalz und Sülze schlecht wird, kann ich ihr nicht sagen.
»Aber Kinder, ihr müßt auch was Anständiges in den Magen bekommen, nach dem vielen Kuchen.«
Es hilft nichts. Die Zeit bis zum Abendessen vertreiben sich Onkel Herbert und Tante Rita mit »Junge-Mädchen-schamlos-Ausfragen«.
»Und du Rosana? Was willst du nach dem Abitur machen?« fragt Tante Rita.

»Ich weiß noch nicht, vielleicht Sprachen studieren.«
»So ist das mit den jungen Leuten heutzutage«, schaltet sich Onkel Herbert ein. Er nippt mittlerweile an seinem vierten Cognac. »Alle wollen sie studieren, und keiner will mehr was Gescheites lernen.«
Rosana lacht gezwungen über seinen Witz.
»Und du, Susa, willst du mal zur Zeitung?«
Ich kann mir ein »Bloß nicht!« nicht verkneifen, aber Onkel Herbert scheint es überhört zu haben oder nicht hören zu wollen.
Beim Abendessen kommt dann mit Bratkartoffeln und Schmalz das Thema Liebe auf den Tisch.
»Ihr müßt euch ja vor Verehrern kaum retten können, hübsch, wie ihr seid«, fängt Tante Rita an.
Ich schiebe schnell einen Happen Wurstbrot in den Mund, um nicht anworten zu müssen. Das überlasse ich lieber Rosana.
»Es geht«, sagt sie säuerlich.
»Was heißt ‚es geht', habt ihr denn keinen Freund?« fragt Tante Rita hartnäckig weiter.
»Nee, im Moment nicht.«
»Da habt ihr recht«, meint Onkel Herbert. »Schon wegen Aids – und ein Baby kommt auch oft schneller, als man es für möglich hält.«
Er lacht und hält sich wohl für witzig. Tante Rita langt derweil in den Schmalzbottich und lädt uns ungeachtet unserer Proteste noch eine Portion auf den Teller. Als wir gegen acht endlich aufbrechen, ist mir schlecht. Buttercremetorte und Schmalz, dazu Tante Ritas und Onkel Herberts Ansichten – was zuviel ist, ist zuviel.

Weihnachtseinkäufe

Am Dienstag nach der Schule machen Rosana und ich einen Einkaufsbummel. Die Innenstadt ist ein einziges Weihnachtsbudensammelsurium.

Arm in Arm drängeln wir uns durch die Menschenmenge. Beim Kaufhaus in der Mönckebergstraße steht vor dem Eingang ein überdimensional großer Weihnachtsmann aus Kunststoff.

»Gehen wir rein«, sagt Rosana. »Ich muß noch eine Kleinigkeit für meine Oma besorgen.«

»Schickst du ihr ein Päckchen?« will ich wissen.

Rosana zieht ihren Mantelkragen noch ein Stück höher. »Nein, ich fahre über Weihnachten nach Venedig.«

Ich glaube meinen Ohren nicht zu trauen. »Wie bitte? Und das sagst du mir erst jetzt?« Ich bleibe mitten auf der Straße stehen und schaue ihr in die Augen.

Rosana weicht meinem Blick aus. »Ich wollte es dir früher sagen, aber ich hab' mich nicht getraut.«

»Du bist doch sonst nicht so schüchtern.« Am liebsten würde ich weinen, aber meine Wut hält die Tränen zurück.

Weihnachten mit Heinz-Günther und einer verstimmten Mutter – das kann ja heiter werden.

»Und wann kommst du wieder?« Ich bemühe mich, sachlich zu bleiben.

»Nach Silvester.«

»Das kann doch nicht dein Ernst sein, wir wollten doch zu Gitta!«

»Susa, es tut mir leid.« Mehr sagt sie nicht.

Ich bin traurig und enttäuscht zugleich.

»Du läßt mich mit meinen tausend Problemen hier allei-

ne«, knalle ich ihr an den Kopf und weiß im gleichen Moment, daß ich den Mund hätte halten sollen.
»Susa, werde nicht kindisch. Wir müssen uns auch mal für zwei Wochen trennen können. Du hast mich doch nicht gepachtet, oder?«
Ich weiß, Rosana hat recht, aber ich kann den Gedanken an ein Weihnachten ohne sie kaum ertragen. Pele, Mutter, Sabine – zur Zeit kann ich schlicht und einfach mit niemandem reden. Mir steckt ein Kloß im Hals. Nur nicht hier im Kaufhaus losheulen! denke ich.
»Weißt du was?« Rosanas Stimme klingt ungewohnt scharf. »Du bist selbstmitleidig. Manchmal kann deine Klammerei nerven.«
Da fangen die Tränen an zu laufen, mitten hinein in ein Lippenstiftsortiment. Auch das noch! Ich reiße mich von Rosana los und flüchte auf die Straße.

Fröhliche Weihnachten

Heute hat Heinz-Günther einen mageren Weihnachtsbaum in die Wohnung geschleppt und überzeugend geschmacklos geschmückt.
Mutti steht in der Küche und brutzelt eine Gans – schon vom Geruch wird mir schlecht. Ich vermisse Rosana. Sie wird jetzt über einen sonnendurchfluteten Markusplatz schlendern und irgendwo einen Cappuccino trinken.
»Susa«, ruft Mutti von unten, »kommst du bitte mal abschmecken?«
Seit sie weiß, daß Rosana vierzehn lange Tage außer Landes ist, flötet sie nur so vor Freundlichkeit. Vielleicht glaubt sie, das Thema Rosana wäre damit abgeschlossen.

»Keine Zeit«, rufe ich zurück, »ich muß noch Geschenke einpacken!«
Daß mir vom Gans abschmecken übel wird, brauche ich ihr am Heiligabend nicht auf die Nase zu binden. Lustlos packe ich die Geschenke ein. Für Andreas habe ich im allerletzten Moment einen Alf-Drachen besorgt, für Heinz-Günther eine billige Herrenseife, Duftnote »aufregend männlich«. Hoffentlich bringt sie was.
Um sieben essen wir. Mutti hat den Tisch festlich hergerichtet, und es könnte fast gemütlich sein, wäre da nicht Heinz-Günthers Kaulquappengesicht direkt in meinem Blickfeld.
Die Gans schmeckt mir wider Erwarten gut, sie ist knusprig und zart. Zum Nachtisch gibt es Eis mit exotischen Früchten und Gebäck.
Später sitzen wir vor dem Tannenbaum und wickeln unsere Geschenke aus. Die Ledertasche, die Mutti mir schenkt, ist wunderschön – sie muß sündhaft teuer gewesen sein. Andreas schenkt mir einen Lippenstift, etwas grell, aber passabel.
Heinz-Günther schießt den Vogel ab, mit einer Jubiläumsausgabe von »Hanni und Nanni«, sorgfältig eingewickelt in Pumucklpapier.
Trotz der schlechten Vorzeichen wird der Abend harmonisch und heiter. Für Momente schaffe ich es sogar, Rosana zu vergessen. Nur als ich gegen elf ins Bett gehe und den aufblasbaren Pinguin sehe, mein Geschenk für sie, muß ich ein bißchen weinen.

Über die Feiertage hocke ich zu Hause und lese. »Hanni und Nanni« schlage ich nur kurz auf. Nach den ersten Sätzen schmettere ich das Buch in eine Ecke.

Draußen ist der Schnee geschmolzen, es stürmt und regnet. Ich habe keine Lust, auch nur einen Schritt vor die Tür zu tun.
Am zweiten Feiertag ruft Sabine an und flötet ins Telefon: »Susa, wir müssen uns unbedingt mal treffen. Wie sieht's bei dir heute abend aus?«
»Äh, wenn du meinst ...«
Bevor ich Einwände erheben kann, sagt sie: »Ich komme gegen acht bei dir vorbei. Mach dir keine Umstände.«
Als es kurz nach acht Uhr klingelt, habe ich schon Tee gekocht und ein paar Plätzchen auf eine Schale gelegt.
Sabine geht schnurstracks in mein Zimmer und läßt sich aufs Sofa fallen. Kein Küßchen zur Begrüßung wie früher. Als Weihnachtsgeschenk hat sie mir einen Plastikkerzenständer mitgebracht. Ich vermute, daß sie ihn selbst geschenkt bekommen hat und ihn ebenso häßlich findet wie ich.
»Reizend«, sage ich spitz und stecke eine Kerze hinein. Zur Strafe, denke ich und stelle ihn ihr vor die Nase.
Sabine langt in die Schale mit Plätzchen. Ein paar Krümel fallen zu Boden. Sie kaut genüßlich.
»Bei mir war Weihnachten spitze!« trumpft sie auf.
»Wie schön!« sage ich. »Bei mir auch.«
»Ach! Ich dachte, Rosana ist in Italien?«
»Ja, und?«
»Ich meine nur.« Sabine nimmt noch ein Plätzchen. »Ich war mit Pele zusammen, gestern.« Sie holt tief Luft. »Er ist süß, sag' ich dir.«
Mir platzt der Kragen. »Wenn du nur gekommen bist, um mir von Pele zu erzählen, kannst du gleich wieder gehen«, raunze ich sie an.
Sabine schweigt, nippt an ihrem Tee, in dem aufgeweich-

te Krümel herumschwimmen. Ich merke, daß sie mit den Tränen kämpft.
»Susa«, sagt sie nach einer Weile, »ich bin nicht gekommen, um dir von Pele zu erzählen, ich möchte nur wissen, was mit dir und Rosana los ist.«
»Sabine, quäl mich nicht, laß mich in Ruhe«, bringe ich mühsam hervor.
»Ich verspreche dir hoch und heilig, es niemandem zu sagen, auch Pele nicht. Ich gebe dir mein Ehrenwort. Also, was ist?«
»Nichts ist.«
»Hast du kein Vertrauen mehr zu mir?«
»Wenn ich ehrlich bin, nein.«
»Verdammt!«
Jetzt weint Sabine, und zum erstenmal seit langer Zeit habe ich das Gefühl, daß sie nicht schauspielert, daß sie fast wieder meine Freundin Bine ist, wie früher.
»Bist du in Rosana verliebt?« fragt sie zaghaft.
Ich nicke.
»Liebt ihr euch? Auch körperlich?«
Ich blicke zu Boden und nicke wieder. Sabine schweigt. Mir zittern die Hände.
Nach einer Weile meint sie: »Ich kann nicht nachvollziehen, wie es mit einem Mädchen sein könnte. Ich finde dich hübsch und attraktiv, aber …« Jetzt blickt auch sie zu Boden und sagt mit leiser Stimme: »Ich kann es mir nicht vorstellen.«
»Das mußt du auch nicht«, antworte ich matt.
»Susa, es ist nicht so, daß ich dich nicht mehr mag. Aber du mußt verstehen, daß ich Probleme damit habe.«
»Immerhin ist jetzt Pele frei für dich.«
Sabine reagiert nicht. Sie blickt stumpf vor sich hin.

»Es ist wie ein Schock, und es fällt mir schwer, dich wie früher zu umarmen, einfach so.«
Als Sabine geht, bin ich fix und fertig, erschöpft wie nach einem Tausendmeterlauf.

Sehnsucht

Ich sitze zu Hause und warte auf ein Zeichen von Rosana. Ende Dezember ist es soweit.
»Susa, frohes Fest im nachhinein!« Rosanas Stimme ist Kontinente weit entfernt, ihr Lachen klingt durch die schlechte Telefonverbindung seltsam fremd.
»Rosana!« Ich schreie beinahe. »Ich vermisse dich so!«
»Ich dich auch«, sagt sie, und im gleichen Atemzug: »Es ist herrlich, du müßtest hier sein.«
Ein Rauschen in der Leitung, und ich kann Rosana nicht mehr verstehen. Dann macht es klick!, die Verbindung ist abgebrochen.
Ich sehne mich immer mehr nach Rosana.
Am Silvesterabend bleibe ich zu Hause. Gitta hat mich zu ihrer Party eingeladen, aber was soll ich dort ohne Rosana? Sabine und Pele beim Turteln zusehen – danach steht mir nicht der Sinn.
So sitze ich mit Mutti und Heinz-Günther im Wohnzimmer und esse Karpfen. Andreas ist auf einer »Stehparty« bei einem Klassenkameraden.
Lustlos stochere ich in meinem Essen. Gerne würde ich Mutti den Gefallen tun, »nett« zu sein, einfach nur nett. Aber die aufgesetzte feucht-fröhliche Silvesterstimmung im Fernsehen gibt mir schon wieder den Rest. Nach dem Essen kommt Mutti auf die glorreiche Idee, den Fernse-

her abzustellen und Karten zu spielen. Sie schenkt uns Sekt ein, und langsam bessert sich meine Laune. Wir spielen »Schummeln« und »Mau-Mau«, genau das richtige, um die Zeit bis Mitternacht angenehm zu vertrödeln. Meine Sehnsucht nach einer wunderschönen Rosana in Venedig schmerzt nicht mehr so stark. Mutti kommt mir wieder wie meine alte Mutti vor, und Heinz-Günther wirkt im schmeichelnden Kerzenlicht ganz passabel. Ich ertappe mich sogar manchmal bei einem übermütigen Lachen – einfach lachen können und nicht daran denken müssen, daß ich Rosana vermisse!
Um zwölf stoße ich mit dem dritten Glas Sekt an, schaue ein wenig in die laute, bunte Nacht und falle gegen halb eins wie ein Stein ins Bett.

Schulbeginn

Am letzten Ferientag ruft Rosana nicht an. Ich mache mir Sorgen, da sie schon am frühen Abend zurücksein wollte. Als ich am nächsten Morgen aufwache, ist es bitterkalt in meinem Zimmer.
Das Außenthermometer zeigt zehn Grad minus. Ich ziehe zwei Pullover übereinander, darüber meine Steppjacke und stiefele in der Kälte zum Bus. Auch Sabine wartet schon. Sie trägt einen schwarzen Herrenhut.
»Hallo, Bine!« sage ich einigermaßen freundlich.
»Hallo!« gibt sie kühl zurück – mehr nicht.
Im Bus setzt sie sich genau hinter mich. Während der Fahrt sprechen wir kein Wort. Auf dem Weg vom Bus zur Schule gehe ich wie zufällig neben ihr her.
»Redest du nicht mehr mit mir?« frage ich.

»Doch«, murmelt sie.
»Und? Was ist los?«
»Nichts. Nur – mit Pele ist Schluß.«
»Ach!« Ich kann mir ein Grinsen in meinen Schal nicht verkneifen. »Warum denn?«
»Was weiß ich!« Sie brummelt vor sich hin.
»Wie bitte?« frage ich.
»Ich glaub', er hat 'ne Neue.«
»Was? So schnell?«
»Auf der Silvesterparty bei Gitta war diese Babette aus der Achten, weißt du, dieser Modeltyp.«
»Das darf nicht wahr sein! Dieses Kind?«
»Ja, ist leider so. Er hat mit ihr rumgeflirtet und mich seitdem nicht mehr angerufen.«
»Das tut mir leid«, sage ich und meine es auch so.
Als wir in die Klasse kommen, sitzt Rosana schon auf ihrem Platz. Sie sieht blasser aus als sonst und lächelt mich verlegen an. Ich falle ihr vor Freude um den Hals, ohne mich um die anderen zu scheren.
»Tut mir leid, daß ich dich gestern nicht angerufen habe, ich bin erst um elf am Bahnhof angekommen.«
»Macht nichts«, flüstere ich ihr zu, »Hauptsache, du bist wieder da. Ich hab' dich so vermißt.«
In diesem Augenblick tritt Hollenstein ein. Ich verstumme und setze mich auf meinen Platz. Wie immer nach den Ferien ist er braungebrannt.
»So, nun geht der Ernst des Lebens wieder los«, bemerkt er mit seinem smarten Playboylächeln.
»Für den Anfang will ich doch einen kleinen Abstecher zu George Bataille mit euch machen«, fährt er fort. »Ihr wißt, ich meine den Autor, den Matthias damals vorgeschlagen hat.«

Ich kann ein Lachen nicht unterdrücken.
»Susa? Hast du etwas dazu zu sagen?«
Statt zu anworten, werde ich rot. Manchmal habe ich das Gefühl, Hollenstein macht es Spaß, mich auflaufen zu lassen. Sabine fängt an zu kichern.
»Sabine, erzähl du, was du über Bataille weißt.«
»Eigentlich hab' ich den gar nicht gelesen«, stammelt Sabine.
»Dann schlage ich vor, daß Matthias die Kopierarbeiten für uns alle übernimmt.« Hollenstein wendet sich wieder der Klasse zu. »Matthias, du kommst bitte nach der Stunde zu mir, damit wir eine Textauswahl absprechen können. Wir wollen eure Eltern nicht schockieren.«
»Professor« nickt und grinst.
Ich bin für den Rest der Stunde bedient, fühle mich bloßgestellt. Hollenstein kann manchmal ganz schön fies sein, denke ich mit Wut im Bauch.
In der Pause überlasse ich mit schlechtem Gewissen Sabine sich selbst und gehe mit Rosana in die Cafeteria.
»Sehen wir uns heute abend?« frage ich sie.
»Heute geht es nicht, Oma ist mitgekommen. Vielleicht morgen? Am besten komme ich zu dir.«
»Das geht nicht, wegen Mutti.«
»Hat sie sich immer noch nicht beruhigt?«
»Doch, schon, aber nur, weil du zwei Wochen weg warst.«
»Dann gehen wir woanders hin.«
»Ja, aber wohin?«
»Hm.«
»Paß auf«, sage ich, »laß uns übermorgen zu mir nach Hause gehen, wenn Mutti beim Töpfern ist.«

Blasse Wangen

Es hat wieder angefangen zu schneien. Stunde um Stunde fallen die weißen Flocken vom Himmel.
Ich habe für Rosana und mich Spaghetti gekocht. Als sie mit fast einer halben Stunde Verspätung klingelt, sind sie zu einem pampigen Brei geworden. Rosana hat keinen Appetit, und obwohl wir uns viel zu sagen hätten, bleibt unsere Unterhaltung stockend. Sie habe ihre Tage, sagt sie. Ich habe eher das Gefühl, sie freut sich gar nicht, mich wiederzusehen.
Nach dem Essen bleibt noch genau eine Stunde Zeit, bis Mutti vom Töpfern zurückkommt. Ich warte darauf, daß sich Rosana zu mir aufs Sofa setzt, aber sie spaziert in meinem Zimmer auf und ab und hält Vorträge über Venedig, dann übers Essen, über die Picasso-Ausstellung, über ihre Familie, sogar übers Wetter. Ich bin enttäuscht. Immer wenn Rosana von Italien erzählt, fühle ich einen kleinen schmerzhaften Stich in der Brust. Sie spricht zwar nicht darüber, aber sie würde bestimmt lieber heute als morgen dorthin zurückgehen.
Erst als sie sich endlich zu mir setzt und mir zärtlich Gesicht und Nacken küßt, bin ich wieder versöhnt. Sie zieht mir mein T-Shirt über den Kopf und dreht mich so, daß ich auf dem Bauch liege. Dann streicht sie mit zwei Fingern über meinen Rücken, immer wieder, endlos. Ich bekomme eine Gänsehaut. Ich will Rosana den Slip ausziehen, aber sie hält meine Hände fest. Ich streichle ihr ebenfalls den Rücken.
Gegen neun muß ich sie zum Gehen drängen.
»Ich bin ja schon weg.« Rosana zieht sich ärgerlich an. »Daß du dich immer noch so anstellst!«

»Du kennst doch Mutti«, sage ich entschuldigend. »Glaubst du vielleicht, die ändert sich so schnell?«
Sie nimmt ihre langen Haare hinten zu einem Zopf zusammen und wischt sich ihre verschmierte Wimperntusche weg.
»Tante Rita hat uns wieder eingeladen. Hast du Lust?«
Rosana reagiert nicht.
»Was ist, kommst du mit?«
»Was hast du gesagt?«
»Ob du mit zu Tante Rita kommst.«
»Nee, ich glaub' nicht.«
Dann eben nicht. Ich will Rosana umarmen, aber sie dreht sich weg. »Laß, ich muß gehen.«
Kurz nachdem sie fort ist, kommt Mutti ins Zimmer. »Ich habe sie getroffen«, sagt sie. »War sie hier?«
»Ja.« Mein Blick fällt auf das zerwühlte Bett, in dem nichts stattgefunden hat. Was Mutti wohl denken mag?
»Wie war's bei ihrer Oma in Venedig?«
»Wohl ganz gut.«
»Na dann, ich muß noch bügeln.«
Keine Gefühlsausbrüche? Keine Anklagen?

Ausweichmanöver

Am Dienstag nach der Biologieklausur kommt Rosana strahlend auf mich zu. »War leicht, oder?«
»Finde ich nicht«, gebe ich zurück. »Zum Beispiel die dritte Frage, wie hast du die beantwortet?«
»Weiß nicht mehr, ist auch egal.«
»Und worüber freust du dich so?« frage ich.
»Wir bekommen wieder Besuch aus Italien.«

»Wen denn?« frage ich düster und nicht ohne Hintergedanken. Mir ist ja zur Genüge bekannt, wie wenig Zeit Rosana für mich hat, wenn Oma & Co. anreisen.
»Ein entfernter Cousin, meine Tante und Freunde von Roberto. Meine Tante nimmt dann die Oma wieder mit zurück, und die anderen haben noch Ferien und wollen sich Hamburg anschauen.«
»Wieso gerade Hamburg?« murre ich.
»Weil es hier mehr Brücken gibt als in Venedig, und weil Hamburg die schönste Stadt Deutschlands ist.«
Rosanas Antwort überrascht mich. Für einen Abend will ich sie noch mal alleine haben, und ich schlage ihr vor, mit mir in den neuen James Bond zu gehen. Ich weiß, daß sie für den neuen 007 schwärmt.
»Heute abend geht es schlecht, Susa. Sie kommen gegen acht mit dem Zug hier an, und wir holen sie ab.«
»Ach so«, sage ich enttäuscht. »Aber nachher sehen wir uns doch beim Ballett, oder?«
»Klar«, sagt sie und lächelt ihr altes Lächeln.

Beim Training merke ich, daß Rosana mit den Gedanken woanders ist. Ihr passiert ein Patzer nach dem anderen, Frau Rotluff ist ständig bei ihr, um sie zu korrigieren. Nach der Stunde proben wir wieder unseren Romeo-und-Julia-Part. »Tour piqué, Arabesque, Pirouette – und lächeln!« ruft mir Frau Rotluff zu.
Ich drehe mich, lege den Kopf tief in den Nacken und lege all mein Gefühl in den Tanz. Als wir uns zum Schluß in den Armen liegen, macht sich Rosana seltsam steif.
»Ihr wart schon überzeugender«, kritisiert die Rotluff am Ende der Stunde. »Liegt es noch am fetten Weihnachtsessen, oder was ist los?«

Ich lache gequält, Rosana verzieht keine Miene.
Unter der Dusche frage ich sie: »Was ist mit dir los?«
»Nichts, was soll schon sein?«
»Ich tanze und gebe mir alle Mühe, und du strengst dich kein bißchen an.«
»Das stimmt nicht, ich gebe mir Mühe. Vielleicht steckt mir eine Grippe in den Knochen.«
»Meinst du, wir sollten mal zu Hause probieren?«
»Ich weiß nicht, ob das was bringt«, sagt Rosana.
»Schon gut«, murmle ich enttäuscht.

Nur ein Wort

Heute rieche ich ihn, den Frühling. Es ist mild für Ende Januar. Ich treffe mich mit Rosana im Café am Winterhuder Marktplatz. Daß sie sich mal freimachen konnte, obwohl der Besuch aus Italien noch da ist, erstaunt mich geradezu.
Rosana kommt mit einer Viertelstunde Verspätung. Sie trägt eine verwaschene Jeans, darüber ein schwarzes Sweatshirt. Ich bemerke, daß sie Ringe unter den Augen hat. Sie sieht heute besonders mager aus.
»Susa, ich muß mit dir sprechen.« Ihre Stimme wackelt, ich bekomme einen Schreck.
»Was ist los?«
»Nicht hier. Komm, laß uns gehen.«
Ich lasse meinen Kaffee stehen.
In der U-Bahn schweigen wir beide. Rosana starrt aus dem Fenster ins dunkle Nichts.
Ich habe ein äußerst ungutes Gefühl.
Als sie bei sich zu Hause die Haustür aufschließt, wird

mir immer mulmiger. Wir gehen gleich in ihr Zimmer. Rosana läßt sich schwer aufs Bett fallen.
Dann richtet sie sich abrupt auf und sagt: »Susa, ich habe mich verliebt.«
Es kommt wie ein Keulenschlag. Mein Magen sackt weg, Gedanken rasen wirr durch meinen Kopf. Ich versuche, zu begreifen, aber ich begreife nichts. Ich starre sie nur an. Sie weicht meinem Blick aus.
»Ich hab' mich in jemanden verliebt«, wiederholt sie mit Tränen in den Augen.
»Rosana, was willst du damit sagen?« bringe ich endlich stockend hervor.
»Daß es aus ist«, sagt sie und schaut auf ihre Knie.
Aus, aus, aus, kreist es in meinem Kopf. Aus der Sommernachtstraum.
Rosana weint. Warum sie, ausgerechnet sie?
»Warum weinst du?« schreie ich sie an.
Sie antwortet nicht, weint stumm. Ihr Gesicht ist gerötet. Ich weiß nicht, warum ich so nüchtern bin. Kein Schmerz, keine Tränen, einfach nur Leere. Auch ich sage jetzt nichts mehr – was sollte ich auch noch sagen? Ich bin nicht an der Reihe. Rosana weint, bis es keine Tränen mehr gibt, die sie noch weinen könnte.
Dann sagt sie leise: »Ich habe ihn in Italien durch Roberto kennengelernt.«
Ihn! Soll das ein Scherz sein? Mein Kopf schmerzt, als hätte jemand mit einem Hammer auf ihn eingeschlagen. In mir wächst eine Wut, so groß wie mein Schmerz. Ich sage nur: »Schön für dich.«
»Aber Susa, versteh doch! Es war über Weihnachten, in Venedig. Ich hab' dir nichts davon erzählt, weil ich selber dachte, es sei nur ein Flirt, nicht ernst zu nehmen. Aber

jetzt ist er meinetwegen nach Hamburg gekommen, und es hat mich einfach erwischt.«
»Erwischt. Prima! Es hat dich also erwischt«, brause ich auf. »Und was ist mit uns? Alles ausgelöscht, wie?«
»Nein, denk das nicht. Ich will dich doch noch sehen.«
»Und du glaubst, das könnte ich ertragen! Ihr beide händchenhaltend und ich daneben!«
Rosana zieht mich plötzlich an sich und küßt mich, aggressiv und heftig. Ich reiße mich los und stolpere aus der Tür, höre nichts mehr, was Rosana mir nachruft.
Schlafwandlerisch finde ich den Weg nach Hause. Mein Kopf ist wie leergepustet.
Ich schließe die Tür auf, es ist niemand da. Mit Schuhen lege ich mich aufs Bett. Endlich kommen die Tränen.
Es ist vorbei, vorbei. Ich trommle mit den Fäusten ins Kissen, stehe auf und werfe die Holzente zu Boden. Ein Rad springt ab und rollt unter den Schrank.
Sie hat sich in einen Jungen verliebt, ausgerechnet in einen Jungen. Es kommt mir wie Verrat vor.
Am frühen Abend höre ich Mutti und Andreas nach Hause kommen. Ich habe keine Tränen mehr.
Irgendwann hebe ich die kaputte Ente auf und stelle sie an ihren Platz zurück.
Morgen werde ich sie zur Reparatur bringen.

Langsam wird es draußen wärmer. Bald schon werde ich auf die Alsterwiesen gehen können.
Heute bin ich mit Sabine verabredet. Ich habe ihr die Sache mit Rosana erzählt. Sie hat mich tröstend in den Arm genommen und ganz ernst dreingeschaut – Unglück verbindet. Von Pele weiß man nichts Genaues. Laut Aussagen der Klassenkameraden ist es mit seiner Flamme aus

der Achten auch schon wieder aus, und er soll häufig wechselnde Liebschaften haben.
Rosana treffe ich dann und wann. Wir gehen ins Kino oder reden über Bücher.
Frau Rotluff triezt uns vergeblich mit Romeo und Julia – es will nicht mehr werden. Ob Rosana mit ihrem venezianischen Freund glücklich ist, weiß ich nicht. Sie können sich auch nur in den Ferien sehen. Manchmal habe ich das Gefühl, Rosana sieht mich seltsam an, fast wie früher, wenn wir uns geküßt haben. Aber ich weiß nicht mal mehr, ob ich noch in sie verliebt bin.
Gestern habe ich zufällig Niclas in der Grindelallee wiedergetroffen. Wir haben unsere Telefonnummern ausgetauscht. Vielleicht wird es ein schöner Sommer.